内 容 简 介

本书比较全面和系统地阐述了互联网金融理财产品收益与风险度量及控制方法，研究对象包括 P2P、互联网众筹、互联网保险活期理财及结构性理财产品等，研究方法包括复杂网络、深度学习、大数据分析、随机分析、人工智能技术等，研究成果既有理论模型和方法的创新，又有中国互联网金融市场的实际应用结果，丰富了互联网金融理论与实践。

本书可作为高等院校金融科技、计算金融、互联网金融和财务管理等相关专业师生的研讨和教学用书，也可供证券公司、银行和互联网金融机构等专业人员研究和学习参考。

图书在版编目（CIP）数据

互联网金融理财产品风险度量及控制研究 / 张卫国，王超著. —北京：科学出版社，2024.1

ISBN 978-7-03-074685-6

Ⅰ. ①互⋯ Ⅱ. ①张⋯ ②王⋯ Ⅲ. ①金融衍生产品-金融风险防范-研究 Ⅳ. ①F830.9

中国国家版本馆 CIP 数据核字（2023）第 018635 号

责任编辑：郝　悦 / 责任校对：贾娜娜
责任印制：张　伟 / 封面设计：有道设计

科 学 出 版 社 出版
北京东黄城根北街 16 号
邮政编码：100717
http://www.sciencep.com

北京中科印刷有限公司　印刷
科学出版社发行　各地新华书店经销
*

2024 年 1 月第 一 版　开本：720×1000　1/16
2024 年 1 月第一次印刷　印张：15 1/4
字数：300 000

定价：**172.00 元**
（如有印装质量问题，我社负责调换）

作者简介

张卫国，教授，"长江学者奖励计划"特聘教授，国家杰出青年科学基金获得者，"国家百千万人才工程"国家级人选，国家有突出贡献中青年专家，广东省优秀社会科学家，广东省高等学校教学名师，多次入选 Elsevier 中国高被引学者和全球前 2%顶尖科学家，从事金融工程、金融市场、风险管理、互联网金融、智能预测与决策、金融复杂系统等领域研究。研究成果入选 2016 年度"国家哲学社会科学成果文库"，获得高等学校科学研究优秀成果奖（人文社会科学）等省部级以上政府奖 20 项；在国际权威杂志 INFORMS Journal on Computing（UTD24）、IEEE Transactions on Fuzzy Systems、European Journal of Operational Research、IEEE Transactions on Cybernetics、International Review of Financial Analysis、Applied Energy 及国内权威刊物《管理科学学报》《系统工程理论与实践》《管理世界》等发表论文 300 余篇，在科学出版社、经济管理出版社等出版著作 8 部。担任国际权威期刊 Electronic Commerce Research and Applications 副主编、Financial Innovation 编委及国内权威期刊《系统工程理论与实践》《中国管理科学》等杂志编委。

王超，博士后，在华南理工大学管理科学与工程专业取得博士学位，香港城市大学访问学者。主要从事债券定价与金融风险管理研究。近年来，在 Electronic Commerce Research and Applications、Research in International Business and Finance、International Review of Financial Analysis、《管理科学学报》和《中国管理科学》等国内外重要学术期刊发表论文多篇。

前　　言

互联网金融是将传统金融业与拥有大数据、云计算、平台化和移动支付等新技术的互联网行业进行跨界融合，以寻求金融产品和金融服务不断创新，从而实现资金融通、支付和信息中介等功能的一种新兴金融模式。这种新兴金融模式是以互联网为代表的现代科技，尤其是移动支付、社交网络、搜索引擎和云计算等，对传统金融模式产生根本性影响。

2013 年始，互联网金融在我国掀起了一股金融创新热潮，余额宝、现金宝、活期宝等各种互联网理财产品在这一年从无到有、从小到大。2014 年，百度钱包的推出，在移动支付场景布局、支付技术革命，特别是互联网金融创新上给行业造成了巨大的冲击。随后成立的"蚂蚁金服"囊括了支付宝、余额宝、招财宝、蚂蚁小贷等理财模式和产品，互联网金融逐渐迎来了爆发式的增长阶段。近年来，互联网金融行业的竞争已从单一业务层面转向多维度的模式竞争，融资租赁、供应链、票据、保理、结构性理财等新模式不断涌现。互联网金融模式已经产生了包括第三方支付、P2P（peer-to-peer lending，点对点网络借贷）、互联网众筹、互联网保险、大数据金融、互联网资产管理、金融门户等在内的多种模式。这些模式共同构筑了互联网金融业态，极大地拓展了我国金融服务大众的途径和模式。

一方面，这些新生业务模式吸引各路资本竞相追逐，迅猛推动互联网金融爆发式扩张；另一方面，风险事件频发，对金融系统造成了一定的冲击，给监管部门带来了一定的困扰，打击了投资者对金融创新的信心，也扰乱了金融市场的健康和稳定发展，这促使研究者对互联网金融风险密切关注并开展深入研究。

2017 年，张卫国教授研究团队承担了广东省自然科学基金研究团队项目"互联网金融理财产品风险度量及预警控制研究"。经过项目组成员五年来潜心钻研、砥砺前行，终于在 2021 年年底顺利完成了各项研究任务，实现了项目预期研究目标。项目的主要研究对象包括互联网 P2P、互联网保险活期理财产品、奖励众筹和标的资产挂钩期权、黄金、汇率、利率等互联网金融理财产品及结构性理财产品。研究问题包括信用风险、市场风险、流动性风险的来源、影响因素、风险度量及预警控制等理论及应用问题。研究方法包括复杂网络、深度学习、大数据分析、随机分析、人工智能技术等。研究成果既有互联网金融理论模型和方法的创新，又有中国互联网金融市场实际的应用成果和效果，丰富了互联网金融理论与实践。

本书是该研究团队项目研究计划实施期间取得的部分主要研究成果，希望不仅为从事互联网金融等相关领域的研究者提供比较系统的互联网金融理财产品风险管理理论与方法，而且为从事互联网金融的投资者和相关企业识别风险、防范风险、预警和控制风险提供科学的依据和对策，为监管部门提供有益的建议和防范措施。在此，本人衷心感谢李哲博士、王超博士和卢媛媛硕士、张震宇硕士、黄思颖硕士、邵贯赏硕士、李华硕士等积极参与相关研究工作。虽然我们追求的目标是该研究成果能够从理论研究到应用实践形成一套较为系统完整的互联网金融理财产品风险管理理论、方法及技术，但是无论从学术理论创新的规律和互联网金融发展的实际，还是从研究团队在专业理论知识和实际应用能力上的局限，应该说本书还存在一些研究不足和需要继续探索的问题。

最后，借此机会，感谢研究团队核心成员香港城市大学商学院王军波教授、美国罗格斯大学商学院熊辉教授等各位专家学者的大力支持和指导！感谢科学出版社领导和编辑的热情帮助及辛苦工作！

敬请相关专家和广大读者斧正。

张卫国

2023 年 2 月 28 日

目 录

第 1 章 互联网金融理财产品发展与研究概况 ……………………………… 1
- 1.1 互联网金融理财产品发展概况 ……………………………………… 1
- 1.2 相关研究文献评述 …………………………………………………… 6
- 1.3 研究内容和研究方法 ………………………………………………… 24

第 2 章 P2P 软信息在借贷过程中的影响作用研究 …………………………… 29
- 2.1 P2P 软信息及借贷流程 ……………………………………………… 29
- 2.2 P2P 软信息影响借贷活动的理论模型 ……………………………… 31
- 2.3 P2P 软信息影响借贷活动的实证分析 ……………………………… 36
- 2.4 本章小结 ……………………………………………………………… 54

第 3 章 P2P 借款人提供贷款描述的动机研究 ………………………………… 56
- 3.1 贷款描述与特定内容抽取 …………………………………………… 56
- 3.2 P2P 借款人提供贷款描述动机的可检验假设构造 ………………… 58
- 3.3 变量及实证模型设置 ………………………………………………… 60
- 3.4 P2P 借款人提供贷款描述动机的实证分析 ………………………… 63
- 3.5 本章小结 ……………………………………………………………… 76

第 4 章 基于 DFPSVM 的 P2P 信用风险评估模型研究 ……………………… 77
- 4.1 SVM 模型介绍 ……………………………………………………… 77
- 4.2 DFPSVM 模型 ……………………………………………………… 79
- 4.3 P2P 借款人信用得分与信用评级模型 ……………………………… 83
- 4.4 实证分析 ……………………………………………………………… 85
- 4.5 模型应用 ……………………………………………………………… 89
- 4.6 本章小结 ……………………………………………………………… 93

第 5 章 融合贷款描述文本特征的 P2P 借款人信用风险评估模型研究 ……… 94
- 5.1 融合文本特征的信用风险评估模型 ………………………………… 94
- 5.2 实证研究 ……………………………………………………………… 102
- 5.3 本章小结 ……………………………………………………………… 113

第 6 章　基于文本情感的 P2P 平台破产预测研究 ·················· 114
6.1　弱监督机制的文本情感分析模型与文本情感度量 ············ 114
6.2　评论文本情感预测 P2P 平台破产的实证分析 ················ 117
6.3　本章小结 ··· 127

第 7 章　互联网融资平台个体借贷关系网络特征与违约研究 ········ 128
7.1　个体借贷关系网络构建及整体特征描述 ··················· 128
7.2　不同属性借款人群体及纯投资者群体的行为特征 ··········· 130
7.3　借款人网络拓扑特征与借款信息相关性分析 ··············· 134
7.4　借款人网络拓扑特征、借款信息与借款人违约的回归分析 ··· 137
7.5　本章小结 ··· 141

第 8 章　奖励众筹融资绩效的影响因素及动态预测研究 ············ 143
8.1　影响众筹融资绩效的关键因素分析 ························ 143
8.2　奖励众筹融资绩效与关键影响因素实证分析 ··············· 146
8.3　奖励众筹融资绩效与投资者行为的动态变化关系 ··········· 149
8.4　奖励众筹融资绩效的动态预测模型 ························ 151
8.5　实验结果以及讨论 ·· 156
8.6　奖励众筹融资的风险分析 ··································· 163
8.7　本章小结 ··· 164

第 9 章　互联网保险活期理财产品收益率影响因素及风险度量研究 ··· 166
9.1　互联网保险活期理财产品基本情况 ························ 166
9.2　EEMD-QR 模型构建 ·· 167
9.3　收益率 EEMD 模型分解 ··································· 169
9.4　基于 QR 模型实证分析 ····································· 174
9.5　风险度量 ··· 178
9.6　本章小结 ··· 179

第 10 章　互联网结构性理财产品市场风险度量研究 ··············· 181
10.1　互联网结构性理财产品介绍 ······························· 181
10.2　互联网结构性理财产品市场风险特征 ····················· 185
10.3　基于 GARCH-EVT 模型的市场风险度量 ················· 187
10.4　实证分析 ·· 189
10.5　本章小结 ·· 197

第 11 章　互联网结构性理财产品组合市场风险度量研究 ·················· 198
 11.1 结构性理财产品组合介绍 ·· 198
 11.2 数据统计分析 ·· 198
 11.3 数据过滤 ··· 202
 11.4 极值分布参数估计及拟合检验 ·· 203
 11.5 等权重投资组合 VaR 比较 ·· 205
 11.6 本章小结 ··· 207

第 12 章　具有流动性风险标的资产双币种期权定价研究 ················ 208
 12.1 模型假定 ··· 208
 12.2 具有流动性风险的双币种期权定价 ··· 209
 12.3 本章小结 ··· 217

参考文献 ·· 218

第1章 互联网金融理财产品发展与研究概况

1.1 互联网金融理财产品发展概况

1.1.1 互联网金融主要模式

互联网金融是将传统金融业与拥有大数据、云计算、平台化和移动支付等新技术的互联网行业进行跨界融合,以寻求金融产品和服务不断创新,从而实现资金融通、支付和信息中介等功能的一种新兴金融模式。这种新兴金融模式是以互联网为代表的现代科技,尤其是移动支付、社交网络、搜索引擎和云计算等,对人类金融模式产生根本性影响,是既不同于传统商业银行的间接融资,也不同于资本市场的直接融资的第三种融资模式(谢平和邹传伟,2012)。

自 2013 年"互联网金融"概念在我国横空出世伊始,互联网金融理财产品逐渐迎来了爆发式的增长阶段,余额宝、现金宝、活期宝等在这一年从无到有、从小到大。2014 年,百度钱包的推出,在移动支付场景布局、支付技术革命,特别是互联网金融创新上给行业造成了巨大的冲击。随后成立的"蚂蚁金服"囊括了支付宝、余额宝、招财宝、蚂蚁小贷及浙江网商银行等品牌。谢平等(2015)认为互联网具有能够降低交易成本、降低信息不对称程度和拓展交易可能性集合的优势。这些优势有助于解决我国小微企业和个人融资难的问题(王馨,2015)。另外,互联网金融有助于完善我国金融市场体系、丰富金融市场层次和提升金融服务的普惠性,以及推动大众创业和万众创新的向前发展(李继尊,2015)。因此,互联网金融被认为是促进我国普惠金融发展的一个有效途径。

近年来,互联网金融行业的竞争已从单一业务层面转入多维度的模式竞争,融资租赁、供应链、票据、保理、结构性理财等新模式不断涌现。互联网金融已经产生了第三方支付(third-party payment)、P2P、互联网众筹、大数据金融、信息化金融机构、互联网金融门户等多种模式。这些模式共同构筑了互联网金融业态,极大地拓展了我国金融服务广大群众的途径和模式。

第三方支付,指具备一定实力和信誉保障的非银行机构,通过与各大银行签约的方式,借助通信、计算机和信息安全技术,在用户与银行支付结算系统间建立连接的电子支付模式。最具代表性的第三方支付平台是支付宝和微信。第三方支付发展到今天,不仅仅是一种支付模式,更是提供更多金融产品的网上银行。

P2P，指利用互联网平台作为借贷平台，为大众和企业提供借贷。根据2016年中国银行业监督管理委员会、工业和信息化部、公安部和国家互联网信息办公室联合发布的《网络借贷信息中介机构业务活动管理暂行办法》，网络借贷平台的定位是信息中介而非金融中介，这是P2P与传统银行借贷的根本区别。P2P的本质是一种无抵押的"点对点"信用借贷，即借贷双方通过互联网借贷平台直接发生借贷行为，不需要第三方金融中介的参与。国内外最具代表性的P2P平台是人人贷和Lending Club等。

互联网众筹，指利用互联网平台，通过团购+预购的形式，向大众募集项目资金的一种融资模式。需要资金的个人或团队将项目策划提交给众筹平台，经过相关审核后，在平台网站上向公众介绍项目情况。通常众筹要求每个项目必须设定筹资目标和筹资天数，在设定天数内筹集到目标金额，项目筹资成功并获得资金；否则，项目筹资失败，已获资金全部退还支持者。通过互联网众筹融资能有效降低融资成本和扩大融资范围，在一定程度上降低了"融资难，融资贵"对中小微企业的发展限制。众筹网是中国最具影响力的众筹平台之一。

大数据金融，指利用人工智能和信息技术分析、处理大数据，提取有价值的信息，用于创新传统金融行业业务、防控金融风险和提供金融服务。大数据金融为互联网金融机构提供客户的全方位信息，通过分析和挖掘客户的交易与消费信息，掌握客户的消费习惯，准确预测客户行为，为金融机构和金融服务平台在营销和风控方面提供服务。大数据金融模式也广泛应用于电商平台，通过对平台用户和供应商贷款融资，获得贷款利息以及流畅的供应链所带来的企业收益。大数据服务平台的运营模式分为以阿里巴巴小额信贷为代表的平台模式和以京东、苏宁为代表的供应链金融模式。

信息化金融机构，指通过广泛运用以互联网为代表的信息技术，对传统运营流程、服务产品进行改造或重构，实现经营、管理全面信息化的银行、证券和保险等金融机构。在互联网时代，金融行业正处于一个由金融机构信息化向信息化金融机构转变的阶段。信息化金融机构具有高效、快捷的金融服务，强大的资源整合能力和丰富的金融创新产品。

互联网金融门户，指利用互联网进行金融产品的销售以及为金融产品销售提供第三方服务的平台。采用金融产品垂直比价的方式，将各金融机构的产品放在平台上，供用户通过对比挑选合适的金融产品。互联网金融门户经过多元化创新发展，形成了提供高端理财投资服务和理财产品的第三方理财机构、提供购买服务的互联网保险门户网站等。

这些互联网金融模式随着时代的发展而发展，甚至有专家预测，在不久的将来，互联网金融模式将会取代传统的金融模式，成为最主要的金融行业模式。

1.1.2 互联网金融理财产品

互联网金融理财指通过线上渠道购买不同种类或不同机构的金融产品进行增值和保值的行为。通过互联网渠道销售的基金、票据、债券、信托、资管、保险等理财产品都被称为互联网金融理财产品。互联网金融理财产品作为一种具有创新性的金融工具，相比于其他理财产品，具有形式多样、投资灵活、交易便捷且成本低、客户服务口径大等自身的优势，在我国得到了长足发展，也受到了越来越多投资者的青睐。依据发行方式、选取投资标的资产（债券、股票、外汇、黄金、金融衍生产品等）及收益构成（固定收益和浮动收益）的不同，互联网金融理财产品的种类繁多。随着互联网金融理财产品的不断推陈出新，客户群体不断壮大，互联网金融理财在金融市场上发挥着重要的作用。互联网金融理财产品相对活跃和具有代表性的几种类型包括：P2P、互联网众筹、活期理财产品和结构性产品。本节简要介绍这四种互联网金融理财产品的发展情况。

互联网金融理财产品的第一种类型是P2P，是个人通过借贷平台将资金出借给贷款人以获取相应利息的互联网金融理财模式，利率一般比银行存款定期利率高，但是存在借贷人违约的风险。由于传统金融机构的借贷门槛较高，大部分小微企业和个人由于信用资质不足而被拒之门外。而P2P模式中，借贷平台仅作为一个信息中介，消除了对借款人和投资者之间传统金融中介的需要，降低了融资成本（Guo et al., 2016）。因此，P2P有助于缓解小微企业的融资难、融资贵的问题。由于P2P拓展了交易的可能性集合，为传统借贷市场上的"长尾"客户提供了一种新的融资途径，从某种程度上来讲P2P可以当作传统银行借贷模式的一个有益补充。2014年之后我国经济增速放缓，传统借贷机构对借贷资格的审核趋严，使得大量借款人不能在传统金融机构融到资金，正是在这样的背景下，我国的P2P平台于2014开始，呈现出了爆炸式的增长，大量P2P平台"喷涌"而出。

图1-1展示了我国P2P平台自2013年至2018年的变化情况。包括成立的新平台、问题平台、提现困难平台和跑路平台，以及在2013年至2018年间我国P2P市场的年交易规模。从该图可以看出，2013年至2015年P2P交易规模和新平台数量呈现爆发式增加，新平台数量由511家增加到2460家，交易规模由1050.85亿元增加到11 800.56亿元，这种"野蛮增长"的背后，实质上蕴藏着巨大的危机。与此同时，问题平台、提现困难平台、跑路平台的数量更是成倍增长，问题平台数量由71家增加到867家，提现困难平台数量由65家增加到286家，特别是跑路平台数量由6家增加到568家，这表明我国P2P市场的信用风险问题非常突出。不时有平台发生"爆雷"，如"e租宝"、"泛亚集团"及"中汇

在线"等，这些平台由于在经营的时候吸引了大量的参与者，其"爆雷"给出借人[①]造成了巨额的经济损失，给政府及监管部门带来了大量的麻烦，同时也对P2P市场的健康发展造成了巨大的冲击，甚至一度引发了社会问题。

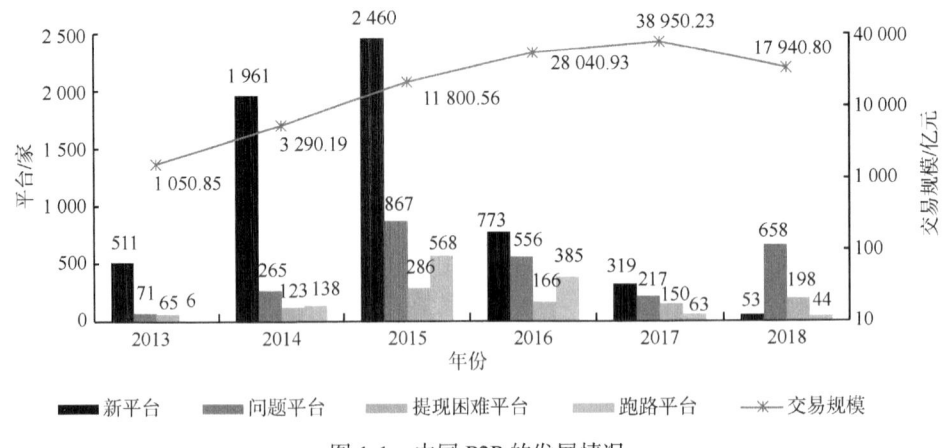

图 1-1 中国 P2P 的发展情况

鉴于互联网金融的"野蛮增长"引发的问题，各项监管政策和法规也陆续出台。2015 年《关于促进互联网金融健康发展的指导意见》[②]以及中国银行业监督管理委员会等部门研究起草的《网络借贷信息中介机构业务活动管理暂行办法（征求意见稿）》两份文件的陆续下发标志着我国互联网金融的监管逐渐步入正轨。零壹财经《2018 中国 P2P 网贷行业年报》显示，截至 2018 年 12 月，我国 P2P 市场有千余家网络借贷平台正常运营，2018 年我国 P2P 市场成交额已经超过 1.6 万亿元人民币。另外，第一网贷的研究显示，截至 2019 年 12 月，我国仍有逾 300 家平台处于活跃状态，并且累计交易量接近 9 万亿元人民币，我国网络借贷市场上累积问题平台也已经超过 4000 家。

互联网金融理财产品的第二种类型是互联网众筹，其是从小额信贷（Morduch，1999）和众包（Poetz and Schreier，2012）等概念中汲取灵感，具有形式多样、投资灵活、成本低、交易便捷和覆盖广等优势的一种创新型互联网金融理财模式。参与众筹的所有支持者都有相应回报，众筹平台从募资成功项目中按照一定比例抽取服务费用。

互联网众筹在我国落地不久便获得了迅速的发展。2011 年 7 月，我国第一个众筹平台"点名时间"上线并开始运营，标志着我国众筹行业进入探索发展阶

---

① 出借人和投资者都是指在借贷活动中提供资金的个体。
② 人民银行等十部门发布《关于促进互联网金融健康发展的指导意见》，http://www.gov.cn/xinwen/2015-07/18/content_2899360.htm，2015-07-18。

段。紧接着各种类型的众筹网站先后成立、运营，规模大小不一，模式形态繁多。2014 年，随着各大电商开始涉足众筹领域（如淘宝众筹、京东众筹等），凭借电商庞大的客户群体，我国众筹行业迅速被公众熟知，更多的个人投资者和机构投资者参与到众筹活动中。《2017 年众筹行业年报》显示，我国众筹行业自 2014 年开始迎来高速发展，从 2013 年的 29 家迅速增长到 2017 年的 500 余家。伴随金融监管文件的密集出台以及专项整治工作的不断推进，我国众筹平台降至不足 300 家。据人创咨询统计，2018 年 1 月至 6 月，我国众筹市场的项目成功率约为 82.30%，成功项目总支持人次相比上年同期跌幅达 41.20%，这意味着互联网众筹发展进入冷静期。

互联网金融理财产品的第三种类型是活期理财产品，包括传统金融机构的活期理财产品业务线上化和互联网头部企业进军金融业提供活期理财业务。这一类型的产生主要来自互联网头部企业进军金融业所带来的冲击。自 2013 年 6 月余额宝引发互联网金融理财热潮后，国内各大电商以及包括银行、券商、保险等在内的传统金融机构陆续通过互联网渠道推出同类的理财产品。由保险公司发行、承保或管理，接受中国银行保险监督管理委员会监管的保险理财产品走入投资者的视野。根据融 360 调查，截至 2018 年 7 月末，通过主要的互联网保险理财产品销售渠道，由中国银行保险监督管理委员会批准设立的养老保险公司发行的个人养老保障管理产品占到 9 成以上。在腾讯理财通平台通过互联网渠道发行的"国寿嘉年天天盈"等保险活期理财产品因产品风险低、收益稳健受到广大投资者的追捧。

互联网金融理财产品的第四种类型是结构性产品，结构性产品具体可以分为结构性存款和挂钩不同衍生产品的结构性理财产品。其中结构性存款由商业银行发行，有着特殊的身份定位，既与银行的其他非保本理财产品存在本质差异，又不同于一般性存款，大多数保本且有保底收益，风险相对较低，在本金相对安全的基础上提供给投资者获得更高潜在收益的可能，到期实际收益取决于挂钩标的市场表现和产品收益结构函数。图 1-2 展示了我国结构性存款规模的走势。从图中可以看出 2017 年 9 月至 2021 年 3 月我国结构性存款规模都在 6 万亿元以上。结构性理财产品，即结构性金融衍生产品，是一种衍生品合约和固定收益证券的组合产品，结构性理财产品构成复杂、信息不对称，发行方式和投资标的资产（债券、股票、外汇、黄金、金融衍生产品等）选取具有广泛性，市场风险来源具有多样性，特别是在互联网金融环境下产品的市场风险因子多、传导机制复杂、风险传染快、后果影响大。结构性理财产品属于净值型理财产品，除商业银行外，一些券商也开始参与设计、发行，这类产品一般不承诺保本，存在一定本金损失的可能。2018 年以来，结构性理财产品越来越受欢迎，其中最受欢迎的挂钩标的是黄金、沪深 300 指数和中证 500 指数，其他类型的结构性理财产品大多包装成财富管理计划。代表性的互联网结构性理财产品有招商银行挂钩黄金型结构性理财产品。

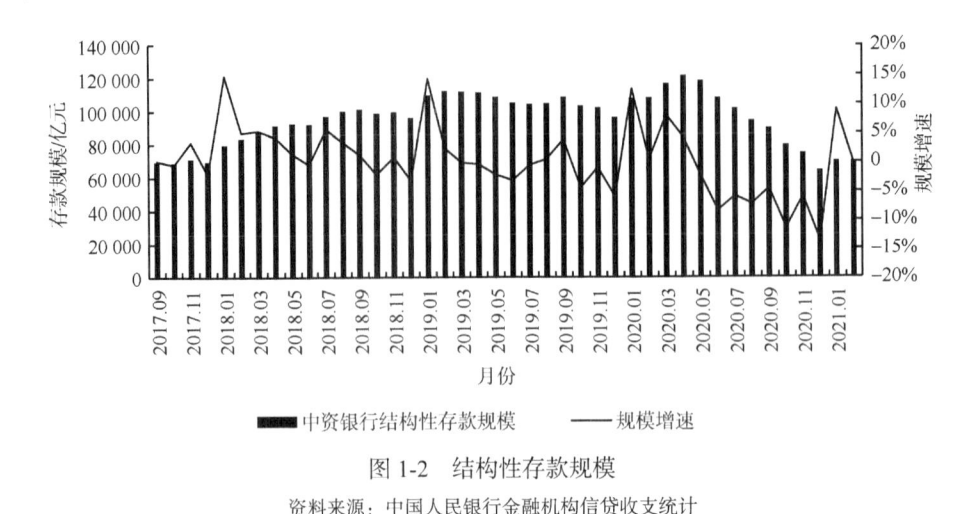

图 1-2　结构性存款规模

资料来源：中国人民银行金融机构信贷收支统计

随着期权期货市场逐步发展，我国场外期权市场已经初具规模，未来将会是一个巨量市场，相应地，互联网结构性存款和结构性理财产品在产品设计、挂钩标的、收益结构方面也会变得更加丰富。

1.2　相关研究文献评述

以下简要评述与本书涉及的主要互联网金融理财产品及研究方法等相关的研究文献。包括以下八个方面的相关研究文献。①P2P 中贷款申请与偿付的影响因素研究；②信用借贷市场上信用风险评估研究；③基于深度学习的文本情感分析研究；④文本情感在信用风险评估中的应用研究；⑤互联网借贷参与者行为研究；⑥互联网众筹融资绩效的影响因素研究；⑦互联网保险理财产品研究；⑧互联网结构性理财产品市场风险度量的研究。

1.2.1　P2P 中贷款申请与偿付的影响因素研究评述

关于 P2P 的相关研究有一些综述类文献，如廖理和张伟强（2017）针对 P2P 相关研究从信息识别和投资者行为两个角度出发，做了一个简单的回顾。冯博等（2017）从影响借贷交易的因素、羊群效应和社交网络三个角度梳理了我国 P2P 的发展现状和脉络。

目前，有关 P2P 的实证研究大体可以分为两类。一类侧重于分析可能影响贷款申请融资和贷款偿付过程的因素。他们试图找出哪些因素会影响投资者的投资决策，哪些因素影响借款人偿还贷款的决定，以及这些影响因素与借款贷款名义利率之间的关系。

一方面，他们关注借款人的硬信息（主要是贷款特征）、偿付能力和贷款目的等方面。例如，Herzenstein 等（2008）研究了可能影响贷款申请融资、利率竞价和贷款偿付的因素。他们发现，贷款申请页面上包含的大多数特征确实对这三个阶段的结果产生了重大影响。此外，他们指出，与传统金融机构相比，P2P 能更平等地对待借款人。Klafft（2008）发现借款人的信用等级是影响投资者在投标过程中进行投标决定的重要参考指标。他认为，如果信用水平较低的借款人无法在传统信贷市场上获得贷款，那么，他们也无法在 P2P 市场获得贷款。也就是说，尽管 P2P 拓展了传统借贷市场中的"长尾"客户融资需求，但是它们也不是接受全部的"长尾"客户。李悦雷等（2013）分析了我国市场上 P2P 借款人的地域、年龄、信用等级等信息对借款融资结果的影响。更多的这类文献可以参见 Xia 等（2017）、Lin 等（2017）、Emekter 等（2015）。

另一方面，有大量研究关注能够降低 P2P 市场信息不对称程度的软信息。这里的软信息包括借款人的个人状态特征，如年龄、性别、婚姻和其他非正式信息（头像、社交网络信息和文本型的贷款描述等）。贷款描述是由借款人自愿提供的一段文字描述，通常用于表达或阐明借款理由、借款目的或借款人的个人情况等额外信息。例如，不少研究者通过分析软信息发现 P2P 市场中存在性别歧视（Barasinska and Schäfer, 2014）。Chen 等（2017）发现在我国 P2P 市场也存在这种性别歧视现象，他们通过分析来自拍拍贷平台的数据，发现在借贷过程中，女性借款人相比男性借款人通常要以支付更高利率为代价才能得到贷款的全额资助。然而，女性借款人的违约率明显低于男性借款人。据此，他们指出，在我国 P2P 市场上，基于利益的统计歧视（profit-based statistical discrimination）和基于品味的歧视（taste-based discrimination）是都存在的。由于借款人信息真实性对 P2P 来讲是非常重要的，基于这个想法，Li（2016）研究了贷款申请中包含有效身份认证项目[①]的数量与借贷各环节结果表现之间的关系。他发现这种身份认证的数量在提高成功融资的可能性、降低违约率和降低贷款利率方面发挥着重要作用。Dorfleitner 等（2016）发现软信息的价值取决于硬信息，即硬信息影响软信息所发挥的作用。该研究指出软信息能够在硬信息存在的情况下帮助提高识别借款人的信用风险。但是没有硬信息的时候，仅仅使用软信息并不能有效识别

---

① 由于 P2P 是在互联网上进行的，借款人的信息都是由借款人自己提供给平台。为保证某些关键信息的真实性，平台设置了一些身份认证项目，包括学历、婚姻、收入、房产和车产等。这些认证项目的认证材料由借款人自己提供，平台审核后给出最后意见。有效的认证标识意味着借款人的该项信息是真实的。

出借款人的信用风险。Iyer 等（2015）证明非标准信息（主要指软信息）在评估低信用水平的借款人时相对更为重要。而对高信用的借款人，软信息的作用并不是非常突出。

另外，在 P2P 市场上也有大量的文献分析了不同类型的软信息。例如，Alyakoob 等（2017）探究了借款人的地域信息对借贷环节的影响；Ravina（2008）以及 Pope 和 Sydno（2011）分析了借款人的种族信息对借贷的影响；Duarte 等（2012）则研究了借款人的头像（外貌）特征对借贷的影响；而廖理等（2015a）通过研究我国 P2P 平台的借贷数据发现，在我国网络借贷市场上，借款人的学历水平是借款人具有高信用质量的信号，但是投资者在识别这一信号上存在偏差。

研究人员也分析了贷款描述软信息在贷款申请融资和贷款偿付中的影响。例如，Michels（2012）发现，额外的无法核实的披露有助于提高标的的融资成功率并降低最终的贷款支付利率。廖理等（2015b）研究了 P2P 贷款描述的文本长度及涉及的话题与贷款成功和还款状态之间的关系，发现投资者能够通过文本长度识别借款人的信用风险情况，但是在语言内容方面存在识别偏差。Larrimore 等（2011）研究发现，那些在贷款描述中使用更多单词、更具体和更积极的描述的贷款申请更可能成功获得资助。更进一步，彭红枫和林川（2018）发现 P2P 市场上的贷款申请描述文本中不同类别的词语对借贷结果的影响不一样，其中金融类词语更容易被投资者识别到。李焰等（2014）通过分析我国拍拍贷平台的借贷交易数据发现描述性文本信息会对投资者产生影响。借款人如果提供较多描述信息，则更容易获得贷款。同时，低信用等级的借款人在贷款描述中倾向于提供更多的信息。彭红枫等（2016）利用 Prosper 网络借贷平台的交易数据也发现了类似的结论。

还有学者从贷款描述中抽取见解来研究其与 P2P 各个环节贷款状态之间的关联性（Herzenstein et al.，2011；Gao et al.，2018；Yao et al.，2018）。此外，由于我国信贷市场的特殊性，大部分网络借贷平台都会设置项目认证机制，以降低借款人和投资者之间的信息不对称程度。基于此，王会娟和廖理（2014）分析了我国 P2P 市场上项目认证机制的作用，研究发现，项目认证机制能够缓解借款人和投资者之间的信息不对称程度。此外，还有一些学者研究了借款人的社交网络在贷款活动中的信号作用，如群组关系（Everett，2015；Lin et al.，2013；Hildebrand et al.，2016）和朋友关系（Liu et al.，2015；Li et al.，2015），以及其他市场的价格变化与 P2P 市场的关联（吴雨等，2018）。

另一类文献关注借款人或者投资者的行为，如"本土偏见"、"文化偏见"、"信息识别"和"羊群效应"等。如 Lin 和 Viswanathan（2016）指出 P2P 市场存在"本土偏见"，"本土偏见"是指出借人更有可能与地理上更接近他们的借款人进行交易。廖理等（2014a）利用人人贷平台的交易数据，分析发现我国 P2P 市场上存在地域歧视现象；进一步分析表明这种地域歧视是一种非理性的歧视，也就是说在我国 P2P 市场上的歧视是基于偏好的歧视，而不是基于收益的歧视。研究人员还发现出借人更有可能对那些与他们更相似的借款人的贷款申请进行投标，称之为"文化偏见"（Galak et al.，2011；Burtch et al.，2014）。

此外，有学者研究了我国 P2P 市场上投资者的信息识别和风险识别能力。如廖理等（2014b）从微观角度实证分析了利率市场化情境下的投资者风险识别行为，发现我国信贷市场中的投资者具有良好的风险判断能力。李苍舒和沈艳（2018）从平台视角出发，研究了 P2P 投资者的信息识别能力，即投资者能够根据平台的信息披露程度识别出问题平台和正常平台。廖理等（2018）将投资者的羊群效应程度作为群体智慧的一个指标，发现在我国市场上，对于个人贷款申请而言，投资者的羊群效应越显著，则相应的贷款申请发生违约的风险越会显著降低。这表明，在我国 P2P 市场上，投资者能够利用群体智慧捕获关于借款人的风险信息。

还有一些研究者认为借款人可以从非正式信息中进行学习和推断。例如，从贷款申请描述中获得更有价值的信息（Iyer et al.，2015；Emekter et al.，2015）。羊群效应是经济金融活动中常见的一个现象，当前也有多个研究发现 P2P 活动中的投资者也存在羊群效应（Herzenstein et al.，2011；Lee and Lee，2012；Zhang and Liu，2012），这些文献的结论均表明，在 P2P 市场中，出借人在投资过程中确实存在羊群效应的表现。更多的关于 P2P 投资者行为的研究可参见高铭等（2017）、胡金焱和宋唯实（2017）。

1.2.2 信用借贷市场上信用风险评估研究评述

1. 传统金融市场上的信用风险评估

信用风险评估在支持信贷活动决策方面具有重要的经济意义。信用风险评估的目的是基于待评估对象的相关信息估计在未来其发生拖欠贷款或者发生违约的可能性（Lessmann et al.，2015）。目前，信用评估模型已经历了很长时间的发展，从传统的统计方法（如判别分析）到更强大的机器学习方法[如支持向量机（support vector machine，SVM）、神经网络（neural network，NN）和集成学习（ensemble learning，EL）等]，再到最近的深度学习模型[如深度神经网络（deep neural network，DNN）、门限回归单元（gated recurrent unit，GRU）和长短时记忆（long short term memory，LSTM）模型等]。在评估了各种信用评估方法的性能表现后，Baesens 等（2003）发现径向基函数（radial basis function，RBF）-普通最小二乘法（ordinary least squares，OLS）-支持向量机和NN分类器在区分传统银行市场中好的借款人和坏的借款人上有非常不俗的表现。继Baesens等（2003）之后，Lessmann等（2015）进行了一项银行市场信用评分方法调查。调查中，他们发现几乎所有的信用评估模型都涉及机器学习技术，包括逻辑斯谛回归（logistic regression，LR）、NN、朴素贝叶斯（naïve Bayse，NB）、SVM、决策树（decision tree，DT）和极限学习机（extreme learning machine，ELM）方法。近些年，在构建信用风险模型的研究中最常使用的分类器是ELM、SVM和NN。当然，也有不少文献采用集成学习方法来提升这些分类器的性能，包括使用相同类型的基分类器来进行集成的同源集成技术和使用不同类型的基分类器进行集成的异源集成技术。例如，Yao等（2015）应用支持向量回归（support vector regression，SVR）方法预测公司债违约时的损失（loss given default，LGD），他们改进了SVR算法以提高预测准确性。许艳秋和潘美芹（2016）利用层次分析法和SVM方法构建了P2P市场上的信用风险评估模型，该方法首先使用层次分析法对选择好的指标进行分析并计算出指标权重，然后利用SVM对处理后的数据进行分类。Tang等（2019）利用非参数随机森林（random forest，RF）算法建立了信用风险评估模型，并将其应用于能源行业客户的信用卡违约预测，得到了不错的预测效果。

近来，随着大数据技术的不断发展，也有一些学者采用更为复杂的分类器，如深度学习相关技术，来构建更准确的信用风险评估模型。例如，Luo等（2017）使用受限玻尔兹曼机-深度信念网络构建了信用风险评估模型。Hamori等（2018）实证比较了集成学习与深度学习的表现，发现在使用深度学习模型时，激活函数的选择、隐藏层的数量以及丢弃（dropout）策略的选择对深度神经网络的性能有着重要影响。Donovan等（2018）则介绍了一个基于文本摘要的信用风险度量模型，他们利用信用违约互换（credit default swap，CDS）市场的数据进行实证检验，发现该模型能有效解释CDS价差。

作为一个新兴的信贷市场，P2P与传统金融市场的借贷模式在多个地方有不同的表现，使得在P2P市场直接使用来自传统市场的模型变得不可行。因此，有必要为P2P市场建立信用风险模型。

2. P2P市场上的信用风险评估

P2P面临的最大的风险就是信用风险，其中个人信用评估则是降低信用风险的决定性因素。国内外学者主要集中在借款人信息披露的研究以及基于传统金融的个人信用风险评估模型的研究。Stein（2002）指出信息可以根据其可传递性分为硬信息和软信息，硬信息是指能够被客观证实的内容，软信息是指不能被直接证实的内容。在P2P市场中，借款人提供的收入状况、房产证明等可被归结为硬信息，而照片、个人陈述等描述性信息被认为是软信息。Puro 等（2010）指出信用评分、总负债偿还比例以及当前逾期记录对于提高借款成功率具有重要影响。

目前，人工智能方法也开始被广泛地应用于信用风险度量，比较有代表性的模型包括人工神经网络（artificial neural network，ANN）和 SVM。Bekhet 和 Eletter（2014）利用数据挖掘技术构建了两种信用评分模型，分别是 LR 模型和 RBF 模型，并将这两种模型进行了对比分析，结果表明 LR 模型的整体准确率比 RBF 模型更高一些，但是在识别潜在的违约者方面，RBF 模型比 LR 模型具有更大的优势。Harris（2015）运用集群支持向量机（cluster support vector machine，CSVM）进行信用风险评估，并且和传统的非线性 SVM 比较得出 CSVM 能够实现更好的分类效果。Danenas 和 Garsva（2015）提出了一种基于粒子群优化技术选择最优线性 SVM 分类器的方法来进行信用风险评估，将该方法与 LR 和径向基神经网络在精度方面做了对比分析，实证结果表明该方法具有很高的分类精度（大于 90%），但是在稳定性方面有所不足。王春峰等（1999）对人工神经网络及其应用于信用风险分析的可行性进行了论述，着重对构建商业银行信用风险分析的人工神经网络模型进行了深入和细致的研究。吴德胜和梁樑（2004）系统地研究了 NN 在信用风险评估领域的应用，分别基于自适应神经网络、Elman（埃尔曼）回归神经网络研究信用风险评估问题。李太勇等（2013）构建了基于稀疏贝叶斯学习的个人信用评估模型，并将该模型与传统的信用评估模型进行了对比分析，实证结果表明该模型在分类精度方面较传统的评估模型具有一定的提升，并且分类精度波动性很小。杨胜刚等（2013）构建了决策树方法与 BP（back propagation，反向传播）神经网络模型相结合的两阶段组合模型，研究表明，基于决策树和 NN 构建的个人信用评估组合模型在分类预测精度方面高于单一的 BP 神经网络模型。姚潇和余乐安（2012）提出了模糊近似支持向量机（fuzzy proximal support vector machine，FPSVM）模型，进行信用风险评估，该模型能显著提高信用风险分类精度，减小总体错误率。但是，这些 SVM 模型在分类时并没有考虑到正、负类样本的非均衡性，使得分类结果往往会向样本量较大的一方偏移，并不符合 P2P 平台中正类样本数量远大于负类样本数量的特点。目前的这些研究还基于传统金融信用风险的理论，尚未建立较为系统、完全的互联网金融信用风险评估体系以及 P2P 平台借款人信用风险评估模型。

另外，也有一些研究关注贷款的信用风险评估，如 Emekter 等（2015）利用生存分析法和 LR 来评估借款人的信用风险。Jin 和 Zhu（2015）设计了一种数据驱动方法来预测 P2P 借款人的违约风险。他们使用 RF 作为特征选择策略来进行特征选择并使用 SVM、CART（classification and regression tree，分类与回归树）和 NN 作为分类器来构建预测模型。实证结果表明，这三种分类器的性能几乎相同。在 P2P 市场上，由于当前的发展历史较短，针对个体借贷者的交易数据还比较稀少。为了克服个体借贷者缺乏足够的交易记录的问题，Guo 等（2016）设计了一种基于实例的方法来构建 P2P 市场上信用风险的评估模型，该模型利用了相似群体具有相似特征的思想，解决了数据不足的风险评估问题。Namvar 等（2018）将三种评估方法，即 LDA（latent Dirichlet allocation，隐狄利克雷分布）、LR 和 RF，结合不同的重采样技术（欠采样、过采样和混合采样）应用于贷款评估的实验中，发现在 P2P 市场中评估借款人信用风险的最有效策略是 RF 和欠采样策略的组合。

在金融活动中，将潜在违约借款人识别为非违约借款人的成本要远远高于将潜在非违约借款人识别为违约借款人的成本。即在风险评估模型中，模型错分的代价是不均衡的。基于这一思路，Xia 等（2017）基于代价敏感的学习和极限梯度提升（extreme gradient boosting，XGboost）方法提出了一个代价敏感提升树的贷款评估模型。张卫国等（2018）利用 FPSVM 构建了 P2P 个体借款人的信用风险评估模型。另外，也有一些研究人员通过在他们的模型中引入集成策略来提高模型性能。例如，Li 等（2018a）使用 XGboost、LR 和 NN 作为基分类器，然后利用线性加权的策略集成这些基分类器，构建了基于集成学习的 P2P 评估模型，用来预测 P2P 市场中的贷款违约状态。Ma 等（2018）基于 AdaBoost（adaptive boosting，自适应提升）集成策略提出了 P2P 的违约预测方法，更清晰地了解借款人整个偿付阶段的情况，而不仅仅只看贷款偿付的最终结果。熊正德等（2017）基于有序 Logistic 模型，构建了借款人信用风险识别模型，该模型在识别借款人的信用风险过程中，将预测的结果细化到"提前结清"、"当前正常"、"可疑"和"损失"四类。该模型能够动态跟踪借款人的信用风险，对网络借贷平台实时监控借款人的风险状态有积极意义。对于投资者来说，投资者在实际情况下进行投资决策的时候，可能就需要评估最后的结果。因为投资之后，投资者面临的风险已经不受自己控制了，有效地评估最终的状态对投资者来讲可能会更有意义。此外，还有关于 P2P 市场上信用评分模型的研究（Zhang et al.，2017；Malekipirbazari and Aksakalli，2015）。然而，所有这些模型都只关注贷款申请中的数值型数据信息，很少有模型在评估信用风险的时候探索描述性文本的信息。

与传统信贷市场不同，在 P2P 市场中，平台的管理者和出借人可以利用更多的与借款人信誉相关的非正式信息，如社交网络关系、图片信息和贷款描述文本等。目前，在 P2P 市场上，已经有不少实证研究分析了可能会影响借款人偿还贷款的数值型因素。如 Emekter 等（2015）发现信用等级、债务收入比和 FICO 信用得分等是预测贷款违约的关键因素。Lin 等（2017）研究发现性别、年龄、婚姻状况、教育程度、工作年限、公司规模、月薪、贷款金额、债务收入比和逾期历史都与新的贷款违约存在显著关联。

也有研究关注软信息对 P2P 的影响。如杨立等（2018）分析了 P2P 信用风险的成因，并探讨了社交网络在缓释信用风险方面的机制和作用条件。研究指出在网络借贷的各个环节中，社交网络在不同阶段以不同的方式表现出了对网络借贷信用风险的缓释作用，为网络借贷市场上基于社交网络信息进行信用风险评估提供了理论支撑。他们研究发现，在投资阶段，投资者可以通过借款人披露的社交网络信息了解借款人的主体信息，从而社交网络起到了事前的信息获取作用；在借贷成立之后，社交网络中借贷人之间的朋友关系构成了隐性契约，能够使借款人被隐性监督，从而起到了风险缓释的作用；在事后借款人违约，社交网络关系可以对借款人形成社会制裁的作用，促使降低借款人事后违约的道德风险。Xu 等（2016）从借款人的借款历史中构建了一系列特征来捕获借款人行为特点（如学习能力、过去表现、社交网络和羊群效应等），进而以此来区分恶意借款人和善意借款人。但是，他们只提取了这四种行为特征，这些行为特征无法获取有关借款人的更多信息。Yao 等（2018）使用 LDA-topic（主题）模型从 P2P 的贷款标题中提取软信息，研究表明提取的软信息可以预测贷款违约与否。通常，与文本相关的信息是 P2P 中更直接的软信息，同时更易于理解，并且更有可能吸引出借人的注意。贷款描述可能包括借款人的背景、债务状况和贷款目的等（Wang et al., 2016a），因此，它是信用风险评估的有效信息来源。例如，基于德国最大的两个 P2P 平台，Dorfleitner 等（2016）实证分析了贷款描述文本与贷款违约可能性之间的关系，他们发现，从贷款描述中抽取的软信息特征有助于提升贷款违约的预测能力。蒋翠清等（2017）基于主题模型从贷款描述中抽取文本特征，然后使用 RF 方法构建 P2P 的违约预测模型。实证发现，融入贷款描述文本软信息的模型能够提高贷款违约预测的准确率。

1.2.3 基于深度学习的文本情感分析研究评述

文本情感分析或文本观点挖掘是自然语言处理（natural language processing, NLP）的一个子任务，是关于人们对实体对象，如产品、服务、事件、主题及其属性等的观点、情感、态度的计算研究。其目的是从用户生成的文本（如社交网络推送、博客、产品评论、社区评论等）中识别、抽取和组织用户表达的情感（Zhang et al., 2018），用于了解和获取用户关于特定事物的看法，把握群体动向以辅助决策。当前关于文本情感分析的研究已经被广泛应用于如市场营销、金融经济、政策科学和医疗等领域。根据语言组合性原则：文档或者句子所表达的含义是其组件（单词/短语）所表达的含义以及其依赖的语法规则的深层组合（Montague and Thomason, 1975）。因此，文本情感分析根据所分析语料的构成可以分为三个水平上的情感分析任务：文档水平（document-level）、句子水平（sentence-level）和方面水平（aspect-level）。社区评论是一种短文本（单个句子或者多个句子），社区评论情感分析是一种短文本的情感分析研究。

早期文本情感分析主要是基于情感词汇表的方式进行的。该方法首先构建一个情感词汇表，并对其中的每一个词汇根据不同的情感任务赋以相应的情感得分；其次基于构建的情感词汇表计算待分析语料的情感得分（Taboada et al.，2011）。这种基于词汇表的情感分析方法，尽管简单和直观，但是情感词汇表的构建需要很强的专业知识和经验，以及大量的人工标注工作。不同领域中同样的词可能传达不同的情感信息，因此，情感词汇表的构建也需要较强的领域知识。近年来，随着计算机计算能力的不断增强，深度学习也迎来了发展热潮。深度学习具有极强的特征表征能力，它通过大量的语料训练，可以很好地捕获语料的内在特征。此外，深度学习可以很好地拟合任何复杂的非线性关系。受惠于深度学习的发展，文本情感分析问题从早期的利用特征工程和机器学习的方式逐渐转向利用深度学习方式来解决。

利用深度学习方法处理自然语言问题的一个思路是：首先用大量的训练语料库以无监督的方式训练深度学习模型以得到某种预设的语言学结构特征；其次利用训练好的模型对待分析的问题进行特征表示；最后基于这些特征表示利用机器学习的方法进行后续处理。这种方式称作嵌套学习，主要通过构造一种无监督的学习规则，从训练语料库中学习并得到具有语义或（及）情感特征的词嵌套（词向量空间，即一个向量空间，语料中的每个词对应了嵌套空间的一个向量），是早期深度学习方法处理自然语言问题的一种方式。例如，直接预测句子中的下一个词的神经网络语言模型（neural network language model，NNLM）（Bengio et al.，2003），在固定窗口下利用上下文词来预测中心词（continuous bag-of-word，CBOW）和利用中心词来预测上下文词（skip-gram）的 Word2Vec 词嵌套模型（Mikolov et al.，2013），结合全局词共现信息的基于上下文的词向量空间模型 GloVe（global vector，全局向量）（Pennington et al.，2014），以及借用 skip-gram 的思想，在词嵌套构建的过程中考虑单词的组成成分，将具有相同组成成分的不同词联系起来的 fastText 词嵌套模型（Bojanowski et al.，2017）。与此同时，在单词分割的方向上进一步细化仅利用字符水平（character-level）的信息（Zhang et al.，2015）和在中文词嵌套构建中引入的偏旁部首水平（radical-level）的信息（Peng et al.，2018）。这类方法着重从文本语料中训练得到字或者词的向量表征，在实际应用中通常作为输入的初级特征表示。

利用深度学习方法处理自然语言问题的另一个思路是：首先利用更深层的 NN 模型在大量的语料上预先训练出一个通用的语言模型，其次针对特定的问题在该预训练的模型结构末端加入分类层或者线性层，最后利用相应的训练语料对该模型进行微调。这种方法实际上是将语言模型当作一个端到端的特征抽取器

（其输入端是相应的输入序列的表征，输出端可以看作输入序列的最终的特征表示）。例如，Peters 等（2018）提出深度语境化的词嵌套模型（embeddings from language models，ELMo），该模型将基本的词嵌套作为输入，然后利用独立的双向 LSTM 网络，从输入序列中抽取特征并拼接处理后作为输入的最终表征。基于注意力机制（attention mechanism，ATT）（Bahdanau et al.，2014）的新型网络结构——Transformer 结构（Vaswani et al.，2017），Radford 等（2018）提出生成式预训练（generative pre-training，GPT）模型，该模型通过将 Vaswani 等（2017）提出的 Transformer 结构中的 encoder（编码器）块当作特征提取器来处理自然语言问题，并获得了很好的效果。随后，Devlin 等（2018）将 ELMo 模型中的 LSTM 子块替换为 Tranformer encoder 子块，并利用 mask（掩码）机制解决了深度模型会捕获序列自身的信息而造成的预训练中不适合预测的问题，构建了通用预训练模型 BERT（bidirectional encoder representation from Transformers，变压器双向编码表示），该模型首次实现了在多个 NLP 问题中获得最佳的预测效果。Radford 等（2019）在其前期工作的基础上提出升级版的 GPT 模型——GPT-2，该模型实际上相当于更进一步地扩大了 BERT 模型的参数规模，从而增加了模型的容量。Dai 等（2019）基于 Transformer 结构不能处理变长序列的输入问题，通过引入分割水平的递归机制将 Transformer 结构拓展为可以处理变长结构的输入序列模型 Transformer-XL。随后基于该结构，他们通过将每一个输入序列进行排列组合处理生成更多的训练语料以及更多跨序列预测信息，克服了 BERT 模型在引入 mask 机制时造成的预训练阶段和下游任务使用阶段的数据不匹配偏差，提出了泛化自回归预训练方法——XLNet 网络结构（Yang et al.，2019）。随着网络结构的更进一步深化，预训练方式的单个语言模型在越来越多的 NLP 问题中摘得桂冠。

短文本情感分析作为 NLP 的一个特殊的方面，随着基于深度学习的通用语言模型的不断发展，基于深度学习方法的短文本情感分析模型也在不断地进化。早期的方式是利用词嵌套将文本输入序列转化为向量矩阵，然后将转换后的向量矩阵类比为图像，利用卷积神经网络（convolutional neural network，CNN）结构进行情感分类处理（Kim，2014）；或者将转换后的序列视为高维时间序列而利用循环神经网络（recurrent neural network，RNN）结构进行情感分类（Tang et al.，2015）；或者组合 CNN 和 RNN 结构（Shuang et al.，2018）；或者在网络结构中引入注意力机制后组合构成更加复杂的模型（Zhang et al.，2016；Guo et al.，2018；Wen and Li，2018；Abreu et al.，2019）。经典的神经网络结构 CNN 和 RNN 及其变体在处理自然语言问题上面临一些困难。如 CNN 结构采用的固定窗口滑动的机制使得其只能捕获句子序列的局部特征，而不能有效捕获句子的长依赖特征。尽管有学者提出时间卷积网络（temporal convolutional network，

TCN）（dos Santos and Gatti，2014）来拓展 CNN 以捕获句子的长依赖特征，但是由于其相比 CNN 在解释上不甚直观，最后没能成为研究的主流。RNN 结构基于其循环的特征，能够捕获到句子的长依赖特征。不过早期的 RNN 结构通常会遇到梯度爆炸或者梯度消失的问题（Bengio et al.，1994）。尽管 Hochreiter 和 Schmidhuber（1997）提出的 RNN 的变体 LSTM 结构和 Cho 等（2014）提出的 RNN 变体 GRU 结构能够有效解决训练过程中的梯度爆炸和梯度消失的问题。但是，也是因为其循环的特征，RNN 在捕获自然语言的长依赖特征时必须要经历相依赖词之间的所有词，这造成了计算效率的下降。同时，也正是因为这种循环依赖特征，RNN 结构并行运算十分困难，导致在实际使用中时间代价非常大。此外，RNN 结构通常使用最后一个输出或者整个结构的隐藏层输出的平均池化或者最大池化作为最终的结构输出，这会丢失很多信息。为彻底克服 CNN 和 RNN 系列结构的缺陷，Vaswani 等（2017）基于 Bahdanau 等（2014）提出的注意力机制思想提出了自注意机制并构建了不含 CNN 和 RNN 结构的 Transformer 结构块。该结构能够有效捕获句子的长依赖特征（由于其无内循环结构，能以同样时间代价捕获任意长距离的两个词之间的依赖关系），且易并行。当前，也有一些研究将 Transformer 结构应用到短文本情感分析中（Letarte et al.，2018）。随后基于 Transformer 结构开发的 BERT 结构也被应用到了文本情感分析的研究中（Chen et al.，2020）。

以上文献在处理短文本情感分析的过程中并没有直接引入语言的情感信息，而是将含有情感信息的原始语料数据直接"喂"给模型，以监督学习的方式使模型自己去学习文本中包含的情感信息。为直观地将文本的情感信息引入模型的构建中，Maas 等（2011）以及 Tang 等（2014）利用两步走策略，首先利用无监督的方式训练一个原始的词嵌套，其次利用监督学习的方式通过构建情感损失函数将文本情感信息联合纳入模型的训练过程中。文本情感分析任务中，文本中包含的情感词应当被更多地关注，因为这些词在直观上能显著决定文本的情感倾向。基于此，Shin 等（2016）利用多个情感词汇表构建情感词嵌套，并结合通用的语义词嵌套（Word2Vec 和 GloVe）构建文本情感分类模型。该模型从词嵌套角度出发显式地从外部引入情感词信息，获得了较好的文本情感分类效果。Zou 等（2018）则利用注意力机制将文本包含的情感词，通过监督训练的方式显式地编码到句子的表示中。

1.2.4 文本情感在信用风险评估中的应用研究评述

1. 股票市场上的文本情感分析

从文本数据中提取文本特征用于传统金融市场，如股票市场、外汇市场和借贷市场的研究也有一段时间了。其中，大部分研究主要集中在预测或解释股票市场的金融变量。使用的文本类型包括公司披露、分析师报告、财经新闻和社交媒体推送等。预测任务旨在通过使用从包含财务信息的文本中提取的特征来预测金融变量的未来状态（Nassirtoussi et al.，2014）。根据《华尔街日报》专栏的每日内容，Tetlock（2007）首先探究了媒体悲观情感与市场价格之间的关系。他发现，在专栏中包含较高的媒体悲观情感的公司，其近期股价下行的可能性较高。同时，异常高或低的悲观情感则预示着市场高的交易量。自此之后，越来越多的学者开始从文本中提取信息来研究金融市场的现象。例如，Tsai 和 Wang（2017）发现公司财务报告中出现金融情感词的数目与公司面临的金融风险有很大关系。Renault（2017）利用社交媒体文本情感作为投资者情感的代理变量，发现在线投资者社交文本情感有助于预测日内股指收益。Kraus 和 Feuerriegel（2017）利用股票价格变动与公司披露中表达的情感之间的关系建立了股票市场投资的预测模型，其中情感计算是使用深度学习方法得出的。Sun 等（2018）提出了一种基于中国股票市场网络社区情感的新型股票推荐系统。李晓溪等（2019）基于文本分析方法研究了交易所问询函在并购重组信息中是否有助于降低并购重组的信息不对称程度，从而提升并购的绩效。研究发现，交易所的问询函能够预测并购重组中的风险。更多传统金融市场上使用文本分析技术的研究可参见 Xing 等（2018）。

有研究试图解释金融文本和金融变量之间的关系。最近，有学者做了关于文本情感相关的金融市场解释性任务的详细概述（Fisher et al.，2016；Nardo et al.，2016）。综合来看，这些文献主要从金融文本，包括公司披露、分析师报告、财经新闻和社交媒体推送等文本中提取相关的情感信息。但是，这些发布在网络上的公开文本通常会有其他投资者参与相关的评论，这些评论也可能包含投资者对相关文本或者市场的见解。为了探讨这些评论的影响，Chen 等（2013）分析了网络板推送的投资者情感与股票市场回报之间的关系。在分析中，他们囊括了评论的"点赞"、"文章关注量"、"消息数量"和"用词数量"等特征，该研究发现，在企业收益公告发布前 30 天至前 3 天的董事会中表达的负面情感与异常收益呈显著负相关。尽管大多数研究采用连续变量作为研究目标的解释变量，如股票价格、股票的异常收益和营业额等；但是也有一些文献将二元变量作为解释变量，如首次公开发行（initial public offering，IPO）的撤销状态、企业收购结果等。Loughran 和 McDonald（2013）以 S-1 表作为文本情感的来源，探究了从 S-1 表中提取的情感是否对 IPO 的撤销产生影响。他们发现，S-1 表中的高负面情感将导致企业 IPO 的最终撤销。Buehlmaier（2015）的实证研究表明，基于文本的媒体内容能够预测收购的结果，更直观地，那些吸引了大量其他投资者参与讨论或者受到大量投资者关注的报告或评论在决定投资者或者市场对上市公司的情感时会更有用。Guo 等（2017）从专业股票市场社交网站上的用户评论中提取投资者情感用于股票价格预测，他们发现，对于那些有较高投资者关注度的股票，基于网络的投资者情感是其股票价格的有效预测指标，这意味着评论情感对金融变量的预测效果可能会在投资者高度关注的情况下更有效。

2. CNN 在情感分析中的应用

文本情感分析旨在从写作者创作的文本中挖掘出可能反映其行为、想法和思想的观点、情绪和情感等信息。Kim 在 2014 年提出了一种基于 CNN 的简单、直观和有效的句子级文本情感分类方法。然而，基于 CNN 的情感分类方法通常需要相对较大的训练样本集。在较少训练样本的情况下，一个有效的思路是，利用弱监督的思想。首先在弱监督的训练集合上预先训练一个模型，其次使用标注良好的训练集合来对预训练的模型进行微调。例如，在构建评论文本情感分类模型的时候，可以首先利用相对易得的文本评论的星级作为粗略的分类标签预先训练模型，其次使用标记良好的训练集来微调该模型。社交媒体中，在发布评论的过程中，通常会要求评论者对他们正在评论的对象进行评分，通常是五星评级。较少的星数可能反映了评论者在某些方面对评论对象的负面印象，而较多的星数可能意味着评论者的积极评价。评级机制可能在一定程度上反映评论者的情感，因此对情感分类具有指导意义。

目前，深度学习几乎在每个领域都得到了广泛的应用。深度学习最具吸引力的特点是它可以自动学习输入数据的有用表示，而无须人工干预。但是，深度学习的一个缺点是它通常需要大量的训练数据才能很好地训练出一个良好的模型。因此深度学习的性能在很大程度上依赖于大规模标记的训练样本的可用性。使用的训练数据越多，则获得的模型的准确性越高。通常，在机器学习领域，对训练数据的标注过程通常以人工的方式进行，这需要花费很大代价才能获得标记良好的样本集。在训练深度学习模型时，这会变得更加昂贵。Zhao 等（2018）提出了一个弱监督方法，它包括两个步骤：首先，使用分级标签数据训练深度神经网络，用来捕获关于数据集的一般情感分布；其次，在第一步中添加分类层到深度神经网络中，并使用较小的标记良好的训练数据集合来训练这个新网络。此外，Yadollahi 等（2017）给出了一个基于文本分析和情感挖掘的调查，更多的相关研究可以在其文章里找到。

3. 从文本中抽取信息用于破产预测

破产预测是研究人员和会计从业人员最重要的工作之一。大多数文献仅在其破产预测模型构建中使用盈利能力、流动性、杠杆率、现金流、现金和流动性头寸以及营业额等财务指标（Beaver，1966）。然而，来自互联网社区或公司年度财务报告的评论可能会比财务比率更早地向投资者发布公司的一些企业经营变化信号，这有助于投资者更早地捕获到公司的潜在风险信号。因此，将这些来自文本评论或公司年度财务报告的文本情感信息与其他财务指标合并，可能有助于更准确地预测公司未来的潜在破产风险。

当前，在预测公司破产中使用软信息的文献相对较新且少。下面我们描述几个代表性的工作。Shirata 等（2011）从日本公司的年度报告中提取关键短语信息来预测日本市场公司的破产情况。他们发现，特定表达的共同使用能够预测公司的破产情况。那些在未来破产的公司与非破产的公司，它们的年度财务报告中使用特定表达的共现频率有显著的差异。Hajek 等（2014）从公司年报中抽取出文本情感，以预测公司的财务表现，他们用 Z 值（Z-score）破产模型的输出作为财务表现的代理变量，实证发现，情感信息对预测公司财务业绩至关重要，并且情感与财务绩效之间的关系是非线性的。Lopatta 等（2017）将从公司 10-K 表中提取的负面信息和诉讼词与财务比率相结合，来检验 10-K 表中使用的语调是否反映了公司破产的风险。他们发现在 10-K 表中使用否定词与企业破产的风险显著相关。Mai 等（2019）利用公司的文本披露信息，开发了深度学习模型以预测企业破产风险。他们发现，在将文本数据与传统的基于会计的比率和基于市场的变量相结合时，可以进一步提高模型的预测精度。Hosaka（2019）基于 CNN 模型使用公司的财务报告中的文本信息来预测公司的破产风险。陈艺云（2019）利用上市公司年报中管理层的讨论与分析作为文本数据源分析了其语调能否为预测上市公司财务困境提供增量信息。实证后发现管理层语调是对财务数据的重要补充，并且这些信息在上市公司的股票价格中并没有被充分体现。关于 P2P 市场，王茂光等（2016）利用 C5.0 决策树算法构建了网络借贷平台的信用风险监控模型。

另外，P2P 平台所处的地域位置可以在一定程度上反映其经济实力。因为对公司来讲，不同地域的生存成本是不一样的。进而，公司所处的位置也可能影响 P2P 平台的生存状态。基于这种直觉，Wang 等（2016b）使用模糊支持向量机模型，将地域信息融合到他们预测 P2P 平台破产的模型中，发现该地域信息是预测 P2P 平台生存状态的一个重要因素。除了地域信息之外，他们并未使用其他非财务和借款人身份的特征信息。综上而言，整合投资者的社区评论信息有助于提取有关平台潜在风险状态的更多信息。

1.2.5　互联网借贷参与者行为研究评述

研究互联网借贷参与者个体的行为，从借款人角度主要包括分析借款成功影响因素和预测借款人违约两类。如 Lin 等（2013）使用 Prosper 的借贷记录，发现借款人的在线社交关系增加了融资成功的可能性并降低了借款的利率和违约率。而 Gonzalez 和 Loureiro（2014）发现出借人对借款人年龄和性别的感知会影响借款人能否成功借款。在预测借款人违约方面，传统的 LR 和线性判别分析，以及机器学习方法已被学者广泛使用（Wiginton，1980；Meko and Lyn，2011；Kim and Sohn，2010；Niu et al.，2020）。同时，融合非结构化数据构建借款人信用风险评估模型也是一个活跃的研究方向，如元数据水平的电话记录（Ma et al.，2018）、贷款描述文本信息（Wang et al.，2019；Zhang et al.，2020；Jiang et al.，2018）以及社交媒体信息（Ge et al.，2017）和平台的参与者评论（Wang et al.，2021）等。

此外，也有学者探索了复杂网络分析方法在借款人违约预测方面的应用。如 Giudici 等（2019）基于借款人的财务特征相似性网络分析了网络拓扑特征在提升借款人信用风险评估方面的作用。从投资者角度，学者主要探究了互联网借贷平台中投资者是否存在羊群效应，如 Lee 和 Lee（2012）、Zhang 和 Liu（2012）。也有学者关注投资者行为异质性（Puro et al.，2011）和双向交易者的信息价值性（丁杰等，2018）。从平台角度，Wei 和 Zhang（2016）以互联网借贷平台和金融中介机构为网络节点构建复杂网络模型，通过仿真模拟分析了平台间直接风险传染的一般特征。佘桃（2017）和 Chen 等（2018）则研究了互联网借贷平台中个体借贷关系网络的生成和动态演化。在利用复杂网络分析互联网借贷平台风险方面，Lu 等（2018）基于复杂网络分析方法，利用平台级数据分析了我国互联网借贷市场上的系统重要性平台。Xu 等（2020）则提供了一个探究互联网金融系统性风险的工作。

网络分析法是结构分析策略的重要方法之一。复杂网络已经被应用于金融经济等领域（杨晓兰等，2020；周开国等，2021）。小世界网络的小世界性和高聚集系数、无标度网络的小世界性和节点度分布服从幂律分布的特性都与现实世界网络十分相似（Albert and Barabási，2002）。刘景卿等（2021）研究发现全球价值链贸易网络具有小世界现象和无标度特性。宫晓莉和熊熊（2020）通过构建金融市场信息溢出复杂网络，分析了金融系统内部的风险传染特征。复杂网络的网络特征也被用来代理特定的金融变量，如隋聪等（2020）利用银行间借贷网络的幂律分布特征，度量银行间的流动性差异。周颖刚等（2019）构造了 G20 经济体货币汇率间相互影响的动态网络，并利用网络重要性构造了人民币国际影响力指数。张奇等（2019）基于复杂网络分析方法刻画了电动汽车充电桩众筹融资市场上投资者决策过程中的羊群效应，研究社交网络负面信息与融资人的信用风险之间的联系。张卫国等（2021）分析了互联网融资平台个体借贷关系复杂网络的特征与违约关系，建立了违约预测模型。

1.2.6 互联网众筹融资绩效的影响因素研究评述

众筹模式从小额信贷（Morduch，1999）和众包（Poetz and Schreier，2012）等概念中汲取灵感，伴随着互联网金融的兴起而迅速发展。Belleflamme 等（2014）发现当资金需求和市场规模相对较小时，项目发起人倾向于采用奖励众筹进行融资，反之则采用股权众筹。奖励众筹作为众筹的重要分支，主要模式是由项目发起人在众筹平台上发布项目，向社会公众进行融资，在规定时间内若筹得目标金额即为成功，反之则失败。参与项目的个人在项目中不会获得任何金钱激励，但会收到支持项目的奖励，如在电影结束的感谢中出现，或者有机会见到项目的创造者等（Gerber et al.，2012）。

国内外学者针对奖励众筹成功影响因素以及其绩效影响因素进行了大量的研究。有学者认为，项目融资规模和回报种类的多少影响项目融资绩效的高低（黄健青等，2015；郑海超等，2015）。也有学者探讨众筹市场上的投资者行为，如 Kuppuswamy 和 Bayus（2018）发现奖励众筹中投资者存在羊群效应，认为奖励众筹中的羊群效应是收益的外部性导致的，项目通常具有"U"形的支持模式，投资者更倾向于投资接近目标融资额的项目，因为其成功的可能性更高。王先甲等（2017）采用大群体反复博弈-复制动态演化博弈，在公平贡献和利他主义两种情景下对众筹演化进行分析，研究发现，在公平贡献机制下考虑众筹失败导致消费者后悔而产生负效益时，发行份额的增加会增加消费者搭便车的投机行为，从而抑制众筹成功；在利他主义策略下，当融资目标不变而发行份额增加时，消费者搭便车的行为却没有增加，反而提高了众筹演化成功的概率。Kuppuswamy 和 Bayus（2017）分析了奖励众筹项目支持的动态变化，发现在不同条件下存在强大的目标梯度效应——项目越接近目标融资额，将获得越多的支持者支持，而在实现目标后，支持率急剧下降。如果项目目标融资额相对较小，或者项目早期支持有限，那么目标梯度效应会更加突出。Yum 等（2012）通过对 P2P 市场研究分析表明，投资者可获得的信息有限时，倾向于跟随其他投资者的投资决策，容易形成羊群效应。Burtch 等（2013）对投资者投资进行动态分析，将不同时间点投资的贡献称为贡献频率，认为贡献频率对于预测众筹结果很重要。

近年来，学者逐渐开始研究投资者和发起人之间的交流对项目融资成功率的影响。如 Jiménez 和 Mendoza（2013）发现在线产品评论通常包含投资者对项目的评价及与项目描述是否一致的信号，如点赞的个数越高表示投资者对项目介绍越认可。黄健青等（2015）从项目分享次数以及评论数量出发刻画项目的形象价值，发现评论数量能够展现项目发起人与投资者的互动关系，通过互动有效提升项目的认知度，有利于产生最终的投资行为。Bi 等（2017）利用中国众筹网的数据进行了实证研究，发现项目质量和电子口碑信号对投资者投资决策具有显著的积极影响。

尽管奖励众筹获得了迅速发展，但其相关研究还处于起步阶段（Moritz and Block，2016；Kuppuswamy and Bayus，2018）。迄今为止，该领域的大多数实证研究主要关注的是与成功融资结果相关的项目特征和发起人特征。例如，项目期限（Cordova et al.，2015），信息披露情况（陈冬宇，2014；Hornuf and Schwienbacher，2018），性别、种族、个人特征等个人质量信号（Zhang and Liu，2012），社交网络（Lin et al.，2014），项目发起人与其支持者之间的地理距离（Agrawal，2015）等。张卫国等（2023）基于项目质量、投资者参与情况和不确定三个方面的影响因素对奖励众筹融资绩效进行动态预测。

1.2.7 互联网保险理财产品研究评述

互联网保险理财产品是互联网金融理财产品中相对活跃的一类，李克穆（2016）指出互联网保险在互联网金融领域的创新发展方面走在了前列，但由于历史数据缺乏，这类产品可能存在产品定价风险。王燕等（2015）分析了2016年前万能险、投连险等产品业绩好的原因，但它们因偏离保障、受监管要求逐渐从互联网金融理财渠道消失，并对未来的监管提出相应建议。张方波（2019）指出保险资管行业发展呈现稳步增长和配置多元化趋势，《关于规范金融机构资产管理业务的指导意见》（简称资管新规）的出台带来了机遇，同时在第三方业务等方面该行业也面临着挑战。也就是说，当前我国互联网保险理财产品行业还存在很多问题，需要研究者进一步探索清晰。

关于互联网金融理财产品收益率的影响因素，杨毅和刘柳（2014）与陆敬筠等（2015）实证发现余额宝的收益受到上海银行间同业拆放利率（Shanghai interbank offered rate，Shibor）的正向的显著作用。林文生和张正扬（2016）发现产品规模、股债行情和银行间同业拆借利率都影响理财收益波动，且影响程度不同。杨宇程（2017）发现其受到 Shibor 滞后项、证券二级市场表现和货币供应量的影响，前两个因素的影响均为正向，货币供应量的影响则是负向。孙春燕等（2018）研究发现余额宝现金占净比对其具有线性正效应，银行间同业拆借利率和沪深 300 指数具有线性负效应，消费者价格指数对其具有非线性波动作用，人民币对美元汇率和狭义的货币供应量对其有交互作用。保险资管产品发展相对较晚，缺乏同类可比口径的历史投资业绩，个人投资者短期难以对保险机构的投资管理能力客观评价。已有研究缺乏针对互联网保险理财产品的理论和应用研究。

经验模态分解（empirical mode decomposition，EMD）模型常被用来提取金融序列的不同频率特征，这种方法由 Huang 等（1998）首次提出，是一种非参数、经验性的分析非线性、非平稳的时间序列的方法。基于 EMD, Wu 等（2009）提出集合经验模态分解（ensemble empirical mode decomposition, EEMD）模型。EMD 方法在股票（Wei, 2016；王晓芳和王瑞君, 2012）、房地产（阮连法和包洪洁, 2012）、大宗商品（周德群等, 2013；王书平等, 2014）等方面的研究中，都有较好的表现。白洁和林礼连（2014）则用 EMD 发现余额宝收益率波动是由国内市场资金面所决定的长期趋势、金融行业重大事件导致的。Zhu 等（2018）指出与传统的单时间尺度模型相比，EEMD 可以有效减少异质环境的影响，从而获得更准确的整体风险的测度。张卫国等（2020）集成 EEMD 和分位数回归（quantile regression, QR），提出了互联网活期保险理财产品收益率影响因素模型。

1.2.8　互联网结构性理财产品市场风险度量的研究评述

互联网结构性理财产品市场风险的相关研究相对较少。早期的研究多集中在银行的结构性理财产品，例如，邢彬（2010）围绕银行结构性理财产品的各种风险类别较为系统地研究了结构性理财产品的定价和风险管理，包括敏感性分析、在险价值（value at risk, VaR）指标、情景分析和压力测试等风险测度方式，但并未对这些风险测度方法进行深入讨论。刘中元（2015）讨论了以广义自回归条件异方差（generalized autoregressive conditional heteroskedasticity, GARCH）模型为基础的 VaR 测度，对兴业银行挂钩伦敦黄金的"智盈宝"结构性理财产品进行了研究。He 等（2012）对我国结构性理财产品进行了概述，对市场风险作了一些定性的描述并简单地介绍了定量模型，但并未深入探讨并作实证检验。

国内相关研究对传统的结构性理财产品市场风险进行度量时，主要是对股票市场指数的风险度量，较少拓展到汇率市场、利率市场、商品市场中其他资产品种的风险度量。例如，黄思达（2012）选取某银行发行的挂钩 A 股的"慧盈 23 号"结构性理财产品，对股市历史数据进行研究，采用的方法是蒙特卡罗模拟法，判断该款理财产品的定价的合理性，有助于投资者更好地甄别合适的结构性理财产品。同时，对边缘分布的考察主要是采用正态分布或单一的 GARCH 模型进行度量，而且也很少对风险进行集成度量。而吴巍（2012）认为结构性产品定价方法中无风险利率及挂钩标的波动率在产品期限内不变的假设不太合理，可以引进 GARCH 等模型来优化定价方法。张震宇（2017）提出了互联网单一结构性理财产品及组合市场风险的度量方法。更多关于互联网结构性理财产品风险度量的研究可参照陈荣达等（2020）的综述性工作。Li 等（2018b）提出了互联网结构性理财产品标的资产双币种期权（quanto option）定价模型，该模型能够用于度量市场风险。

1.3　研究内容和研究方法

1.3.1　研究内容

本书涉及的研究对象主要包括，P2P、互联网众筹和互联网保险活期理财产品及标的资产为期权的境外互联网金融理财产品，研究内容由五个部分构成。

第一部分研究内容是关于 P2P 风险度量及控制研究。P2P 市场作为新兴的借贷市场，拓展了金融服务的广度和深度。然而，互联网金融的本质仍是金融，并没有改变金融活动中必然存在的风险问题。P2P 市场存在的最突出的风险是信用风险。信用风险在传统的金融市场已有很广泛的研究，在 P2P 市场上，相关研究还较少。

另外，近年来，随着深度学习技术理论的快速发展，基于深度学习的文本分析相关技术方法也得到了极大的发展。在传统金融市场，使用文本分析技术研究市场参与者的行为和为市场参与者提供决策支持的相关工作也有不少，但将其应用到 P2P 市场上的风险评估工作还很少见。此外，复杂网络分析方法能够捕获参与者的网络结构特征，而这些特征有助于进一步区分参与者的风险表现，但目前缺乏相关研究探索其在 P2P 市场的作用。因此，需要融合先进的文本分析技术和复杂网络分析方法，开展 P2P 市场上参与者、平台的信用风险度量及控制研究，为投资者、借贷平台以及市场监管者提供决策支持参考。

第二部分研究内容是关于互联网众筹绩效的影响因素及动态预测研究。众筹行业调查显示，我国众筹行业的融资完成率普遍并不高，投资者参与度也相对较低。如何对众筹项目优化改进、提高投资者的参与度，进而提高融资绩效，使众筹能够更好地服务各实体经济细分市场，对于提高我国金融服务的普惠性具有重要的意义。为此，需要研究众筹市场的投融资风险与绩效动态预测问题，实时掌握众筹绩效进展，及时采取有效措施，实现众筹目标。

第三部分研究内容是关于互联网保险活期理财产品收益率影响因素及风险度量研究。影响保险活期理财产品收益的因素众多，需要掌握哪些是主要影响因素，研究这些主要因素与互联网保险活期理财产品收益率之间的关系，在此基础上进行风险度量。

第四部分研究内容是关于互联网结构性理财产品及其组合市场风险度量研究。与传统结构性理财产品不同，互联网结构性理财产品由于挂钩标的资产种类多、结构复杂，并且在交易模式、监管机制、信息透明度、投资门槛、投资者情绪传染等方面存在较大差异，其广泛的外溢性与传染性、极端的市场风险将会带来更加严重的影响。另外，投资人也会同时选择几个产品进行资产配置，需要开展对单一资产与组合资产的结构性理财产品市场风险的度量研究。

第五部分研究内容是关于具有流动性风险标的资产双币种期权定价研究。随着全球金融市场一体化的深入发展，投资者不仅可以投资境内的互联网金融理财产品，也可以跨境投资跨境互联网金融理财产品。跨境投资标的资产挂钩双币种期权的跨境互联网金融理财产品是一种投资于境外风险资产的有效风险管理工具，需要研究跨境互联网金融理财产品双币种期权的合理定价问题，进而科学、准确度量定价不合理带来的投资风险。

本书共十二章，各章的主要内容概述如下。

第1章，互联网金融理财产品发展与研究概况。简要介绍互联网金融理财产品发展概况和相关研究文献评述，及本书关注的研究内容和相应的研究方法。

第2章，P2P软信息在借贷过程中的影响作用研究。该章重点关注P2P市场上借款人的软信息对借贷过程的影响。利用人人贷平台的真实借贷交易记录实证分析和检验了P2P市场上影响贷款的申请、融资以及偿付表现的软信息。为第5章研究P2P借款人信用风险评估模型提供支撑。

第3章，P2P借款人提供贷款描述的动机研究。该章基于词汇的文本分析方法从贷款描述中提取反映借款人特定的信息内容。然后利用贷款描述蕴含的借款人特定信息内容，分析其对P2P不同阶段的影响。进一步深入探究P2P市场上贷款描述在各借贷环节中扮演的角色以分析借款人提供贷款描述的动机。并为第5章构建融合贷款描述文本特征的P2P借款人信用风险评估模型提供支撑。

第4章，基于DFPSVM（disequilibrium fuzzy proximal support vector machine，非均衡模糊近似支持向量机）的P2P信用风险评估模型研究。该章利用P2P中的硬信息并基于模糊支持向量机模型构建借款人借贷过程中的信用风险。首先介绍所提出的用于解决非均衡问题的模糊支持向量机模型。然后基于人人贷平台的真实借贷数据进行实证分析。探讨了借贷过程中硬信息与借款人信用行为之间的联系。

第5章，融合贷款描述文本特征的P2P借款人信用风险评估模型研究。该章首先基于TE（Transformer-encoder，Transformer编码器）从P2P的贷款申请中抽取贷款描述文本特征；其次结合贷款申请和借款人的特征，利用NN模型构建了融合贷款描述文本特征的P2P借款人信用风险评估模型，并比较了所构建的模型与多种经典的机器学习模型的性能；最后提出了一个有效的融合贷款描述文本特征的P2P借款人信用风险评估模型。

第6章，基于文本情感的P2P平台破产预测研究。该章首先基于弱监督机制的深度学习短文本情感分析技术，从P2P投资者社区平台抓取的参与者评论中收集P2P参与者关于借贷平台的评论情感倾向；其次利用得到的情感倾向指标与P2P平台的其他指标实证分析社区评论情感与P2P平台破产之间的关联性。实证检验了投资者社区评论能够预测 P2P 平台未来的破产。

第 7 章，互联网融资平台个体借贷关系网络特征与违约研究。该章基于复杂网络分析方法，探讨网络特征和借款人个体违约情况的联系。首先利用人人贷平台的真实借贷数据构建借款人和投资者的双向复杂网络；其次从所构建的借贷关系网络中提取指定的网络特征，并结合相应的个体特征分析网络特征和借贷违约之间的关系。

第 8 章，奖励众筹融资绩效的影响因素及动态预测研究。该章首先从项目质量信号、投资者参与情况和不确定三个方面分析众筹融资绩效的影响因素；其次基于函数主成分分析（functional principal component analysis，FPCA）刻画众筹融资过程中的动态特征，并基于此建立投资者投资活动及时滞评论活动的综合得分模型；最后利用前述所得到的特征和项目自身特征，借助广义回归神经网络模型（general regression neural network，GRNN）对众筹融资绩效进行动态预测。

第 9 章，互联网保险活期理财产品收益率影响因素及风险度量研究。该章首先探讨互联网保险活期理财产品收益率的影响因素，基于 EEMD 对收集到的互联网活期理财产品的收益率时间序列进行多尺度分解，得到一组不同频率特征的分量；其次采用 QR 来分析不同影响因素与互联网保险活期理财产品收益率之间的关系。

第 10 章，互联网结构性理财产品市场风险度量研究。该章首先介绍挂钩利率、挂钩汇率、挂钩商品以及挂钩股票四种类型的互联网结构性理财产品，指出其主要的市场风险因子，识别其市场风险的特性；其次提出基于 GARCH-EVT（extreme value theory，极值理论）模型的结构性理财产品市场风险度量方法；最后针对挂钩标的资产为 SHFE（Shanghai futures exchange，上海期货交易所）黄金、人民币对美元中间价、上证综指、Shibor 隔夜利率的四种互联网结构性理财产品市场风险 VaR 与 CVaR（conditional value at risk，条件在险价值）进行了度量。

第 11 章，互联网结构性理财产品组合市场风险度量研究。该章首先引入 copula 函数对结构性理财产品组合的市场风险进行集成测度，建立 GARCH-EVT-copula 模型，并以真融宝平台上的两款结构性理财产品"牛熊斗"和"变形金猪"为例，度量其等权重产品组合的市场风险。

第 12 章，具有流动性风险标的资产双币种期权定价研究。在市场并非完全流动的假设下，研究考虑流动性风险影响的互联网金融理财产品标的资产双币种期权定价问题。首先，假设标的境外股票价格过程服从流动性调整的 Black-Scholes（布莱克-斯科尔斯）模型，提出一个流动性调整的双币种期权定价模型。其次，利用风险中性定价原理，推导出具有解析形式的四种欧式双币种期权定价公式。

1.3.2 研究方法

在传统借贷市场上，银行收集到的信息通常都是被私有化的。而在 P2P 活动过程中，留下了大量参与者的信息和交易数据，有参与者的身份特征信息和社交媒体信息、借贷页面点击流信息、借款信息和贷款申请投融资信息等。从数据结构上来看，有结构化的身份特征、贷款申请特征等信息，也有非结构化的文本信息（如贷款描述、投资者评论等）、图像信息（如参与者的账户头像、指纹等）、音视频信息（如身份认证视频等）。其中，除了结构化的数据外，非结构化的文本信息数据由于直观、易于理解等特点实际上包含了大量易于获取的信息内容，对于辅助理解和解释 P2P 参与者的行为具有积极作用。这些异源、非结构化的数据为研究和理解真实情形下投资者行为和借款人行为以及 P2P 平台的行为提供了可能，目前探索这些非结构化数据与 P2P 的相关研究还比较少见。

伴随着互联网技术与社交网络媒体技术的大发展，当今社会的数据以"大爆炸"的方式产生——"数据大爆炸时代"。与传统银行业获取客户信息的渠道和方式不同的是，互联网金融理财借助互联网技术与社交媒体技术以无接触、多渠道和多维度的方式获取客户信息，极大地降低了信息获取与收集的成本。互联网金融理财面临着大量的数据资源，包括结构化和非结构化的各种各样的数据信息。利用文本资源解释和分析互联网金融理财参与者行为、预测资产收益和测量金融风险等在未来的互联网金融领域的研究工作中是必不可少的。

基于此，本书综合利用传统的复杂系统理论、神经网络、计量经济学模型、随机分析及现代的深度学习理论、NLP 技术和文本分析方法等多学科理论、方法与技术，结合国内外具有代表性的互联网金融机构、金融平台的各种数据，进行 P2P、互联网众筹、互联网保险活期理财及互联网金融理财产品双币种期权的风险度量及控制理论与实证研究。具体使用的研究方法简述如下。

（1）在研究 P2P 市场信用风险相关影响因素的实证分析中，首先采用统计学理论方法，包括主成分分析法、因子分析法和方差分析法等选取对风险具有解释性的变量；其次采用计量经济模型实证检验选取的变量与信用风险度量指标之间的关系。

（2）在构建融合文本特征的 P2P 信用风险评估模型中，首先使用基于深度学习的文本分析技术从贷款描述中抽取风险相关的文本特征，然后结合机器学习方法（如 SVM、RF 等）构建信用风险评估模型。

（3）在投资者社区评论情感与 P2P 平台破产之间的关联性研究中，首先采用弱监督机制的深度学习模型获取单个投资者社区评论的短文本情感得分，其次融合评论参与者的点评信息（赞成/反对）构建多个投资者社区评论情感得分，最后利用计量经济模型评估抽取到的投资者社区评论情感与 P2P 平台破产之间的关联性。

（4）在基于结构化因子构建 P2P 借款人信用风险的研究中，首先考虑到违约识别问题中的样本非均衡和不精确性，采用模糊化来处理违约识别，引入双边权重误差测量方法来处理非均衡性；其次提出了 DFPSVM 违约风险评估模型，最后利用人人贷平台数据实证检验了模型的有效性。

（5）在探究网络借贷个体借贷关系和违约表现的研究中，首先将网络借贷平台的借款人和投资者借贷关系看作一个有向复杂网络；其次从网络中提取不同的网络特征，并利用回归分析的方法探究可能影响借款人违约的网络化特征。

（6）在分析众筹融资绩效的影响因素及动态预测研究中，首先将各众筹项目的融资过程视作一个时变函数，利用主成分分析法提取众多众筹项目融资函数的主要时变特征；其次在提取主要特征后采用 GRNN 模型进行融资绩效的预测。

（7）在分析互联网保险活期理财产品收益率影响因素的研究中，首先利用 EEMD 方法将理财产品的收益率进行分解，得到不同的频率向量特征；其次利用 QR 方法分析其对互联网金融理财产品收益率的影响。

（8）在分析互联网结构性理财产品市场风险的研究中，首先采用 GARCH-EVT 模型来度量互联网金融环境下单一结构性理财产品的市场风险，使用基于广义帕累托分布的阈值选取方法、峰值过阈值（peaks over threshold，POT）模型参数的估计方法及 KS（Kolmogorov-Smirnov，柯尔莫哥洛夫–斯米尔诺夫）拟合优度检验法；其次构建 GARCH-EVT-copula 模型对互联网结构性理财产品组合市场风险进行集成度量，并做回测检验。

（9）在分析具有流动性风险的互联网金融理财产品双币种期权定价研究中，首先假设互联网金融理财产品双币种期权标的境外股票价格过程服从有流动性调整的 Black-Scholes 模型，提出一个具有流动性风险的双币种期权定价模型；其次利用风险中性定价原理，推导出具有解析形式的四种欧式双币种期权定价公式。

第 2 章　P2P 软信息在借贷过程中的影响作用研究

P2P 作为一种创新借贷模式，近年来在全球都经历了蓬勃的发展，但同时也产生了很多问题，引起了管理部门及风险控制和监管领域研究人员的关注。然而，当前相关研究关注的焦点大多是发达国家的 P2P 市场，关于我国 P2P 市场的相关研究较少。从 P2P 发展大环境来看，我国市场与发达市场之间还存在一些差异：首先，我国没有权威的第三方征信机构为个体借款人提供可靠的信用评分；其次，我国金融市场起步较晚，投资者的金融活动经验不足；最后，由于不同的文化背景，不同市场参与者在借贷活动中的行为表现可能不同。为此，本章研究 P2P 软信息在贷款申请、融资和贷款偿付阶段中的作用机制，以确定软信息在借贷过程中的影响，以及借款人在发布贷款申请时的群体特征。为 P2P 市场上投资者进行理性决策提供参考以及为 P2P 平台在评估借款人信用风险和对不同类型的借款人进行差别定价时提供科学指导。

2.1　P2P 软信息及借贷流程

2.1.1　P2P 软信息

软信息在当前金融市场并没有一致的定义。Grunert 等（2005）将软信息描述为一种非财务特征的定性化信息。Liberti 和 Petersen（2019）则认为软信息是一种不容易转换为数值的，并且脱离其收集环境便无甚用途的信息。相对于传统借贷市场，P2P 平台可以从更多的维度捕获借款人的风险或行为相关信息，这种模式在某种程度上降低了借贷双方的信息不对称程度，也会对网络借贷活动产生影响。在 P2P 过程中，借贷平台为了促进借款人和投资者之间发生借贷关系，将收集到的部分借款人信息展现在贷款申请页面上，供投资者在投资过程中做决策参考。同时，P2P 平台也给借款人提供了在发布贷款申请时展示更多额外信息的一个渠道——贷款描述。借款人可以通过贷款描述披露任何自己想展示给投资者的信息。基于 P2P 模式特点和现实情况，本章将贷款申请中非定量化的信息披露定义为 P2P 软信息。这些信息具体包括借款人的年龄、性别、教育程度、婚姻状况、收入水平、车产或房产持有状态、居住地以及贷款描述长度等。

2.1.2 P2P 流程

尽管众多 P2P 平台的借贷流程不完全一样，但是完整的 P2P 流程总体上至少经历三个阶段：第一阶段，已注册借款人根据自身情况在平台发起贷款申请。在贷款申请中借款人需要指定贷款利率、期限、金额和还款方式等基本贷款信息。随后，平台将有效的贷款申请发布到平台网站上，该阶段被称为贷款申请阶段。第二阶段，投资者根据平台网站列出的有效贷款申请以及自身的喜好或风险偏好决定是否以及在多大程度上对给定贷款申请进行投资，该阶段被称为融资阶段。对于有效的贷款申请，如果在融资阶段收集到足够的资金，那么融资成功，转入下一阶段；否则，融资失败，该贷款申请退出借贷流程。第三阶段，成功获得融资的贷款申请转为贷款，随后借款人按照贷款约定进行偿付，该阶段被称为贷款偿付阶段。如果借款人在一定时间内未按照约定偿付全部贷款，那么表明该贷款发生违约。三个阶段中，融资阶段的参与主体为投资者，其他两个阶段的参与主体为借款人。本章使用的数据来自人人贷平台的信用认证贷款借贷记录，具体流程见图 2-1。除了增加审核过程外，该平台的借贷流程与其他平台基本一致。接下来本章从这三个阶段来分析软信息在 P2P 活动中的影响。

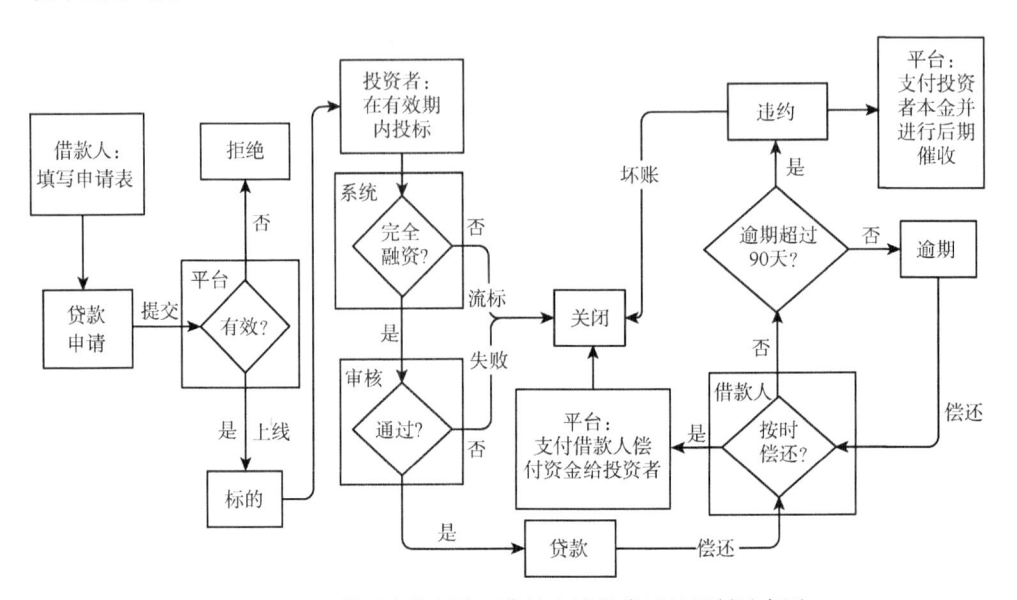

图 2-1 人人贷平台信用认证贷款申请借贷运行机制示意图

2.2 P2P 软信息影响借贷活动的理论模型

Stiglitz 和 Weiss（1981）指出，信贷市场中最重要的问题是参与双方的信息不对称，这种不完善的信息会降低信贷市场的有效性。P2P 作为信用借贷的一种，其参与者之间不可避免地存在信息不对称的问题。对 P2P 市场中信息不对称产生的直观解释可能如下：借款人的信息都是由借款人自己提供的，所以他们有动机在贷款申请中美化其财务状况或者粉饰其个人身份信息，由此产生的信息不能准确反映借款人及其财务的真实情况。本节首先给出本章研究关注的变量信息，随后基于信息不对称和信号理论探讨软信息在借贷活动各阶段的影响并给出相关的检验模型。

2.2.1 变量设置

基于对 P2P 相关研究文献的梳理，结合我国 P2P 的现实环境，本章研究时选择的信息包括贷款申请特征、借款人身份特征、借款人财务信息以及可能影响借贷活动的其他贷款信息。贷款申请特征包括贷款利率、金额、期限[①]、贷款描述长度以及贷款描述中使用的唯一词数与贷款描述长度的比率[②]。仿照 Lin 和 Viswanathan（2016）的研究，我们将利率及其二次项也包括在内，以捕捉利率与成功融资概率之间的倒"U"形关系。另外，Herzenstein 等（2008）的研究表明贷款金额和贷款期限与借款人的风险有关，并将影响投资者的决策。Dorfleitner 等（2016）证明贷款描述长度和描述中是否存在拼写错误，能够预测贷款申请融资成功的概率。对于贷款描述，为了过滤重复或无意义的词，我们使用贷款描述中唯一词数作为贷款描述长度的代理变量，并在回归中包含贷款描述的复杂性代理变量。借款人身份特征包括借款人的年龄、性别、婚姻状况和学历水平。财务信息包含平台评估的借款人信用水平。在 P2P 市场上，有研究发现信用水平、房屋和汽车持有状态对投资者的投标决策有影响（Duarte et al.，2012）。此外，我们考虑的借款人信息还包括债务状态[③]。在 P2P 市场上，借款人的信息通常都是由借款人自己提供的，因此信息的真实性显得比较重要。为了确保借款人提供的信息是真实的，平台会鼓励借款人提供这些信息的有效证明材料，这些证明材料包括借款人的车产认证、房产认证、信用报告认证、学历认证、婚姻认证、收入认证和其他项目的证明材料等。由于在该项目下，并非所有

[①] 人人贷平台上，借贷期限通常被固定分为 3、6、9、12、18、24、36 个月的期限。

[②] 使用不同的词的数量与描述长度的比，相当于用词的多样性，可以用来过滤不认真的借款人提供的多个重复或无意义的句子。

[③] 债务状态是一个代理变量，指借款人是否有汽车贷款或房屋贷款等债务压力。

信息对于投资者都是开放访问的,并且大部分认证项目的使用相对较少,在实证分析中包含借款人频繁使用的有效认证的项目。最后,为了表明分析的合理性,下面进行的分析中包括了贷款目的和其他方面的借款人身份信息。具体的变量定义及描述整理在表 2-1 中。

表 2-1 变量定义及描述

变量类别	变量	描述
贷款状态	完全融资	贷款申请的完全融资状态(虚拟变量);如果贷款申请收到足够的投资,那么取值为 1,否则取 0
	融资结果	贷款申请的审核状态(虚拟变量);如果准贷款通过平台审核,那么取值为 1,否则取 0
	贷款表现	贷款偿付状态(虚拟变量);如果借款人违约,那么取值为 1,否则取 0
身份特征	年龄	借款人的年龄(18~60 周岁)
	性别	借款人的性别(虚拟变量);如果借款人是男性,那么取值为 1,否则取 0
	婚姻	借款人的婚姻状况(虚拟变量);如果借款人已婚,那么取值为 1,否则取 0
	学历水平	借款人的学历水平;借款人的教育背景低于本科学历取值为 1,低于研究生学历取值为 2,为研究生或以上学历取值为 3
	高学历	高水平学历代理变量(虚拟变量);如果借款人具有较高的教育水平(本科学历以上),那么取值为 1,否则取值为 0
贷款申请特征	贷款利率	贷款申请的贷款利率,以百分比的方式呈现
	利率平方	贷款申请的贷款利率的平方
	贷款金额	贷款申请总额,我们在回归中使用其对数形式
	贷款期限	贷款申请的贷款期限,以月为单位(3、6、9、12、18、24 或 36)
	贷款描述长度	贷款申请的贷款描述中包含的不同单词的数量
	复杂性	贷款描述长度与贷款申请的贷款描述中的文本长度的比值
财务信息	信用水平	借款人的信用风险等级,七个水平(AA、A、B、C、D、E 和 HR)表示递增的风险等级
	房屋持有状态	房屋的持有状态(虚拟变量);如果借款人有房屋,那么取值为 1,否则取 0
	汽车持有状态	汽车的持有状态(虚拟变量);如果借款人有汽车,那么取值为 1,否则取 0
	收入水平	借款人的月收入水平,基于样本平衡问题,我们将其重新划分为三个级别。变量的值为 1 代表借款人的月收入等于或低于 5000 元,变量取值为 2 代表借款人的月收入介于 5000 和 10000 元(含)之间,变量取值为 3 代表借款人的月收入高于 10000 元
认证项目	车产认证	借款人持有汽车的认证证明状态;取值为 1 代表借款人提供了有效的车产证明给平台,否则取值为 0
	房产认证	借款人持有房产的认证证明状态;取值为 1 代表借款人提供了有效的房产证明给平台,否则取值为 0

续表

变量类别	变量	描述
认证项目	信用报告认证	借款人的信用报告认证状态；取值为 1 代表借款人提供了有效的征信报告给平台，否则取值为 0
	学历认证	借款人的学历水平认证状态；取值为 1 代表借款人提供了有效的学历证明材料给平台，否则取值为 0
	婚姻认证	借款人的婚姻状态；取值为 1 代表借款人提供了有效的婚姻状态证明材料给平台，否则取值为 0
	收入认证	借款人的月收入认证状态；取值为 1 代表借款人提供了有效的收入证明材料给平台，否则取值为 0
	有效认证数目	借款人向平台提供的有效认证项目数量
其他变量	贷款目的	借款人指定的借款目的，取以下值：0（未指定借款目的），1（偿还债务），2（个人消费），3（用于投资），4（用于培训），5（其他目的），6（家庭装修），7（医疗贷款），8（购买房屋），9（购买车子）
	工龄	借款人当前的就业时长，分为四个级别：1（不满 1 年），2（1～3 年），3（3～5 年），4（5 年以上）
	居住城市	借款人工作的城市，采用以下值：1[来自大城市的借款人，包括我国四个主要城市（北、上、广、深一线城市）的借款人]，2（来自省会城市或新一线城市的借款人），3（来自二线城市的借款人），4（来自其他小城市的借款人）
	债务	借款人的债务状况（虚拟变量）；如果借款人有未偿还的房屋贷款或汽车贷款，那么取值为 1，否则取 0

2.2.2 软信息影响贷款条款表现的理论模型

P2P 市场上，在借款人发行贷款申请之前，借贷平台会根据借款人提供的资料以及他的贷款历史记录对借款人进行信用风险评估，评估结果决定了借款人的授信额度和信用等级。不同信用水平的借款人拥有不同的授信额度和不同的最低贷款成本（贷款利率），从而借款人的身份特征和贷款记录决定了借款人在申请贷款时设置相应的贷款金额和贷款成本的范围。尽管平台根据借款人的信用风险水平限定了借款人的贷款金额和成本的选择范围，但是借款人在相应的范围内可以根据自己的意愿选择合适的贷款条款，即他们在提交贷款申请的时候可以根据自身的信用等级选择合适的贷款金额和贷款利率。同时，他们也可以自愿提供一段文字性的贷款描述。对于借款人而言，发布贷款申请的主要目的是从投资者处融到所需的资金。在 P2P 市场上，不同的软信息向投资者传达了借款人不同信用质量的信号。因此，借款人可能根据自身情况选择不同的贷款条款。例如，研究表明学历水平是借贷市场上的一个重要信号，较高的学历水平可能向投资者传达了借款人的良好信用形象，从而较高学历的借款人在发布贷款申请时可能选择支付较低的贷款成本。而贷款描述给借款人提供了一个向投资者传达更多贷款相关信息的窗口，借款人有动机使用贷款描述来说服投资者或者为其发布的贷款申请进行说明等。他们可以选择较大的贷款金额，并随后在贷款描述中阐述其贷款用途；也可以使用较高的贷款利率，并随后在贷款描述中进行说明。

基于以上分析，P2P 软信息可能会影响借款人在贷款申请阶段提供的贷款条款。为研究这种影响，我们使用 Tobit 模型进行实证分析，该模型具体描述如下。

$$E(L_i) = \sum \delta_i X_i + \sum \lambda_i C_i + \varepsilon_i \quad (2\text{-}1)$$

其中，L_i 为利率（贷款期限，或贷款金额的对数形式）；X_i 为研究关注的软信息；C_i 为控制变量，包括除因变量 L_i 之外的其他贷款条件变量、信用等级、贷款类型、未偿付的借款余额和其他变量。

2.2.3 软信息影响融资结果的理论模型

已有研究表明，对于经济活动中的弱势方，在进行决策前可以用信息优势方给出的信息作为识别信息优势方信誉或价值的信号。类比 P2P 市场，也就是说，借款人的软信息可能向投资者传达了关于借款人信誉的某种信号，从而投资者可以根据这些信号进行投资前的决策，并因此影响贷款申请的融资结果。例如，借款人的收入水平反映了借款人的长期资金供应能力，越高的收入可能蕴含借款人的资金实力越雄厚，而越低的收入则反映了借款人的资金偿付能力越低。P2P 作为传统银行信贷的一个补充，其服务对象大多是银行市场的"长尾"客户。较高收入的借款人如果在银行市场不能获取贷款，反而可能蕴含着他们的信誉水平较低。而借款人的学历水平反映了其受教育程度。对于高学历水平的借款人来说，如果其发生贷款违约，那么可能是一个社会污点（Lin et al., 2013）。换句话说，学历水平可能反映了借款人的信誉程度，越高的学历水平，其违约成本越高，从而约束其更不容易发生违约。

另外，借款人拥有房产、车产可能传递了借款人具备良好的经济实力，可能是高质量信誉的信号，在融资阶段可能吸引更多的投资者投资。借款人负有车贷或者房贷则反映了其债务负担，一方面可能由于债务负担降低其贷款偿付能力而被出借者认为其完全偿还贷款的可能性较小，从而不对这类负有债务的借款人进行投资。另一方面由于这些负有车贷或者房贷的借款人可能经过正规信贷机构的信用风险评估。比如，拥有房贷的借款人会经过银行的信贷评估，拥有车贷的借款人则经过车贷公司的评估，从而他们也可能是高信用质量的借款人。此外，不同于传统借贷模式，由于 P2P 全程采用的是线上信息传递，并且不存在第三方监管，借款人提供信息的真实性也可能是一个重要的信号。例如，关于借款人的收入、学历、房产、车产、银行卡等的有效认证能够体现借款人身份的真实性，可能被投资者认为是有益的信号。同时，由于平台也提供了更多其他的信息认证，如视频、婚姻状态、电话号码、电话流水、家庭人口、社交媒体账号等可选择项目认证，更多的信息认证也代表借款人在发布贷款申请前为贷款的成功融资做了更多的努力，这些努力可以是借款人为证明自身良好信誉质量而做的努力，也可能是借款人单纯的为能够获得贷款申请的成功融资而做的努力。

基于以上分析，P2P 软信息从不同角度可能向投资者传递了借款人的不同信用质量信号。为了探究这些软信息如何影响投资者的投资活动，我们利用人人贷平台的真实借贷记录进行实证分析。由于融资阶段贷款的完全融资结果是二值变量，所以在分析 P2P 软信息对贷款完全融资结果的影响时采用 LR 模型来研究这些软信息和贷款申请获得完全融资概率之间的关系，该模型具体描述如下。

$$\ln\frac{Y_i}{1-Y_i} = \alpha + \sum\beta_i X_i + \sum\gamma_i C_i + \varepsilon_i \qquad (2\text{-}2)$$

其中，Y_i 为贷款申请 i 的完全融资结果；X_i 为研究关注的软信息；C_i 为控制变量，包括信用等级、贷款利率、贷款金额、贷款期限、贷款类型、未偿付的借款余额和其他变量。如果贷款申请收到足够的投资者投资，那么 Y_i 等于 1；否则为 0。

2.2.4 软信息影响贷款偿付结果的理论模型

P2P 市场上，借款人是否会违约贷款，可以从他的贷款偿付能力、偿付意愿和潜在的行为约束中反映出来。从借款人的个人特征来看，收入水平反映了借款人的长期资金供应能力。一方面，越高收入的借款人其资金持续供应能力越强。因此，在贷款偿付阶段，相对而言这类借款人由于资金匮乏违约的可能性越低，即高收入借款人的偿付能力更高。另一方面，P2P 市场的服务定位是弥补传统金融机构不能覆盖的融资需求群体。如果较高收入的借款人在银行市场不能获取贷款，那么表明他们可能是被传统市场拒绝的信用质量较差的用户。也就是说，P2P 市场上借款人的高收入特征可能反映了他们较低的偿付意愿。借款人学历水平反映了其受教育程度，对于高学历水平的借款人来说，他们发生违约的社会成本较高，从而约束其贷款违约行为。而借款人负有车贷或者房贷则反映了其债务负担，继续在 P2P 市场申请贷款可能加重他们的偿付压力，从而影响其在贷款偿付阶段的偿付能力。但是，这类借款人也可能经过正规信贷机构的信用风险评估，比如拥有房贷的借款人会经过银行的信贷评估，而拥有车贷的借款人则会经过车贷公司的评估，即从另一个方面表明他们可能是偿付意愿较高的借款人，从而发生违约的可能性会较低。对于借款人提供的认证材料，例如，关于借款人的收入、学历、房产、车产、银行卡等的有效认证反映了借款人身份的真实性，这些信息被平台收集、留存，在贷款发生逾期时，平台可找到借款人追索相应的贷款。也就是说，这些信息约束会约束借款人的违约行为。

基于以上分析，P2P 软信息从不同角度反映了借款人的偿付能力、偿付意愿或者违约行为约束，从而影响其未来的贷款偿付行为。为了探究这些软信息与贷款偿付结果之间的关系，我们利用人人贷平台的真实借贷交易记录进行实证分析。类似贷款申请融资结果，贷款在偿付阶段的结果表现也是二值变量。为此，采用 LR 模型来捕获软信息和贷款违约概率之间的关系，具体模型描述如下。

$$\ln \frac{Z_i}{1-Z_i} = \lambda + \sum \delta_i X_i + \sum \eta_i C_i + \varepsilon_i \quad (2\text{-}3)$$

其中，Z_i 为贷款 i 的违约状态；X_i 为研究关注的软信息；C_i 为控制变量，包括信用等级、贷款利率、贷款金额、贷款期限、贷款类型、未偿付的借款余额和其他变量。如果借款人违约其贷款，那么 Z_i 等于 1；否则为 0。

2.3 P2P 软信息影响借贷活动的实证分析

2.3.1 数据描述

实证研究的数据是借助网络爬虫技术从人人贷平台网站上抓取的，包括从 2011 年 1 月到 2015 年 12 月期间在人人贷平台上发布的所有信用认证贷款申请。在剔除明显与平台设定的贷款规则不相符的贷款申请之后，剩余 415 999 条贷款申请记录，31 991 条准贷款[①]记录，26 545 条贷款[②]记录和 4016 条违约贷款记录。图 2-2 和图 2-3 展示了人人贷平台按信用等级划分的贷款申请和准贷款的年度变化趋势。由图可见，从 2011 年到 2015 年，该平台每年发布的贷款申请数量几乎翻倍，特别是在 2014 年和 2015 年，该平台的贷款申请数量增长迅猛。同时整个时期内，该平台的大多数贷款申请都处于高信用风险水平。虽然贷款申请的发布数量急剧增加，但是准贷款的数量并没有大幅增加。五年中，贷款申请的完全融资率（在贷款申请存续期间收到足够投标的贷款申请与已发布的贷款申请总数之比）分别为 0.32、0.14、0.05、0.04 和 0.03。对于 2012 年和 2013 年的准贷款数量的大幅下降的一个原因可能是平台在 2012 年推出的其他类型的贷款申

---

① 准贷款：贷款申请获得投资者完全投标，但未经平台审核。
② 贷款：贷款申请获得投资者完全投标，且经过平台审核。

请（机构担保类贷款申请和实地认证类贷款申请）吸引了大部分投资者资金[①]。

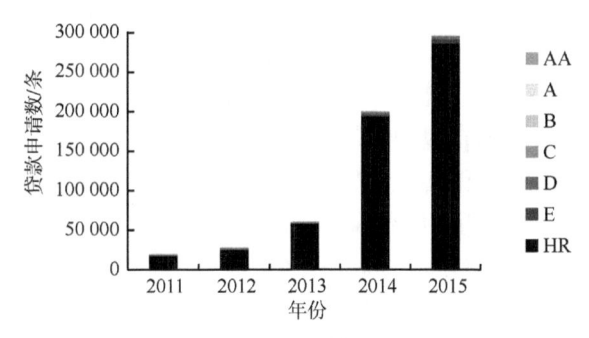

图 2-2　人人贷平台按信用等级划分的贷款申请

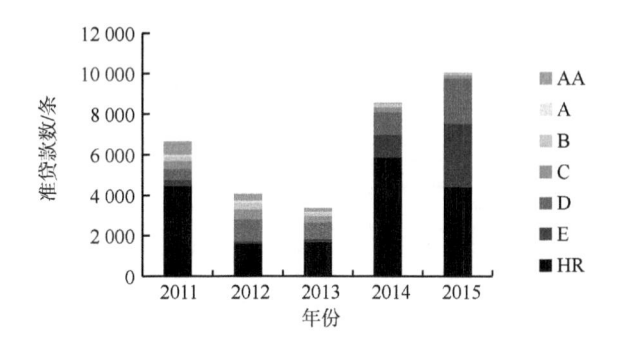

图 2-3　人人贷平台准贷款的年度变化趋势

我们研究软信息对 P2P 活动的影响。这些软信息包含了借款人的个人特征和其他特征。为了初步了解借款人个人特征对借贷活动不同阶段的影响，本节首先列出按借款人个人特征分类的贷款申请在不同阶段的分布情况，统计结果如表 2-2 所示。结果显示平台上的男性借款人居多（约 86%的借款人为男性），最活跃的借款人年龄在 19 岁至 30 岁之间，在提交的贷款申请中有近 2/3 是该年龄段借款人发布的。但是，该年龄段借款人的准贷款占比（即融资成功率）较低，19~25 岁年龄段的借款人发布的贷款申请的融资成功率更低。31~50 岁年龄段的借款人发布的贷款申请似乎更有可能融到资金，该年龄段的借款人相应的贷款违约率要高于 30 岁及以下借款人的贷款违约率。从贷款违约表现来看，25~30 岁的借款人似乎更值得信赖。数据还显示超过 1/3 的借款人受教育程度较低（高中学历或更低学历）[②]，具有高学历背景的借款人有更好的机会获得贷款申请的成功融资并通过工作人员的审核；从贷款违约角度看，高学历水平的借款人发生贷款违约的概率也比较低。超过 1/3 借款人的收入水平在 2000 元到

---

① 由于这两种贷款申请不符合我们研究设定，本节的所有分析不考虑这两种贷款申请。
② 借款人处于中专学历的比较少。在实证分析中，我们省略了这类借款人发布的贷款申请和贷款。

5000元之间。除收入水平最低的两类借款人外，收入水平高的借款人似乎更有可能获得资金。尽管收入水平次低的一类借款人的贷款申请完全融资概率较高，但审核通过率却小得多。借款人的收入水平越低，则越可能由于低收入而无法偿付所借的资金，最终导致违约[①]。未婚借款人发布的贷款申请的融资成功率相对较低。拥有汽车的借款人与未拥有汽车的借款人之间的融资成功率和违约率之间的差异比较大。拥有房产的借款人和没有房产的借款人之间的差异并不是很明显。此外，表2-2的最后一个分组表明，从借款人所居住城市的等级来看，来自一线城市的借款人群体更有可能获得贷款申请的完全融资和有着更低的贷款违约率。总体来看，统计分析表明不同特征群体的借款人，其贷款申请完全融资的可能性与贷款违约的概率之间是有差异的，随后通过回归分析实证检验这些不同特征的影响。

表2-2 按借款人个人特征分类的贷款申请在不同阶段的分布情况

特征	细分类别	贷款申请数量/条	准贷款数量/条	准贷款占比	贷款数量/条	贷款占比	违约数量/条	违约占比
性别	女性	58 499	4 324	7.4%	3 603	83.3%	495	13.7%
	男性	357 500	27 667	7.7%	22 943	82.9%	3 521	15.3%
年龄组	19~25岁	129 019	6 401	5.0%	4 328	67.6%	677	15.6%
	26~30岁	146 816	11 453	7.8%	9 669	84.4%	1 223	12.6%
	31~40岁	108 167	10 676	9.9%	9 449	88.5%	1 546	16.4%
	41~50岁	27 834	3 068	11.0%	2 746	89.5%	512	18.6%
	51~60岁	4 163	393	9.4%	354	90.1%	68	19.2%
学历水平	研究生学历	6 005	927	15.4%	844	91.0%	39	4.6%
	本科学历	86 152	9 751	11.3%	8 558	87.8%	757	8.8%
	大专学历	165 457	12 796	7.7%	10 672	83.4%	1 828	17.1%
	高中及以下	158 380	8 512	5.4%	6 467	76.0%	1 392	21.5%
收入水平	>50000元	19 862	3 174	16.0%	2 874	90.5%	488	17.0%
	20000~50000元	30 071	3 561	11.8%	3 237	90.9%	490	15.1%
	10000~20000元	50 853	4 178	8.2%	3 639	87.1%	460	12.6%
	5000~10000元	134 519	9 181	6.8%	7 891	85.9%	1 295	16.4%
	2000~5000元	169 577	11 092	6.5%	8 642	77.9%	1 264	14.6%
	1000~2000元	9 662	771	8.0%	254	32.9%	19	7.5%
	<1000元	1 455	34	2.3%	9	26.5%	0	0

[①] 尽管较低收入的借款人违约的风险较大，但是他们获得完全融资的比例较大，这也意味着，投资者愿意冒险将资金投给较低收入水平的借款人。但是，从审核通过率可以看出，平台不愿冒险，毕竟平台最后需要为这类人的违约买单，因此通过率低也是显而易见的。

续表

特征	细分类别	贷款申请数量/条	准贷款数量/条	准贷款占比	贷款数量/条	贷款占比	违约数量/条	违约占比
婚姻	已婚	206 525	19 657	9.5%	16 893	85.9%	2 479	14.7%
	未婚	209 474	12 334	5.9%	9 653	78.3%	1 537	15.9%
汽车持有状态	无车	312 575	19 781	6.3%	15 955	80.7%	2 800	17.5%
	有车	103 424	12 210	11.8%	10 591	86.7%	1 216	11.5%
房屋持有状态	无房	237 893	14 968	6.3%	11 751	78.5%	1 943	16.5%
	有房	178 106	17 023	9.6%	14 795	86.9%	2 073	14.0%
居住城市	一线城市	58 980	5 135	8.7%	4 219	82.2%	479	11.4%
	新一线城市	73 971	5 642	7.6%	4 500	79.8%	494	11.0%
	二线城市	83 381	6 600	7.9%	5 389	81.7%	811	15.0%
	其他城市	199 667	14 614	7.3%	12 438	85.1%	2 132	17.1%

表 2-3 给出了贷款申请不同情况下的统计数据摘要，从中发现以下几点。①所有贷款申请的平均利率为 13.7%，准贷款略低，贷款更低。这很容易理解，因为高利率总是伴随着高风险（Stiglitz and Weiss, 1981），所以投资者可能不太愿意对这些过高风险的贷款申请进行投标。②人人贷平台的大多数借款人都是男性（86%），近一半的借款人都是已婚（49.7%）。但是，只有 1/5 的借款人拥有较高的教育背景，1/7 的借款人来自我国的一线城市。③一个重要特征是，大多数贷款申请是由信用水平较低的借款人发起的（95%的借款人具有较高的风险水平），而所有成功融资的贷款申请中有一半是高风险的贷款申请。④拥有汽车或房屋的借款人与所有借款人的比例从贷款申请到贷款增加，表明房屋或汽车的持有状态可能是借贷市场上的一个积极信号。⑤认证项目以及借款人的债务表现也是类似的。我们将在实证分析中探讨所有这些见解。

表 2-3 贷款申请不同情况下的统计数据摘要

变量类别	变量名	全部贷款申请				满额融资的贷款申请				成功融资的贷款申请			
		最小值	最大值	平均值	标准差	最小值	最大值	平均值	标准差	最小值	最大值	平均值	标准差
贷款申请特征	贷款利率	0.070	0.240	0.137	0.030	0.070	0.240	0.136	0.033	0.070	0.240	0.127	0.023
	贷款金额	8.010	13.120	10.220	1.280	8.010	13.120	9.397	1.042	8.010	13.120	9.616	0.948
	贷款期限	3	36	15.870	9.281	3	36	11.220	8.025	3	36	12.200	8.173
	贷款描述长度	0	283	37.130	23.610	0	265	42.810	27.690	0	265	41.970	27.910
	复杂性	0	0.959	0.737	0.154	0	0.956	0.708	0.172	0	0.956	0.727	0.156
借款人特征	年龄	18	60	29.460	6.499	18	60	31.100	6.731	20	60	31.620	6.658

续表

变量类别	变量名	全部贷款申请				满额融资的贷款申请				成功融资的贷款申请			
		最小值	最大值	平均值	标准差	最小值	最大值	平均值	标准差	最小值	最大值	平均值	标准差
借款人特征	性别	0	1	0.860	0.348	0	1	0.860	0.342	0	1	0.860	0.343
	婚姻	0	1	0.497	0.500	0	1	0.615	0.487	0	1	0.636	0.481
	高学历	0	1	0.222	0.415	0	1	0.334	0.472	0	1	0.354	0.478
	一线城市	0	1	0.140	0.349	0	1	0.160	0.367	0	1	0.160	0.366
	新一线城市	0	1	0.180	0.382	0	1	0.180	0.381	0	1	0.170	0.375
	二线城市	0	1	0.200	0.400	0	1	0.210	0.405	0	1	0.200	0.402
	其他城市	0	1	0.480	0.500	0	1	0.457	0.498	0	1	0.469	0.499
财务指标	信用水平	1	7	6.890	0.566	1	7	6	1.470	1	7	5.890	1.511
	信用水平（AA）	0	1	0.003	0.055	0	1	0.034	0.182	0	1	0.039	0.193
	信用水平（A）	0	1	0	0.028	0	1	0.010	0.092	0	1	0.010	0.098
	信用水平（B）	0	1	0	0.053	0	1	0.030	0.160	0	1	0.030	0.167
	信用水平（C）	0	1	0.010	0.075	0	1	0.050	0.216	0	1	0.050	0.221
	信用水平（D）	0	1	0.020	0.148	0	1	0.180	0.383	0	1	0.200	0.397
	信用水平（E）	0	1	0.020	0.139	0	1	0.150	0.354	0	1	0.160	0.370
	信用水平（HR）	0	1	0.950	0.227	0	1	0.560	0.497	0	1	0.510	0.500
	汽车持有状态	0	1	0.250	0.432	0	1	0.380	0.486	0	1	0.400	0.490
	房屋持有状态	0	1	0.430	0.495	0	1	0.530	0.499	0	1	0.560	0.497
	收入水平	1	3	1.808	0.800	1	3	1.969	0.844	1	3	2.032	0.838
认证项目	信用报告认证	0	1	0.100	0.302	0	1	0.270	0.444	0	1	0.320	0.467
	房产认证	0	1	0.060	0.246	0	1	0.230	0.421	0	1	0.250	0.431
	学历认证	0	1	0.050	0.224	0	1	0.170	0.379	0	1	0.170	0.375
	婚姻认证	0	1	0.050	0.217	0	1	0.220	0.414	0	1	0.220	0.414
	收入认证	0	1	0.020	0.144	0	1	0.160	0.364	0	1	0.190	0.390
	车产认证	0	1	0.050	0.215	0	1	0.220	0.416	0	1	0.240	0.425
其他特征	工龄（4）	0	1	0.200	0.397	0	1	0.320	0.467	0	1	0.340	0.474
	工龄（3）	0	1	0.160	0.366	0	1	0.210	0.406	0	1	0.220	0.412
	工龄（2）	0	1	0.460	0.499	0	1	0.370	0.484	0	1	0.370	0.482
	工龄（1）	0	1	0.180	0.381	0	1	0.090	0.291	0	1	0.080	0.264
	债务	0	1	0.180	0.384	0	1	0.263	0.440	0	1	0.281	0.450
	贷款目的（0）	0	1	0.020	0.067	0	1	0.020	0.133	0	1	0.020	0.122

续表

变量类别	变量名	全部贷款申请 最小值	最大值	平均值	标准差	满额融资的贷款申请 最小值	最大值	平均值	标准差	成功融资的贷款申请 最小值	最大值	平均值	标准差
其他特征	贷款目的（1）	0	1	0.480	0.500	0	1	0.470	0.499	0	1	0.480	0.499
	贷款目的（2）	0	1	0.100	0.294	0	1	0.150	0.357	0	1	0.100	0.300
	贷款目的（3）	0	1	0.120	0.327	0	1	0.100	0.303	0	1	0.110	0.311
	贷款目的（4）	0	1	0.010	0.102	0	1	0.010	0.106	0	1	0.010	0.105
	贷款目的（5）	0	1	0.050	0.221	0	1	0.050	0.211	0	1	0.050	0.224
	贷款目的（6）	0	1	0.150	0.356	0	1	0.140	0.346	0	1	0.160	0.370
	贷款目的（7）	0	1	0.010	0.073	0	1	0	0.049	0	1	0	0.038
	贷款目的（8）	0	1	0.030	0.160	0	1	0.020	0.146	0	1	0.030	0.157
	贷款目的（9）	0	1	0.050	0.225	0	1	0.040	0.196	0	1	0.050	0.211

2.3.2 软信息对贷款条款表现的影响分析

本节研究软信息与贷款条款（贷款利率、期限和金额）之间的关系，以此推导借款人在不同借贷阶段的群体特征。更具体地说，研究所有贷款申请和准贷款中包含的软信息与贷款条款之间的关系，以找出哪些借款人倾向于在贷款申请阶段提供更高的利率，请求更大的资金支持或更长的贷款期限，以及何种贷款申请更有可能被完全投标。关于该分析的回归结果报告在表2-4中。对于每个不同的因变量列（贷款利率、贷款金额和贷款期限），回归分析（1）是在所有贷款申请上进行的，而回归分析（2）是在所有准贷款上进行的。

表2-4 贷款条款与软信息在不同阶段的实证检验结果

变量	贷款利率 (1)	(2)	贷款金额 (1)	(2)	贷款期限 (1)	(2)
年龄	−0.019*** (0.001)	0.003 (0.003)	0.023*** (0.000)	0.023*** (0.001)	−0.012*** (0.002)	−0.045*** (0.007)
性别	0.112*** (0.013)		−0.062*** (0.004)		−0.616*** (0.034)	
婚姻	−0.001 (0.010)	0.071* (0.038)	0.033*** (0.003)	0.017* (0.010)	0.015 (0.027)	0.027 (0.091)
高学历	−0.319*** (0.011)	−0.580*** (0.035)	0.143*** (0.004)	0.050*** (0.009)	−0.368*** (0.029)	0.360*** (0.084)
汽车持有状态	−0.278*** (0.012)	0.041 (0.037)	0.237*** (0.004)	0.177*** (0.010)	−1.098*** (0.030)	−1.351*** (0.090)

续表

变量	贷款利率 (1)	贷款利率 (2)	贷款金额 (1)	贷款金额 (2)	贷款期限 (1)	贷款期限 (2)
房屋持有状态	-0.030*** (0.010)	-0.137*** (0.036)	0.041*** (0.003)	0.011 (0.010)	-0.304*** (0.027)	0.061 (0.087)
收入水平（2）	-0.061*** (0.011)	-0.334*** (0.041)	0.407*** (0.004)	0.239*** (0.011)	-1.156*** (0.028)	-0.214** (0.098)
收入水平（3）	0.213*** (0.014)	-0.016 (0.046)	1.046*** (0.004)	0.782*** (0.011)	-3.486*** (0.035)	-2.901*** (0.111)
贷款描述长度	0.016*** (0.000)	0.018*** (0.001)	0.002*** (0.000)	0.002*** (0.000)	-0.016*** (0.001)	-0.018*** (0.001)
一线城市	-0.208*** (0.014)	-0.167*** (0.049)	0.001 (0.005)	0.101*** (0.013)	-0.548*** (0.037)	0.012 (0.118)
新一线城市	0.022* (0.013)	0.253*** (0.046)	-0.082*** (0.004)	0.011 (0.012)	-0.237*** (0.033)	0.033 (0.110)
二线城市	0.074*** (0.012)	0.282*** (0.043)	-0.039*** (0.004)	0.049*** (0.011)	-0.116*** (0.032)	0.168 (0.103)
信用水平（AA）	-2.253*** (0.083)	-3.108*** (0.092)	-1.022*** (0.027)	-0.375*** (0.024)	-0.944*** (0.215)	-0.303 (0.226)
信用水平（A）	-0.831*** (0.163)	-1.166*** (0.173)	-0.516*** (0.053)	-0.007 (0.046)	-3.279*** (0.423)	-2.645*** (0.418)
信用水平（B）	-0.421*** (0.086)	-0.332*** (0.102)	-0.208*** (0.028)	0.497*** (0.027)	-3.117*** (0.223)	-1.943*** (0.247)
信用水平（C）	-0.451*** (0.061)	-0.602*** (0.077)	-0.368*** (0.020)	0.293*** (0.020)	-2.334*** (0.159)	-1.326*** (0.186)
信用水平（D）	-0.691*** (0.031)	-1.041*** (0.045)	-0.392*** (0.010)	0.189*** (0.012)	-0.801*** (0.080)	0.299*** (0.111)
信用水平（E）	-1.099*** (0.033)	-1.652*** (0.048)	-0.289*** (0.011)	0.155*** (0.013)	-0.535*** (0.085)	0.418*** (0.118)
控制变量	已添加	已添加	已添加	已添加	已添加	已添加
样本量	415 999	31 991	415 999	31 991	415 999	31 991

注：括号内为该系数估计的标准差

***、**和*分别表示该结果在1%、5%和10%的显著性水平下显著

表2-4中关于贷款利率的回归结果表明，高收入的男性借款人更愿意在发行贷款申请时支付更高的贷款利率。而年长、具有较高学历、拥有汽车或房屋，以及在一线城市工作的借款人则不倾向于在发布贷款申请时提供较高的贷

款利率。另外，贷款描述长度与贷款利率呈正相关，这意味着使用更高贷款利率发布贷款申请的借款人通常会在贷款描述中提供更多说明。综合贷款利率列的回归分析（1）和回归分析（2）的结果发现，具有较高学历水平、拥有房屋并且收入水平较高的借款人更有可能以较低的利率获得投资者的投资。在一线城市工作的借款人相对于居住在非一线城市的借款人总是以较低的利率发行贷款申请。

关于贷款金额，表 2-4 的第 4 列和第 5 列结果显示，除借款人性别之外的所有软信息与贷款金额正向相关。这表明具有这些特征，即年长、已婚、拥有更高学历、高收入、有汽车的借款人，更倾向于在贷款申请中填写更多的贷款金额。事实上，这些特征也可以帮助他们的贷款申请获得完全融资。

表 2-4 的最后两列回归结果显示了软信息与贷款期限之间的关系。结果表明：年长、拥有较高学历、有汽车或房屋以及收入水平较高且在一线城市工作的男性借款人，在发布贷款申请的时候，往往请求的是较短期的贷款。同时，年龄较大、收入水平较高且拥有汽车的借款人发布的较短期贷款更容易获得完全融资。贷款期限列的回归分析（2）表明，借款人的婚姻状况和房屋持有状态与贷款期限之间没有明显的关联。同时，不同地域的借款人在发布贷款申请时设置的贷款期限之间没有明显的差异。

上述分析得到一些有趣的发现。①年长借款人倾向于以较低的贷款利率水平发布较短期限和较大金额的贷款申请，然而，从融资结果看，年长的借款人在所获得的贷款中支付的利率并未显著低于年轻借款人在其获得贷款中支付的利率。②相比于女性借款人，男性借款人倾向于以更高的利率发布更短期和更小金额的贷款申请。③已婚的借款人发布的贷款申请往往需要更大的贷款金额。④受教育程度较高的借款人更可能发布金额较大、期限较短和利率较低的贷款申请。事实上，相对于其他类型的借款人而言，他们可以获得金额较大、期限较长并且利率较低的贷款。⑤拥有汽车的借款人更可能以较低的利率发布较短期限和较大金额的贷款申请，但实际上，他们支付的利率并没有显著低于没有汽车的借款人为贷款所支付的利率。⑥来自一线城市的借款人更倾向于以较低的利率发行较短期限的贷款申请。

2.3.3 软信息对贷款融资结果的影响分析

已有许多研究分析了在 P2P 融资阶段影响融资进程的因素，如信用等级（Klafft，2008）、借款人的年龄（Gonzalez and Loureiro，2014）、信用评分、信用记录和工作状态（Ravina，2008）。Freedman 和 Jin（2008）发现较高的利率可能意味着较低的净回报，因为利率较高的贷款申请可能由信用质量较低的借款人发布，而他们违约的可能性更高。对于投资者而言，他们可以在适当的利率区间内设定自己投资的预期回报利率。也就是说，一旦贷款申请所支付的利率高于某个指定水平，由于该贷款申请的内在风险，投资者不会对其进行投标。因此，完全融资概率和利率之间存在倒"U"形关系（Lin et al., 2013）。为捕捉这种关系，我们在回归中包含利率和利率平方。

表 2-5 展示了贷款融资结果的 LR 结果。回归分析（1）给出了包含我们感兴趣的软信息的分析结果，回归分析（2）增加了借款人的信用风险等级和贷款申请特征，回归分析（3）添加了所有的变量。与预期一致，所有软信息都与贷款申请融资结果有关联。具体就借款人的身份特征而言，年龄较大的、已婚、高学历借款人在融资阶段更有可能获得足够的投资者投资。借款人持有房屋和汽车都与贷款申请的完全融资概率呈正相关。来自借款人汽车持有状态的信号更加明显，这表明持有汽车可能是影响投资者在借贷活动中决策的重要因素，这与 Tao 等（2017）的结论一致。实证结果还表明收入水平较高的借款人在融资阶段更有可能获得足够的资助。

表 2-5 软信息影响贷款融资结果的实证结果

变量	（1）	（2）	（3）
年龄	0.019*** (0.001)	0.042*** (0.001)	0.035*** (0.001)
婚姻	0.281*** (0.014)	0.207*** (0.016)	0.171*** (0.018)
高学历	0.547*** (0.013)	0.380*** (0.016)	0.436*** (0.018)
汽车持有状态	0.439*** (0.014)	0.353*** (0.017)	0.354*** (0.019)
房屋持有状态	0.138*** (0.013)	0.099*** (0.016)	0.058*** (0.018)
收入水平	0.459*** (0.008)	0.418*** (0.010)	0.398*** (0.011)
贷款描述长度	0.725*** (0.021)	0.946*** (0.027)	0.654*** (0.032)
新一线城市	−0.163*** (0.021)	−0.155*** (0.025)	−0.206*** (0.027)
二线城市	−0.128*** (0.020)	−0.040* (0.024)	−0.135*** (0.026)

续表

变量	（1）	（2）	（3）
其他城市	−0.282*** （0.018）	−0.118*** （0.022）	−0.223*** （0.023）
信用水平（AA）		4.166*** （0.091）	4.053*** （0.098）
信用水平（A）		4.500*** （0.172）	4.181*** （0.193）
信用水平（B）		3.976*** （0.074）	4.300*** （0.078）
信用水平（C）		3.553*** （0.051）	3.775*** （0.055）
信用水平（D）		3.457*** （0.026）	3.717*** （0.028）
信用水平（E）		3.538*** （0.027）	3.857*** （0.029）
贷款金额		−0.917*** （0.008）	−0.936*** （0.009）
贷款期限		−0.010*** （0.001）	−0.020*** （0.001）
贷款利率		0.393*** （0.018）	0.159*** （0.019）
利率平方		−0.012*** （0.001）	−0.005*** （0.001）
控制变量	未加入	未加入	已添加
样本量	415 999	415 999	415 999

注：括号内为该系数估计的标准差

***和*分别表示该结果在1%和10%的显著性水平下显著

直观地讲，那些想获得成功融资但信用水平较低的借款人更倾向于在他们的贷款描述中使用更多的词来解释他们的信誉、贷款目的或者描述更多其他有助于获得投资者信任的信息。贷款描述的长度可以部分地捕获该特征，分析结果中的贷款描述长度的系数证实了这种直觉。居住在一线城市的借款人比其他城市的借款人更具吸引力。这可能是由于一线城市拥有更好的经济环境和更多的就业机会。与来自其他城市的借款人相比，来自一线城市的借款人一旦陷入财务困境，更容易赚取资金来偿付债务，从而一线城市借款人的潜在偿贷能力远远高于其他城市的借款人。此外，回归结果也表明具有较高信用水平的借款人在融资阶段更有可能获得完全融资，这与其他文献中的结果相对应（Tao et al.，2017；Lin and Viswanathan，2016；Herzenstein et al.，2008；Iyer et al.，2015）。如前所述，贷款利率与贷款申请获得完全融资的可能性之间的关系是倒"U"形的，回归分析（2）和回归分析（3）的结果中贷款利率和利率平方的系数证实了这一结论。这表明不同网络借贷市场上的投资者对于贷款利率反映的贷款风险认知是类似的。

P2P 市场最突出的问题是信息不对称，这在我国市场尤为严重。因此，在做出投资决策时，投资者通常会根据在贷款申请页面上公布的借款人信息以及其他信息特征来推测借款人的违约可能性。直观上，借款人良好的信息资料可以帮助投资者为借款人赋予更高的信用印象，这样来自这些"优秀"借款人的贷款申请就可能以更高的概率获得完全融资。本节的实证结果表明，在所有软信息中，较高的教育背景、较高的收入水平和汽车持有状态可以极大地促进贷款申请在融资阶段受到投资者青睐。

如前所述，借款人和投资者之间的信息不对称是 P2P 面临的主要问题之一。严重的信息不对称会引发道德风险和逆向选择等问题（Lin et al.，2013），由于缺乏可靠和全面的借款人信用的相关信息，我国 P2P 市场上的逆向选择和道德风险更为明显（Tao et al.，2017）。在 P2P 市场上，借款人的信息往往是由借款人自己以填写表格并通过互联网传递的方式提供给平台。借款人可以选择提供有利于他们的某些信息，甚至更糟糕的是，他们可能会向平台提供虚假信息。为了降低借贷双方之间的信息不对称程度，平台设计了一种信息认证的方式，该信息认证要求借款人提供辅助材料来证明他们所提供信息的真实性。信息认证是提高借款人信息真实度并降低平台面临的财务风险的重要和必要机制。在人人贷平台上，这些认证项目共有 20 多个，包括借款人的身份状况、家庭状况、工作和收入状况以及一些社交关系状况的验证。然而这些信息的认证并非必需的，同时，在投标过程中，并不是所有的认证信息都提供给投资者做参考，他们只能看到其中的某几个认证项目。本节进一步分析关于借款人重要软信息的有效认证状态对贷款申请的融资结果有何影响。我们关注的认证项目包含婚姻状况、教育背景、汽车持有状况和收入水平方面的有效认证。

表 2-6 展示了软信息的有效认证对贷款申请融资结果的影响，其中回归分析（1）仅仅添加了信用报告认证信息。回归分析（2）～回归分析（5）则分别加入借款人的婚姻认证、学历认证、车产认证和收入认证的信息。最后，回归分析（6）同时包括这五个项目的有效认证信息。表 2-6 的结果表明所有认证项目的有效认证状态都与贷款申请获得完全融资的概率呈正相关（无论是单独分析的结果，还是组合分析的结果），表明借款人的婚姻状况、教育背景、汽车持有状态、收入水平和信用报告的有效认证有助于贷款申请在融资阶段获得投资者的投标。这是由于信息的有效认证可以向投资者展现更真实和更准确的借款人资料，

可以帮助投资者更准确地评估借款人的信用风险。在所有有效的认证项目中，汽车持有状态的有效认证对融资过程的影响最为明显，其次是信用报告认证，表明在 P2P 中，财务相关的特征要比借款人的身份特征在衡量借款人的信用风险中更为重要。另外，实证结果也表明，诸如汽车持有状态、借款人月收入水平等资产相关的特征对贷款申请的完全融资结果也有非常重要的影响，意味着借款人资产相关信息对投资者决策有较大的影响。

表 2-6 软信息的有效认证影响贷款融资结果的实证结果

变量	（1）	（2）	（3）	（4）	（5）	（6）
年龄	0.036*** （0.001）	0.038*** （0.001）	0.037*** （0.001）	0.035*** （0.001）	0.036*** （0.001）	0.038*** （0.001）
婚姻	0.172*** （0.018）	0.064*** （0.019）	0.175*** （0.018）	0.176*** （0.018）	0.170*** （0.018）	0.102*** （0.019）
高学历	0.410*** （0.018）	0.424*** （0.018）	0.323*** （0.019）	0.447*** （0.018）	0.419*** （0.018）	0.393*** （0.019）
汽车持有状态	0.359*** （0.019）	0.332*** （0.019）	0.365*** （0.019）	0.063*** （0.022）	0.351*** （0.019）	0.091*** （0.022）
房屋持有状态	0.048*** （0.018）	0.039** （0.018）	0.049*** （0.018）	0.075*** （0.018）	0.051*** （0.018）	0.066*** （0.018）
收入水平	0.428*** （0.011）	0.413*** （0.011）	0.428*** （0.011）	0.410*** （0.011）	0.391*** （0.011）	0.369*** （0.011）
贷款描述长度	0.582*** （0.032）	0.582*** （0.032）	0.582*** （0.032）	0.582*** （0.032）	0.582*** （0.032）	0.582*** （0.032）
新一线城市	−0.202*** （0.027）	−0.206*** （0.027）	−0.200*** （0.027）	−0.218*** （0.027）	−0.199*** （0.027）	−0.214*** （0.027）
二线城市	−0.127*** （0.026）	−0.131*** （0.026）	−0.126*** （0.026）	−0.145*** （0.026）	−0.117*** （0.026）	−0.135*** （0.026）
其他城市	−0.223*** （0.023）	−0.241*** （0.023）	−0.222*** （0.024）	−0.239*** （0.023）	−0.215*** （0.024）	−0.239*** （0.024）
信用报告认证	0.778*** （0.022）	0.796*** （0.022）	0.781*** （0.022）	0.804*** （0.022）	0.463*** （0.026）	0.544*** （0.026）
婚姻认证		0.720*** （0.028）				0.498*** （0.029）
学历认证			0.457*** （0.037）			0.341*** （0.037）

续表

变量	（1）	（2）	（3）	（4）	（5）	（6）
车产认证				1.025*** （0.032）		0.863*** （0.033）
收入认证					0.433*** （0.017）	0.390*** （0.017）
信用水平（AA）	3.946*** （0.098）	3.577*** （0.101）	3.806*** （0.100）	3.491*** （0.099）	3.920*** （0.098）	3.178*** （0.102）
信用水平（A）	4.015*** （0.197）	3.518*** （0.201）	3.928*** （0.199）	3.543*** （0.202）	4.006*** （0.199）	3.205*** （0.206）
信用水平（B）	4.222*** （0.079）	3.988*** （0.080）	4.120*** （0.080）	3.911*** （0.079）	4.228*** （0.079）	3.734*** （0.080）
信用水平（C）	3.649*** （0.056）	3.424*** （0.057）	3.574*** （0.056）	3.329*** （0.056）	3.607*** （0.056）	3.132*** （0.058）
信用水平（D）	3.501*** （0.028）	3.390*** （0.029）	3.449*** （0.029）	3.334*** （0.029）	3.451*** （0.029）	3.199*** （0.029）
信用水平（E）	3.582*** （0.030）	3.529*** （0.030）	3.563*** （0.030）	3.521*** （0.030）	3.470*** （0.031）	3.375*** （0.031）
贷款金额	−0.944*** （0.009）	−0.946*** （0.009）	−0.943*** （0.009）	−0.974*** （0.009）	−0.950*** （0.009）	−0.976*** （0.009）
贷款期限	−0.020*** （0.001）	−0.020*** （0.001）	−0.021*** （0.001）	−0.019*** （0.001）	−0.020*** （0.001）	−0.019*** （0.001）
贷款利率	0.180*** （0.019）	0.179*** （0.019）	0.184*** （0.019）	0.169*** （0.019）	0.184*** （0.019）	0.175*** （0.019）
利率平方	−0.006*** （0.001）	−0.006*** （0.001）	−0.006*** （0.001）	−0.005*** （0.001）	−0.006*** （0.001）	−0.006*** （0.001）
控制变量	已添加	已添加	已添加	已添加	已添加	已添加
样本量	415 999	415 999	415 999	415 999	415 999	415 999

注：括号内为该系数估计的标准差

***和**分别表示该结果在1%和5%的显著性水平下显著

2.3.4 软信息对贷款偿付结果的影响分析

P2P 市场上，借款人和平台面临的主要风险来自借款人的贷款违约。因此，研究借款人特征与贷款违约之间的关系，对借款人和借贷平台都是非常重要的。

已有研究表明，具有更多积极特征的借款人，如更高的学历水平、拥有汽车或房屋以及更多的有效认证项目的借款人似乎更值得信赖（Chen et al.，2017；Li，2016）。从社会学角度来讲，对于具有良好教育背景的借款人而言，贷款违约对他们来说可能是一种社会污点（Lin et al.，2013）。事实上，拥有较高教育背景的借款人往往都从事体面的工作，并且也会受到周围人的钦佩和尊重而被认为具有良好的信誉；他们具有激励保护这种信誉，因而在信用借贷的活动中，他们的违约成本要比其他低学历水平借款人的违约成本更高。另外，借款人拥有汽车或房屋并在一线城市工作的事实可能表明他们有更好的经济基础，因此发生贷款违约的可能性也相对较小。为了研究这些软信息在贷款偿付阶段的影响，我们使用式（2-3）分析获得成功融资的贷款申请在贷款偿付阶段的表现，分析结果展现在表2-7。

表 2-7 软信息影响贷款偿付结果的实证结果

变量	（1）	（2）	（3）	（4）	（5）	（6）
年龄	0.034*** （0.003）	0.035*** （0.003）	0.034*** （0.003）	0.034*** （0.003）	0.034*** （0.003）	0.035*** （0.003）
性别	0.183*** （0.061）	0.190*** （0.061）	0.183*** （0.061）	0.182*** （0.061）	0.178*** （0.061）	0.184*** （0.061）
婚姻	−0.086* （0.046）	−0.123** （0.048）	−0.085* （0.046）	−0.086* （0.046）	−0.086* （0.046）	−0.120** （0.048）
高学历	−0.801*** （0.048）	−0.800*** （0.048）	−0.810*** （0.052）	−0.796*** （0.048）	−0.799*** （0.048）	−0.800*** （0.052）
汽车持有状态	−0.209*** （0.048）	−0.220*** （0.048）	−0.209*** （0.048）	−0.252*** （0.057）	−0.215*** （0.048）	−0.251*** （0.057）
房屋持有状态	−0.196*** （0.045）	−0.199*** （0.045）	−0.196*** （0.045）	−0.193*** （0.045）	−0.201*** （0.045）	−0.202*** （0.045）
收入水平	0.202*** （0.030）	0.194*** （0.031）	0.202*** （0.030）	0.200*** （0.030）	0.185*** （0.031）	0.177*** （0.031）
贷款描述长度	0.405*** （0.077）	0.400*** （0.077）	0.405*** （0.077）	0.404*** （0.077）	0.390*** （0.077）	0.384*** （0.077）
新一线城市	0.256*** （0.075）	0.254*** （0.075）	0.255*** （0.075）	0.253*** （0.075）	0.266*** （0.075）	0.262*** （0.075）
二线城市	0.333*** （0.072）	0.333*** （0.072）	0.333*** （0.072）	0.331*** （0.072）	0.343*** （0.072）	0.341*** （0.072）
其他城市	0.544*** （0.065）	0.538*** （0.065）	0.543*** （0.065）	0.541*** （0.065）	0.547*** （0.065）	0.540*** （0.065）
婚姻认证		0.185*** （0.064）				0.167** （0.065）

续表

变量	（1）	（2）	（3）	（4）	（5）	（6）
学历认证			0.051 （0.111）			0.026 （0.112）
车产认证				0.106 （0.075）		0.067 （0.076）
收入认证					0.099*** （0.025）	0.097*** （0.025）
信用水平（AA）	−4.694*** （1.004）	−4.775*** （1.005）	−4.703*** （1.005）	−4.724*** （1.005）	−4.737*** （1.005）	−4.831*** （1.005）
信用水平（A）	−2.217*** （0.425）	−2.313*** （0.426）	−2.220*** （0.425）	−2.230*** （0.425）	−2.216*** （0.424）	−2.314*** （0.426）
信用水平（B）	−4.820*** （0.711）	−4.853*** （0.711）	−4.826*** （0.711）	−4.832*** （0.711）	−4.811*** （0.711）	−4.850*** （0.712）
信用水平（C）	−3.348*** （0.257）	−3.373*** （0.257）	−3.352*** （0.257）	−3.363*** （0.257）	−3.365*** （0.257）	−3.398*** （0.257）
信用水平（D）	−3.644*** （0.139）	−3.656*** （0.139）	−3.648*** （0.139）	−3.650*** （0.139）	−3.666*** （0.139）	−3.682*** （0.139）
信用水平（E）	−2.733*** （0.097）	−2.740*** （0.097）	−2.734*** （0.097）	−2.733*** （0.097）	−2.764*** （0.097）	−2.772*** （0.097）
贷款金额	0.277*** （0.032）	0.283*** （0.032）	0.277*** （0.032）	0.272*** （0.032）	0.275*** （0.032）	0.277*** （0.032）
贷款期限	0.063*** （0.003）	0.064*** （0.003）	0.063*** （0.003）	0.064*** （0.003）	0.064*** （0.003）	0.064*** （0.003）
贷款利率	0.075*** （0.012）	0.073*** （0.012）	0.075*** （0.012）	0.075*** （0.012）	0.078*** （0.012）	0.075*** （0.012）
控制变量	已添加	已添加	已添加	已添加	已添加	已添加
样本量	26 546	26 546	26 546	26 546	26 546	26 546

注：括号内为该系数估计的标准差

***、**和*分别表示该结果在1%、5%和10%的显著性水平下显著

结果表明，软信息和贷款条款在解释借款人偿付阶段违约时显示出较高的预测能力。年长的男性借款人更有可能发生违约，而具有较高学历的已婚借款人更值得信赖，表明高学历可能是 P2P 市场的一个积极信号。同时，拥有汽车或房屋的借款人不太可能发生违约，而具有较高月收入的借款人却更容易发生违约。另一个积极的信号是借款人的工作地，正如预期的那样，一线城市的借款人在贷款偿付阶段发生违约的可能性相对较小。对于有效认证项目而言，借款人学历水平和汽车持有状态的有效认证与借款人发生违约之间没有显著关联。但是，借款

人婚姻状态和月收入的有效认证与违约之间呈现正相关关系，这表明借款人婚姻状况和月收入的有效认证可能并不是借款人良好信用特征的积极信号。关于贷款条款的分析表明，具有较大贷款金额、较长贷款期限和较高利率的贷款更有可能违约，这与其他市场的发现一致（Dorfleitner et al., 2016）。与投资者的预期不同的是，收入水平较高的借款人和在贷款描述中提供较长内容的借款人却有更高的可能性发生违约。

结合上述小节的结果，我们发现借款人的软信息，如借款人的已婚、更高的学历水平等特征，是 P2P 市场上借款人拥有良好信用的信号。具体而言，在贷款申请阶段，这类借款人更有可能收到投资者的投标，并且在贷款偿付阶段，他们违约的概率更低。此外，已婚和受过高等教育的借款人更有可能以较低的利率获得更大的贷款金额（或者说，这类借款人发布大额贷款的时候，相对于其他类型的借款人，能够以支付较低的利率成功获得贷款），这表明 P2P 市场上的投资者正确地识别了已婚或高学历水平的信号。对于财务相关特征而言，如拥有汽车或房产的借款人可以在贷款申请阶段以更高的概率成功获得贷款，同时在贷款偿付阶段，这些借款人发生违约的概率更低。这表明投资者可以正确识别到房屋持有状态和汽车持有状态的积极信号。然而，我们的研究发现，在我国 P2P 市场上，投资者并没有正确识别到借款人的高收入水平和在贷款描述中提供较长描述内容所传达出的信号。这是由于具有这些特征的贷款申请可以以更高的概率获得成功融资，但是在贷款偿还阶段这类借款人却更容易发生违约。对于这种现象的一个潜在解释是，这些高收入的借款人没有选择在银行等传统信贷市场申请贷款，很可能是由于被评估为高信用风险的借款人，而被银行拒绝提供贷款。也就表明，P2P 市场中的高收入借款人更可能是被传统贷款机构拒绝的高风险借款人。最后，虽然贷款描述可以在一定程度上给投资者提供更多的借款人信息，但由于这些贷款描述是自愿提供且未经过审核，其真实性是值得怀疑的，因此其传达的信息并非借款人真实情况的表现。结果显示借款人更有可能使用贷款描述来美化自身状况以吸引投资者对他们的贷款申请进行投资。

2.3.5 稳健性检验

为了验证上述分析结论是否具有稳健性，我们采用子样本回归来重新分析软信息对融资结果、贷款偿付结果以及贷款条款表现的影响。使用 2013~2015 年的数据样本执行上述类似分析，结果展现在表 2-8 和表 2-9。这两个表的所有分析结果与上述分析结果一致，表明上述分析结果具有稳健性。

表 2-8　稳健性检验结果——子样本

变量	（1）	（2）	（3）	（4）
年龄	0.035*** （0.002）	0.036*** （0.002）	0.035*** （0.003）	0.036*** （0.004）
性别			0.186*** （0.063）	0.185*** （0.064）
婚姻	0.190*** （0.021）	0.167*** （0.022）	−0.095** （0.048）	−0.119** （0.050）
高学历	0.514*** （0.020）	0.521*** （0.022）	−0.819*** （0.050）	−0.814*** （0.054）
汽车持有状态	0.315*** （0.022）	0.125*** （0.025）	−0.198*** （0.051）	−0.250*** （0.059）
房屋持有状态	0.093*** （0.021）	0.104*** （0.021）	−0.181*** （0.048）	−0.183*** （0.048）
收入水平	0.449*** （0.013）	0.384*** （0.014）	0.238*** （0.032）	0.214*** （0.033）
贷款描述长度	0.752*** （0.040）	0.752*** （0.040）	0.551*** （0.091）	0.551*** （0.091）
新一线城市	−0.215*** （0.032）	−0.219*** （0.033）	0.230*** （0.078）	0.236*** （0.078）
二线城市	−0.131*** （0.031）	−0.125*** （0.032）	0.284*** （0.075）	0.290*** （0.075）
其他城市	−0.214*** （0.028）	−0.220*** （0.029）	0.497*** （0.068）	0.490*** （0.068）
婚姻认证		0.193*** （0.037）		0.148** （0.073）
学历认证		0.110** （0.043）		0.020 （0.116）
车产认证		0.637*** （0.039）		0.103 （0.081）
收入认证		0.574*** （0.015）		0.096*** （0.025）
信用水平（AA）	3.560*** （0.143）	3.038*** （0.144）	−3.656*** （1.013）	−3.805*** （1.014）
信用水平（A）	2.989*** （0.281）	2.451*** （0.270）	−1.263*** （0.446）	−1.356*** （0.446）
信用水平（B）	3.878*** （0.099）	3.551*** （0.101）	−4.276*** （0.714）	−4.304*** （0.715）

续表

变量	（1）	（2）	（3）	（4）
信用水平（C）	3.432*** （0.067）	2.983*** （0.071）	−2.864*** （0.259）	−2.931*** （0.260）
信用水平（D）	3.642*** （0.030）	3.301*** （0.032）	−3.460*** （0.139）	−3.503*** （0.140）
信用水平（E）	3.870*** （0.030）	3.525*** （0.032）	−2.712*** （0.097）	−2.748*** （0.097）
贷款金额	−1.044*** （0.011）	−1.084*** （0.012）	0.207*** （0.038）	0.196*** （0.038）
贷款期限	−0.003** （0.002）	−0.002 （0.002）	0.064*** （0.003）	0.065*** （0.003）
贷款利率	0.645*** （0.045）	0.651*** （0.045）	0.070*** （0.014）	0.071*** （0.014）
利率平方	−0.029*** （0.002）	−0.029*** （0.002）		
控制变量	已添加	已添加	已添加	已添加
样本量	370 662	370 662	20 975	20 975

注：括号内为该系数估计的标准差

***和**分别表示该结果在1%和5%的显著性水平下显著

表 2-9 稳健性检验结果——贷款条款

变量	贷款利率		贷款金额		贷款期限	
	（1）	（2）	（3）	（4）	（5）	（6）
年龄	−0.014*** （0.001）	0.007*** （0.002）	0.021*** （0.000）	0.015*** （0.001）	−0.016*** （0.002）	−0.053*** （0.009）
性别	0.107*** （0.013）		−0.068*** （0.004）		−0.635*** （0.036）	
婚姻	−0.028*** （0.010）	0.058** （0.026）	0.049*** （0.003）	0.019* （0.010）	0.052* （0.028）	0.023 （0.109）
高学历	−0.259*** （0.011）	−0.187*** （0.024）	0.147*** （0.004）	0.090*** （0.009）	−0.421*** （0.031）	0.262*** （0.101）
汽车持有状态	−0.369*** （0.011）	−0.034 （0.026）	0.251*** （0.004）	0.178*** （0.010）	−0.981*** （0.032）	−1.351*** （0.110）
房屋持有状态	−0.070*** （0.010）	−0.116*** （0.025）	0.036*** （0.003）	0.038*** （0.010）	−0.241*** （0.029）	0.078 （0.107）
收入水平（2）	0.027** （0.011）	0.036 （0.028）	0.377*** （0.004）	0.292*** （0.011）	−1.293*** （0.030）	−0.641*** （0.120）

续表

变量	贷款利率		贷款金额		贷款期限	
	（1）	（2）	（3）	（4）	（5）	（6）
收入水平（3）	0.244*** (0.013)	0.068** (0.033)	1.012*** (0.004)	0.725*** (0.012)	−3.643*** (0.037)	−3.215*** (0.139)
贷款描述长度	0.011*** (0.000)	0.004*** (0.000)	0.003*** (0.000)	0.002*** (0.000)	−0.011*** (0.001)	−0.013*** (0.002)
一线城市	−0.297*** (0.014)	−0.129*** (0.034)	0.027*** (0.005)	0.129*** (0.013)	−0.465*** (0.040)	0.352** (0.147)
新一线城市	−0.028** (0.013)	0.011 (0.033)	−0.067*** (0.004)	0.061*** (0.013)	−0.192*** (0.036)	0.151 (0.139)
二线城市	0.004 (0.012)	0.063** (0.030)	−0.027*** (0.004)	0.058*** (0.012)	−0.009 (0.034)	0.033 (0.128)
信用水平（AA）	−1.362*** (0.144)	−0.358*** (0.112)	−0.660*** (0.050)	−0.009 (0.043)	−1.357*** (0.414)	−1.871*** (0.477)
信用水平（A）	−1.099*** (0.235)	−0.267 (0.174)	−0.228*** (0.080)	0.149** (0.067)	−3.618*** (0.672)	−3.452*** (0.741)
信用水平（B）	−0.529*** (0.107)	0.371*** (0.088)	−0.261*** (0.037)	0.226*** (0.034)	−1.985*** (0.306)	−1.865*** (0.375)
信用水平（C）	−0.482*** (0.072)	0.263*** (0.063)	−0.274*** (0.025)	0.256*** (0.024)	−1.992*** (0.206)	−1.869*** (0.269)
信用水平（D）	−0.677*** (0.031)	−0.225*** (0.030)	−0.381*** (0.011)	0.094*** (0.012)	−0.405*** (0.090)	0.272** (0.130)
信用水平（E）	−0.984*** (0.031)	−0.502*** (0.030)	−0.283*** (0.011)	0.107*** (0.012)	−0.590*** (0.089)	0.155 (0.128)
控制变量	已添加	已添加	已添加	已添加	已添加	已添加
样本量	370 662	21 771	370 662	21 771	370 662	21 771

注：括号内为该系数估计的标准差

***、**和*分别表示该结果在1%、5%和10%的显著性水平下显著

2.4 本章小结

本章利用我国网络借贷平台（人人贷）2011年1月至2015年12月的真实贷款记录实证分析了P2P软信息对借贷活动的影响。我们发现，P2P市场上软信息会对贷款申请融资和贷款偿付产生显著影响，同时对借款人某些软信息的有效认证也可预测贷款申请融资概率和贷款违约概率。此外，软信息还与贷款条款有

显著关联。具体而言，借款人的年龄、婚姻状态和学历水平是贷款申请获得完全融资和贷款发生违约的显著预测指标。借款人的汽车或房屋持有状态、收入水平和贷款描述长度在贷款申请成功融资以及贷款发生违约上具有预测能力。分析结果表明，年长、已婚、具有高学历水平、拥有汽车或房屋、较高月收入水平以及在贷款描述中使用更多词的借款人更受投资者欢迎。但是年长和收入水平较高的借款人在贷款偿付阶段却更有可能发生违约。关于软信息的有效认证，分析表明借款人的婚姻状况、学历水平、车产、收入水平和信用报告的有效认证都能够预测贷款申请获得完全融资结果。然而学历和车产持有状态的有效验证与借款人贷款发生违约之间没有显著关联。关于贷款申请阶段反映的借款人群体特征，我们发现年龄较大且已婚的借款人倾向于以较低的利率发布贷款申请，而实际上这类借款人相对其他类型的借款人在实际获得的贷款中会支付更高的利率。具有良好形象的借款人，如更高的学历水平、更高的收入水平以及生活在一线城市，往往会以较低的利率发行贷款申请。男性借款人更愿意以较高的利率水平发布较短期限和较小请求金额的贷款申请，但他们在贷款偿付阶段却更容易发生违约。更重要的是，本章的研究发现借款人的特征，如具有高的学历水平、拥有汽车或房屋是 P2P 市场上借款人具有良好信誉的积极信号，并且投资者也正确识别到了这些信号。然而，投资者并未正确识别到借款人较高收入和在贷款描述提供较长文本所传达的信号；分析表明，这类借款人比其他借款人更容易违约，但他们在贷款申请融资阶段却更受欢迎。

第 3 章　P2P 借款人提供贷款描述的动机研究

第 2 章讨论了结构化软信息在 P2P 活动中的影响。我们发现 P2P 市场上借款人的软信息特征对网络借贷各阶段有重要的影响，并且发现贷款描述也会影响 P2P 活动。第 2 章结论表明，在贷款描述中提供更长文字描述的借款人在融资阶段更受欢迎，但是却在贷款偿付阶段更容易发生违约。本章深入研究借款人提供贷款描述的动机，进一步检验贷款描述在 P2P 中的作用。我们参照 Hanley 和 Hoberg（2010）、Florysiak 和 Schandlbauer（2019）关于 IPO 招股说明书和初次代币发行（initial coin offering，ICO）白皮书的信息分解方法将贷款描述包含的内容分解为标准内容成分和特定内容成分。其中，标准内容成分反映了当前贷款描述与近期其他贷款申请的贷款描述相似的信息，而特定内容成分反映了当前贷款描述不同于其他贷款描述的个人特定信息。进一步我们探索借款人在贷款描述中披露更多特定内容对 P2P 过程的影响，以研究借款人在贷款描述中提供更多个人特定信息的动机。

3.1　贷款描述与特定内容抽取

3.1.1　贷款描述

P2P 市场上，贷款描述是借款人在发布贷款申请时，提供的与贷款有关的文字描述。贷款描述最初的意图是让借款人披露更多个人信息，或说服投资者对其贷款申请提供资金。站在投资者的角度，由于贷款描述为投资者提供了重要的信息来源，因此贷款描述中的信息应当是可信的。贷款描述是自愿提供的，没有标准的格式要求（包括书写格式和内容格式），没有字数上限，也没有描述内容限制。相对于借款人的身份特征和其他财务特征信息，贷款描述简单且直观，更容易给投资者传达借款人的具体信息。对于借款人而言，他们可以使用贷款描述来解释其较低的个人信用等级，也可以用来说明其财务状况、家庭状况、受雇状况、贷款目的以及如何使用这笔钱，甚至描述他们认为有利于他们成功获得投资者资助的任何信息。由于借款人在发布贷款申请时往往会有已经发布的贷款申请可供参考，借款人可以参照其他人已公布的贷款申请的贷款描述来提供自己的贷款描述。因为 P2P 市场上的贷款描述没有任何监管和核实，所以不同的借款人可能会使用不同的写作风格或策略来自由表达他们想表达的任何内容，他们可能在贷款描述中展示不同的主题或内容。然后，投资者可以从贷款描述中得到可反映借款人信誉的见解，这些见解随后会影响投资者的决策，从而可能会影响贷款申请的融资结果。

3.1.2 特定内容抽取

类似 Hanley 和 Hoberg（2010）、Florysiak 和 Schandlbauer（2019），我们先将贷款描述的文本信息分解为标准内容成分和特定内容成分，其中标准内容成分反映了近期发布的贷款申请的贷款描述共同特征，如借款人在发布贷款申请时会参照已有贷款申请的贷款描述来书写自己的贷款描述内容。而贷款描述的特定内容成分则反映了当前贷款申请的借款人的个体特征。为了实现这一分解，我们首先使用术语频率–逆文档频率（term frequency-inverse document frequency，TF-IDF）文本特征抽取方法来表征每一个贷款描述，其次基于表征的 TF-IDF 特征进一步分解贷款描述的信息内容。

TF-IDF，即术语频率和逆文档频率的乘积，是一种简单的文本特征抽取方法，主要用于信息检索和文本挖掘中的加权策略。TF 衡量单个术语对文档的重要性，IDF 则用来度量术语在所有文档或语料库中提供的信息量。TF-IDF 的目的是捕获那些可能出现稀少，但是在文档中却有着重要意义的术语所提供的信息，通常被用作基于词袋的文本分析任务中的文档特征，因为重要的单词对于将文档分为不同的类别更有效。TF-IDF 特征中的每一个元素实际上对应着特定的词在当前文档出现的频率与该词在整个语料库中出现的频率的比值[①]。TF-IDF 具体的计算过程描述如下，

$$\text{TF-IDF}(t;d;c) = \text{TF}(t;d) \times \text{IDF}(t;c) \quad (3\text{-}1)$$

其中，TF($t;d$) 为术语频率，即术语 t 出现在文档 $d(f_{t,d})$ 中的次数，通过文件长度 L_d 标准化得

$$\text{TF}(t;d) = f_{t,d} / L_d \quad (3\text{-}2)$$

IDF($t;c$) 为逆文档频率，

---

① 在文本特征抽取之前，一个重要的步骤是将待分析的文本分割成词或词组列表以满足后续分析。与英文文本采用空格来区分不同词不同的是，中文文本分析没有直接的分词符号，因此需要借助其他算法将中文句子分割成词或词组。本书分析中，我们使用 Stanford CoreNLP 套装软件来实现我们的分词任务。该工具套装是由 Manning 等（2014）为 NLP 分析开发的一个使用工具包。另外，我们使用 GitHub 提供的停用词（https://github.com/goto456/stopwords），来去除我们分词后的停用词，以降低分析过程中无意义的词产生的噪声。

$$\text{IDF}(t;c) = \log\frac{|\{d\in c\}|}{|\{d\in c; t\in d\}|} \quad (3\text{-}3)$$

实证分析中我们使用所有贷款描述中不少于 50 个字符的贷款描述作为分析语料库来构建词典，在去掉语料库中小于 30 频次的词语后获得了一个 9097 维的词典[①]。在获得 TF-IDF 特征向量之后，采用二范数将贷款描述的 TF-IDF 特征进行标准化处理，随后用标准化处理之后的特征向量作为贷款描述的最终特征表示。记贷款描述 i 的向量表示为 norm_i，然后计算该贷款申请发布前 500 个贷款申请的贷款描述中心[②]，具体公式如下：

$$\text{norm}_{center,i} = \frac{1}{k}\sum_{k=1}^{K}\text{norm}_{center,i-k} \quad (3\text{-}4)$$

随后，对每一个贷款描述拟合如下回归：

$$\text{norm}_i = \alpha_i \times \text{norm}_{center,i} + \varepsilon_i \quad (3\text{-}5)$$

最后，对每一个贷款描述而言，使用 α_i 作为其标准内容成分，ε_i 对应元素的绝对值之和作为贷款描述的特定内容成分。根据计算过程，实际上标准内容成分反映了特定的贷款描述能够用近期发布的贷款描述来近似表示的程度，而特定内容成分则反映了特定贷款描述相对于近期贷款描述的差别程度。

3.2 P2P 借款人提供贷款描述动机的可检验假设构造

在借款人发布贷款申请的时候，平台要求借款人在贷款描述中提供一段无内容约束和无篇幅限制的文字描述，最初的意图是让借款人披露更多个人信息，或说服投资者对其贷款申请提供资金。当前已有不少文献探讨了 P2P 贷款描述提取出来的不同特征在 P2P 中的影响，如贷款描述的语言风格、贷款描述的可读性、贷款描述的语言特征、贷款描述的主题特征、贷款描述中展现的借款人的身份特征，以及贷款描述反映的文本情感等。

贷款描述作为借款人自愿提供的一种额外信息，其发布没有任何监管和审核，给投资者提供了了解借款人的一个窗口。从借款人的角度出发，其提供贷款描述无论出于何种意图——向投资者展现自己良好的个人形象[如 Larrimore 等（2011）指出顾家、有责任心和有宗教信仰可能反映在贷款描述中]，或者营造一个积极向上的生活态度[如 Herzenstein 等（2011）指出贷款描述可能反

---

① 这也就意味着，每一个贷款描述通过 TF-IDF 转化后形成为一个 9097 维的高维向量。
② 由于人人贷平台可以展现最近约 1000 条贷款记录，本章中，我们使用 500 个贷款申请的贷款描述来计算近期的贷款描述中心。

映出借款人的勤奋、努力和踏实等信息],或者为自己当前较低的信用进行解释(Michels,2012),抑或是为了引起投资者的同情(Pötzsch and Böhme,2010)等,从理论上来讲其根本目的都是说服或者吸引投资者为自己的贷款申请提供资金,以促使其贷款申请成功获得资助。如果借款人在贷款描述中提供了更多个人信息,一方面反映他们为获取贷款的资助做出了更多的努力,另一方面也为投资者了解借款人提供了更多的信息,基于此,我们首先做出如下假设。

假设 1 若借款人在贷款描述中披露更多的个人特定信息内容,则投资者更可能对他们的贷款申请提供资金。

由于贷款描述是一种无内容限制,也无长度限制的文字型自愿披露信息,这种无验证的自愿披露信息对于借款人而言可以用来展现自己的高信用质量以降低投资者与借款人之间的信息不对称程度,也可以用来提供迷惑投资者的信息而伪装自己较差的信用质量。在 P2P 市场上,从借款人视角出发,提供更多个人特定信息内容的借款人,如果他们是高信用质量的借款人,那么他们愿意支付的贷款利率应当会小于那些提供更少个人特定信息内容的借款人。因为,如果他们提供的是有价值的信用信息,那么这些信息应当是有助于降低信息不对称的,并最终导致这样的借款人倾向于提供较低的贷款利率,并且投资者也愿意接受较低的贷款利率。一方面,如果借款人提供贷款描述的动机是降低信息不对称,我们应当会观测到,信用质量越高的借款人提供越多的个人特定信息内容,那么他们倾向于以较低的贷款利率发布贷款申请,或者说提供更多个人特定信息内容会降低借款人在贷款申请中支付的贷款利率。另一方面,如果借款人提供更多的个人特定信息内容是为了炒作他们的贷款申请,那么由于他们的最终目的是促成贷款申请的成功融资,相对于提供较少个人特定信息内容的借款人,提供更多个人特定信息内容的借款人可能会提供较高的贷款利率,因为从利益角度出发,较高的贷款利率更容易吸引投资者进行投标;提供更多个人特定信息内容的借款人也可能会提供较低的贷款利率,这是因为他们也可能将自己伪装成高信用质量的借款人——过高的贷款利率与借款人的高信用风险相关(Lin et al.,2013)。但是,P2P 市场上投资者是利益导向的,对于利用借款描述进行炒作的借款人,他们更可能提供更高的利率以吸引更多的投资者对其贷款申请进行投资,因为最终他们可能并不会支付这些贷款成本。同时他们也更有可能在贷款申请中请求较大的贷款金额和更长的贷款期限。基于此,我们进一步提出两个对立的假设。

假设 2a 如果借款人在贷款描述中披露更多信息的动机是降低信息不对称,那么更多的信息披露将会降低借款人支付的贷款利率。

假设 2b 如果借款人在贷款描述中披露更多信息的动机是炒作他们的贷款

申请，那么自愿披露的信息可能会提高借款人支付的利率、贷款金额和增长他们的贷款期限。

为进一步清晰借款人在贷款描述中提供更多个人特定信息内容的动机，我们还需要知道提供更多个人特定信息内容的借款人在贷款偿付阶段的表现，来进一步明确其真实动机。从信息不对称的角度来讲，如果借款人在贷款描述中提供更多个人特定信息内容是为了降低信息不对称的程度，那么表明他们是高信用质量的借款人，因而在贷款偿付阶段，他们更倾向于不拖欠自己的贷款；否则，这些违约会给他们带来社会污点，并最终影响他们随后的信用活动。反之，如果借款人在贷款描述中提供更多的个人特定信息内容是为了炒作他们的贷款申请，那么他们的主要目的只是成功获得贷款申请的融资，因而如果他们成功获得了贷款申请，则他们如约偿付贷款的可能性更低。也就是说我们会在贷款偿付阶段观测到贷款描述中提供更多的个人特定信息内容与借款人的违约概率正向相关。基于以上分析，关于贷款支付阶段，我们提出以下两个对立的假设。

假设 3a 如果借款人在贷款描述中披露更多信息的动机是降低信息不对称，那么信息披露将会与借款人将来的违约呈负相关。

假设 3b 如果借款人在贷款描述中披露更多信息的动机是炒作他们的贷款申请，那么信息披露将会与他们未来的违约呈正相关。

以上分析并设计了三个假设，从不同的角度来相互印证借款人在贷款描述中提供个人特定信息内容的动机。分析表明，如果借款人在贷款描述中提供更多的个人特定信息内容是为了降低信息不对称程度，那么关于借款人在贷款申请阶段，我们应当会观测到在贷款描述中提供更多个人特定信息内容的借款人倾向于以较低贷款利率发布贷款申请，同时这类借款人在融资阶段更容易获得贷款融资的成功，以及在贷款偿付阶段发生违约的可能性更低。如果借款人提供更多个人特定信息内容的动机在于炒作他们的贷款申请，那么关于贷款申请的发布我们应当会观测到在贷款描述中提供更多个人特定信息内容的借款人倾向于以较高的贷款利率发行他们的贷款申请，同时在融资阶段这类借款人更容易获得贷款申请的成功，但是他们在贷款偿付阶段有更高的可能性发生违约。下面我们利用人人贷平台的真实交易记录来检验我们的上述假设。

3.3 变量及实证模型设置

本章采用实证研究的方式检验 P2P 中借款人提供贷款描述的动机。基于已有的关于贷款描述的研究，结合我国 P2P 市场的现实环境，本节梳理实证研究中涉及的其他贷款描述相关变量和影响 P2P 活动的因素,并最后给出实证分析中使用的模型。

3.3.1 贷款描述文本情感特征提取

已有不少研究分析表明贷款描述中展现的文本情感会影响 P2P 不同阶段的表现,为此本章研究也提取贷款描述的文本情感特征。我们采用基于字典的方式来抽取贷款申请中的文本情感,整合了两个不同的中文情感词典来作为抽取文本情感特征所使用的情感词典。这两个情感词典分别为清华大学自然语言处理与社会人文计算实验室开发的开放中文词汇和大连理工大学信息检索研究室整理的情感原型词汇。对每一个贷款描述,定义其文本情感得分如下:

$$情感得分 = \frac{积极词数 - 消极词数}{总词数} \quad (3\text{-}6)$$

即贷款描述中积极情感词与消极情感词对应的频率之差,该变量定义了贷款描述的净积极情感程度。

3.3.2 其他控制变量

已有大量的研究表明 P2P 市场上不同贷款申请特征和借款人身份特征与贷款申请在融资阶段的结果和贷款偿付的表现之间是有关联的,这些特征包括基本的贷款申请特征,如贷款申请的利率、贷款金额和贷款期限(Lin and Viswanathan, 2016;Emekter et al., 2015;Railiene, 2018);信用风险等级(Klafft, 2008);借款人身份认证状态(Li, 2016);借款人的财务状况(Tao et al., 2017);借款人的身份特征,如年龄、性别、婚姻、学历水平等(Barasinsk and Schäfer, 2014),以及贷款描述的长度(Larrimore et al., 2011;Li et al., 2019;Dorfleitner et al., 2016)。在随后的分析中,我们加入这些变量作为控制变量,这些变量的定义整理在表 3-1 中。

表 3-1 变量定义

变量类别	变量	变量描述
因变量	融资结果	贷款申请的完全融资状态(虚拟变量);如果贷款申请收到足够的投资,那么取值为 1,否则取 0
	贷款表现	贷款偿付状态(虚拟变量);如果借款人违约,那么取值为 1,否则取 0
贷款描述	特定信息内容	贷款描述中包含的特定信息
	情感得分	贷款描述中的文本情感得分,定义为积极情感词与消极情感词所占比例之差

续表

变量类别	变量	变量描述
贷款描述	贷款描述长度	贷款申请的贷款描述中包含的不同单词的数量（分析中我们使用其对数形式）
借款人特征	年龄	借款人的年龄（18～60周岁）
	性别	借款人的性别（虚拟变量）；如果借款人是男性，那么取值为1，否则取0
	婚姻	借款人的婚姻状况（虚拟变量）；如果借款人已婚，那么取值为1，否则取0
	学历水平	借款人的学历水平；借款人的教育背景低于本科学历取值为3，低于研究生学历取值为2，为研究生或以上学历取值为1
	工龄	借款人当前的就业时长，分为四个级别：4（不满1年），3（1～3年）；2（3～5年）；1（5年以上）
	有效认证数目	借款人向平台提供的有效认证项目数量
	房产状态	房产的持有状态（虚拟变量）；如果借款人有房产，则取值为2；如果借款人持有房产的同时也有房贷，则取值为1；否则取0
贷款特征	利率	贷款申请的贷款利率，以小数方式呈现
	贷款金额	贷款申请总额，我们在回归中使用其对数形式
	贷款期限	贷款申请的贷款期限，以月为单位（3、6、9、12、18、24或36）
信用	信用水平	借款人的信用风险等级，七个水平（AA、A、B、C、D、E和HR）表示递增的风险等级

3.3.3 实证模型设置

本章实证分析借款人提供贷款描述的动机。具体而言，首先分析这些特定信息内容在P2P融资阶段的作用，其次探索特定信息内容与贷款条款之间的关系，进一步分析这些特定信息内容在贷款偿付阶段的影响。最后，为规避平台设定贷款描述字符限制对样本筛选可能造成的结论偏差以及实证中采用不同分析模型可能导致的模型偏差，我们采用不同贷款描述长度重新筛选分析的样本，并使用不同的分析模型进行稳健性检验。

本章使用回归分析来完成分析任务，拟合如下回归：

$$Y_i = F(\alpha + \sum \beta_i X_i + \sum \gamma_i C_i) + \varepsilon_i \tag{3-7}$$

其中，X_i 为关键变量，包括贷款描述的特定信息内容和贷款描述提取的情感得分；C_i 为分析中加入的控制变量；α 为常数项；β_i 为关键变量的回归系数；γ_i 为控制变量的回归系数；ε_i 为残差；F 为根据不同的情形使用 Logistic/OLS 的回归模型。具体而言，在研究贷款描述特定信息内容对贷款申请融资结果（贷款偿付结果）的影响时，根据贷款申请融资结果（贷款偿付结果）为二值变量，使用 LR 来捕获这种关系。关于 LR 模型的构建可参照第 2 章式（2-3）。在研究贷款描述特定信息内容与贷款条款的关系时，使用 OLS 回归来捕获这种关系。

此外，在稳健性检验中使用 Probit 模型来分析贷款描述特定信息内容与贷款申请融资结果和贷款偿付之间的关系，同时使用 Tobit 模型检验贷款描述特定信息内容与贷款条款之间的关系，具体描述如下。

Probit 模型：

$$Y_i = F(\alpha + \sum \beta_i X_i + \sum \gamma_i C_i) + \varepsilon_i \quad (3-8)$$

其中，F 为标准正态分布；X_i 为关键变量，包括贷款描述的特定信息内容和贷款描述提取的情感得分；C_i 为分析中加入的控制变量；ε_i 为残差项。

Tobit 模型：

$$Y_i^* = \alpha + \sum \beta_i X_i + \sum \gamma_i C_i + \varepsilon_i$$

$$Y_i^* = \begin{cases} Y_i, & l < Y_i^* < u \\ u, & Y_i^* \geq u \\ l, & Y_i^* \leq l \end{cases} \quad (3-9)$$

其中，X_i 为关键变量，包括贷款描述的特定信息内容和贷款描述提取的情感得分；C_i 为分析中加入的控制变量；ε_i 为残差项；u、l 分别为回归时模型拟合的上限和下限设置。

3.4 P2P 借款人提供贷款描述动机的实证分析

3.4.1 数据描述

实证分析数据样本来自人人贷平台 2012 年至 2015 年信用认证贷款申请的真实交易记录。图 3-1 展现了本章所关注样本的季度分布，可以看出，信用贷款申请在 2012 年至 2013 年 9 月不断增长，在 2014 年底至 2015 年 3 月则爆发式增长，随后逐渐衰落。这期间贷款申请数变化的主要原因是我国相关政策以及融资环境的变化。早期平台处于探索阶段，随着 P2P 模式逐渐被人们认可，平台上发布的贷款申请数逐渐增长。在 2015 年，由于我国股票市场走高，大量投资者涌入互联网金融市场获取用于投资股市的资本，发生了大量的借款人违约事件，导致平台关闭了该融资渠道。另外，由于本章重点分析的是贷款描述，我们剔除了样本中贷款描述小于 50 个字符的贷款申请。表 3-2 列出了原始样本和抽样后样本的分布。从该表中可以看出，在融资成功率和违约率的视角下，根据贷款描述长度筛选出来的样本的分布近似原始样本的分布。

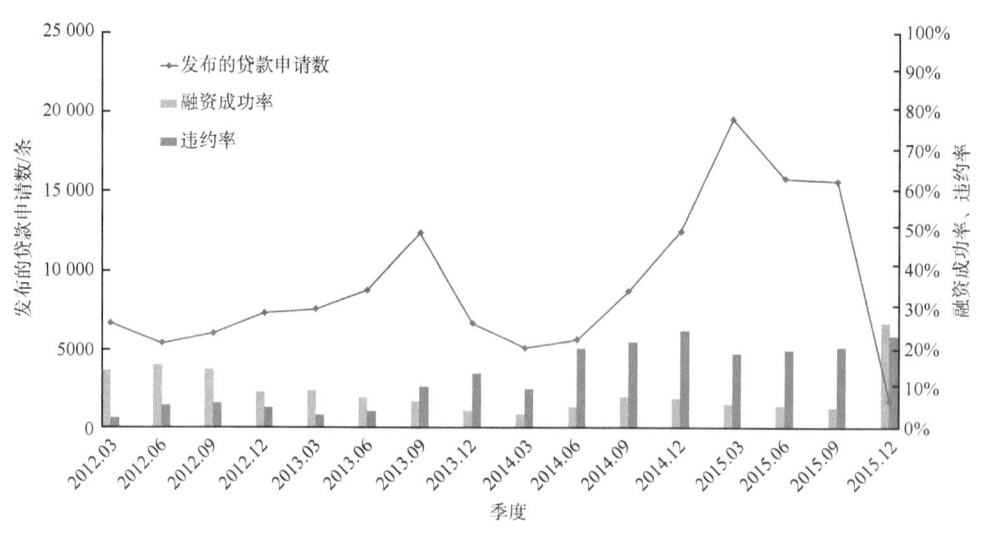

图 3-1 人人贷平台信用贷款申请季度分布图

表 3-2 原始样本与抽样后样本的分布

样本		2012 年	2013 年	2014 年	2015 年	总计
面板 A：全部贷款申请	贷款申请	28 266	60 206	200 285	295 622	584 379
	成功贷款	4 071	3 347	8 542	9 998	25 958
	融资成功率	0.144	0.056	0.043	0.034	0.044
	违约贷款	222	270	1 628	1 855	3 975
	违约率	0.055	0.081	0.191	0.186	0.153
面板 B：贷款描述大于等于 50 个字符的贷款申请	贷款申请	25 500	35 413	32 014	52 827	145 754
	成功贷款	3 506	2 651	2 200	3 553	11 910
	融资成功率	0.137	0.075	0.069	0.067	0.082
	违约贷款	183	198	485	726	1 592
	违约率	0.052	0.075	0.22	0.204	0.134

注：该表给出了从 2012 年到 2015 年发布的人人贷平台中贷款申请发布时间和贷款申请状态的交叉表。面板 A 报告了所有列表的结果，面板 B 显示了实验用的样本，该样本排除了不合规、贷款描述少于 50 个字符以及未提供借款人所有个人身份的贷款申请。由于平台运行初期对贷款申请描述的严格限制，贷款描述必须包含 50 个及以上的字符，早期阶段（2011 年至 2012 年）的样本选择率远高于其他阶段。但在 2013 年下半年，该限制被放宽，无须在贷款描述中写入大于等于 50 个字符。2014 年和 2015 年的样本中只剩下大约 1/5 的总发行样本。尽管选择了不同时期的不同样本选择概率，列表的不同阶段的分布是类似的

表 3-3 描述了实验分析使用的总样本，包括人人贷平台上发布的从 2012~2015 年所有合规并且贷款描述部分文字长度大于等于 50 个字符的贷款申请共计 145 754 条。结果显示信用贷款申请的贷款利率范围为 6%~24%，平均贷款利率为 14.4%。贷款金额最小为 3000 元，平均贷款金额为 72 217 元[①]。样本中大部分借款人在贷款描述中都提供了较高的特定信息内容。此外，贷款申请的情感倾向整体偏向积极。借款人提交的有效认证数目平均为 4.64 个，85%的借款人为男性，由于抽取的样本时间区间内，该平台收集了借款人的性别信息，但是在贷款申请页面并未展现借款人性别信息，因此在随后的分析中我们根据情况引入借款人的性别信息。借款人的年龄整体偏向年轻，在 22~36 岁。同时，大部分借款人被平台评定为高风险的借款人。

表 3-3 样本统计描述

变量	最小值	中位数	最大值	平均值	标准差
贷款表现	0	0	1	0.010	0.104
融资结果	0	0	1	0.080	0.274
特定信息内容	0	9.597	14.008	9.375	1.371
情感得分	−0.500	0.077	1	0.088	0.079
贷款描述长度	−0.690	−0.371	1.640	−0.249	0.412
利率	0.060	0.130	0.240	0.144	0.033
贷款金额	8.006	10.597	13.816	10.410	1.283
贷款期限	3	12	36	15.640	8.761
年龄	18	28	60	29.680	6.801
性别	0	1	1	0.850	0.355
婚姻	0	1	1	0.520	0.500
学历水平	1	2	2	2.154	0.754
信用水平	1	7	7	6.860	0.630
工龄	1	3	4	2.580	1.001
有效认证数目	0	4	15	4.640	1.838
房产状态（1）	0.144	0	0	1	0.352
房产状态（2）	0.320	0	0	1	0.467

表 3-4 给出了样本集上的变量相关性表。可以看到，所有变量存在相关性，但是相关的程度较低。因此，在随后的回归分析中，多重共线性的问题可以忽略[②]。

---

① 这里报告的是贷款金额的原值统计信息，表 3-3 及后续回归分析中，使用贷款金额的对数形式。
② 随后的分析中检验了多重共线性，结果表明分析中不存在明显的多重共线性问题。

表 3-4 变量相关性表

变量	特定信息内容	情感得分	贷款描述长度	利率	贷款金额	贷款期限	年龄	性别	婚姻	学历水平	工龄	信用水平	有效认证数目	房产状态(1)
情感得分	-0.042**													
贷款描述长度	0.307**	-0.089**												
利率	-0.024**	0.069**	-0.047**											
贷款金额	0.123**	-0.089**	0.116**	-0.029**										
贷款期限	0.137**	-0.066**	0.045**	0.010**	0.434**									
年龄	0.056**	-0.021**	0.065**	-0.071**	0.280**	0.060**								
性别	-0.024**	-0.013**	0.001	0.025**	-0.026**	-0.046**	-0.025**							
婚姻	0.011**	-0.005**	0.024**	-0.040**	0.191**	0.025**	0.410**	-0.015**						
学历水平	-0.050**	-0.014**	-0.031**	0.087**	-0.080**	-0.032**	-0.027**	0.034**	0.038**					
工龄	-0.019**	-0.002	-0.020**	0.026**	-0.181**	-0.042**	-0.416**	0.008**	-0.269**	0.081**				
信用水平	0.037**	-0.093**	-0.028**	0.094**	0.057**	0.111**	-0.106**	-0.013**	-0.108**	0.091**	0.127**			
有效认证数目	0.090**	0.067**	0.080**	-0.136**	0.042**	0.030**	0.165**	0.006*	0.135**	-0.135**	-0.153**	-0.414**		
房产状态(1)	0.012*	-0.019**	0.028**	-0.062**	0.128**	0.027**	0.129**	-0.004**	0.157**	-0.135**	-0.137**	-0.089**	0.137**	
房产状态(2)	-0.005**	0.009**	0.010**	-0.005**	0.079**	-0.009**	0.249**	0.013**	0.251**	-0.014**	-0.182**	-0.032**	0.048**	-0.282*

**、*相关表示该结果在 1%和 5%的显著性水平下显著

3.4.2 贷款描述特定内容对贷款融资结果的影响分析

表 3-5 显示了贷款描述特定信息内容与融资结果之间的关系。回归分析（1）到回归分析（5）逐步加入贷款申请的其他控制变量，结果表明贷款描述特定信息内容与贷款申请的成功融资概率呈显著的正向相关关系。这表明，借款人在贷款申请描述中提供更多的个人特定信息内容，有助于贷款申请获得成功融资。无论是从降低信息不对称角度，还是从进行炒作的角度，借款人提供的贷款描述信息是有助于贷款申请获得投资者的欢迎而被投资的。这个结论印证了假设1，即在贷款描述中披露更多的特定信息内容有助于贷款申请在融资阶段以更高概率成功获得融资。另外，就贷款描述中反映的文本情感而言，分析结果表明如果借款人在贷款描述中使用更高频率的积极情感词，那么他们的贷款申请更容易获得成功。这是由于借款人在贷款描述中使用较多的积极情感词反映了他们自信和乐观的态度，从而给投资者营造了一种可信的借款人形象。同时，分析结果也表明，在贷款描述中使用更多的词也有助于借款人从投资者那里募集资金。与已有研究相符，我们的分析结果也表明更高的贷款利率、更大的贷款金额和更长的贷款期限实际上会削弱贷款申请获得成功融资的可能性。由于平台设置的借款人相关认证信息包括信用报告认证、学历认证、收入认证、房产认证、车产认证、婚姻认证、视频认证、身份认证等多种信息认证，越多的有效信息认证表明借款人的信息真实程度越高，也可以理解为借款人为获得借款所做的努力越多。对于有效认证项目的数量而言，越多有效认证并不一定对应借款人高信誉，但是在一定程度上反映了借款人在发布贷款申请前做了更多的努力。表 3-5 的结果显示，借款人提供更多的有效身份认证有助于提高贷款申请的成功融资概率。

表 3-5 贷款描述特定信息内容与贷款融资结果关系的实证检验结果

变量	（1）	（2）	（3）	（4）	（5）
特定信息内容	0.103*** （0.009）	0.084*** （0.009）	0.080*** （0.009）	0.064*** （0.010）	0.063*** （0.010）
情感得分		1.761*** （0.134）	1.696*** （0.138）	0.924*** （0.150）	0.927*** （0.150）
贷款描述长度		0.228*** （0.021）	0.234*** （0.022）	0.178*** （0.023）	0.178*** （0.023）
信用水平	−1.771*** （0.017）	−1.754*** （0.017）	−1.613*** （0.017）	−1.158*** （0.018）	−1.155*** （0.018）
利率	−0.156*** （0.005）	−0.155*** （0.005）	−0.151*** （0.005）	−0.161*** （0.005）	−0.162*** （0.005）

续表

变量	（1）	（2）	（3）	（4）	（5）
贷款金额	−0.539*** （0.011）	−0.541*** （0.011）	−0.711*** （0.012）	−0.804*** （0.013）	−0.802*** （0.013）
贷款期限	−0.012*** （0.002）	−0.012*** （0.002）	−0.007*** （0.002）	−0.005*** （0.002）	−0.005*** （0.002）
年龄			0.047*** （0.002）	0.043*** （0.002）	0.046*** （0.002）
婚姻			0.327*** （0.027）	0.113*** （0.029）	0.149*** （0.030）
学历水平			−0.275*** （0.016）	−0.158*** （0.017）	−0.163*** （0.017）
工龄			−0.327*** （0.013）	−0.281*** （0.014）	−0.290*** （0.014）
有效认证数目				0.513*** （0.007）	0.516*** （0.007）
房产状态（1）					−0.103*** （0.038）
房产状态（2）					−0.191*** （0.031）
调整 R^2	0.385	0.389	0.428	0.508	0.509
年固定效应	已控制	已控制	已控制	已控制	已控制
样本量	145 754	145 754	145 754	145 754	145 754

注：因变量为贷款融资结果，自变量包括贷款描述特定信息内容及其他控制变量。括号内为该系数估计的标准差

***表示该结果在1%的显著性水平下显著

3.4.3 贷款描述特定内容对贷款条款表现的影响分析

3.4.2 节分析表明，在贷款描述中提供更多个人特定信息内容的借款人更可能获得贷款申请的成功融资。为区分借款人在贷款描述中提供更多个人特定信息内容的动机，本节探究这些借款人的特定信息内容与贷款条款之间的关联。根据前述分析，从借款人风险角度来看，如果借款人在贷款描述中提供更多个人特定信息内容意在降低信息不对称程度，那么投资者是乐意接受他们在贷款申请中提供较低的贷款利率，或者说提供更多个人特定信息内容的借款人以较低的贷款利率发布贷款申请，他们也会获得成功。也就是说，借款人在贷款描述中提供更多的个人特定信息内容与贷款利率是负向相关的。如果借款人在贷款描述中提供更多的个人特定信息内容意在炒作他们的贷款申请，那么他们可能以支付更高的贷款成本来吸引投资

者，也可能以较低的贷款利率来迷惑投资者。为验证假设 2，本节采用 OLS 回归研究贷款描述特定信息内容和贷款条款（包括贷款利率、贷款期限和贷款金额）之间的关系。贷款描述特定信息内容与贷款利率关系的实证检验结果展现在表 3-6。

表 3-6　贷款描述特定信息内容与贷款利率关系的实证检验结果

变量	（1）	（2）	（3）	（4）	（5）	（6）
特定信息内容	0.172*** (0.005)	0.172*** (0.006)	0.148*** (0.006)	0.151*** (0.006)	0.151*** (0.006)	0.150*** (0.006)
信用水平	0.674*** (0.011)	0.670*** (0.011)	0.603*** (0.011)	0.570*** (0.011)	0.569*** (0.013)	0.567*** (0.013)
情感得分		−0.383*** (0.092)	−0.388*** (0.091)	−0.335*** (0.091)	−0.333*** (0.091)	−0.351*** (0.091)
贷款描述长度		−0.002 (0.015)	0.025* (0.014)	0.024* (0.014)	0.024* (0.014)	0.025* (0.014)
贷款金额			−0.079*** (0.006)	−0.058*** (0.006)	−0.058*** (0.006)	−0.052*** (0.006)
贷款期限			0.063*** (0.001)	0.063*** (0.001)	0.063*** (0.001)	0.063*** (0.001)
年龄				0.001 (0.001)	0.001 (0.001)	0.002 (0.001)
性别				0.193*** (0.020)	0.193*** (0.020)	0.195*** (0.020)
婚姻				−0.129*** (0.016)	−0.129*** (0.016)	−0.099*** (0.016)
学历水平				0.139*** (0.009)	0.139*** (0.009)	0.127*** (0.010)
工龄				0.030*** (0.008)	0.030*** (0.008)	0.022*** (0.008)
有效认证数目					−0.001 (0.004)	0.003 (0.004)
房产状态（1）						−0.226*** (0.022)
房产状态（2）						−0.078*** (0.017)
调整 R^2	0.303	0.303	0.326	0.328	0.328	0.329
年固定效应	已控制	已控制	已控制	已控制	已控制	已控制
样本量	145 754	145 754	145 754	145 754	145 754	145 754

注：因变量为贷款利率，自变量包括贷款描述的特定信息内容、情感得分等。括号内为该系数估计的标准差

***和*分别表示该结果在 1%和 10%的显著性水平下显著

类似以上分析过程，在表 3-6 中逐步控制贷款申请特征和借款人身份特征等信息。分析结果表明贷款描述中的特定信息内容与贷款成本一致正向相关，即提供更多的贷款描述特定内容的借款人愿意支付更高的贷款利率。该结论拒绝了贷款人在贷款描述中提供更多的贷款信息是为了降低信息不对称程度的假设。关于贷款期限和贷款金额的回归结果分别报告在表 3-7 和表 3-8，结果显示在贷款描述中提供更多个人特定信息内容的借款人倾向于提供较高贷款利率的同时，也会请求更高的贷款金额和更长的贷款期限。因此，这些分析结果支持假设2b。此外，借款人在贷款描述中使用更多的积极情感词，会有助于降低他们贷款的成本。而在贷款前做较多努力的借款人，并不会降低他们的贷款成本，即借款人做更多努力更注重的是促成他们贷款申请的成功融资而非降低贷款时所支付的成本。

表 3-7 贷款描述特定信息内容与贷款期限关系的实证检验结果

变量	（1）	（2）	（3）	（4）	（5）	（6）
特定信息内容	0.447*** (0.016)	0.467*** (0.017)	0.216*** (0.015)	0.216*** (0.015)	0.214*** (0.015)	0.212*** (0.015)
信用水平	1.164*** (0.035)	1.148*** (0.035)	0.625*** (0.032)	0.477*** (0.032)	0.523*** (0.035)	0.522*** (0.035)
情感得分		−0.983*** (0.281)	1.470*** (0.253)	1.460*** (0.253)	1.397*** (0.253)	1.364*** (0.253)
贷款描述长度		−0.190*** (0.044)	−0.684*** (0.040)	−0.654*** (0.040)	−0.658*** (0.040)	−0.656*** (0.040)
贷款金额			0.491*** (0.007)	0.485*** (0.007)	0.485*** (0.007)	0.483*** (0.007)
贷款利率			2.643*** (0.016)	2.783*** (0.016)	2.784*** (0.016)	2.795*** (0.016)
年龄				−0.085*** (0.003)	−0.085*** (0.003)	−0.081*** (0.003)
性别				−0.825*** (0.055)	−0.827*** (0.055)	−0.818*** (0.055)
婚姻				−0.411*** (0.043)	−0.419*** (0.043)	−0.332*** (0.045)
学历水平				0.136*** (0.026)	0.144*** (0.026)	0.121*** (0.027)
工龄				−0.109*** (0.022)	−0.104*** (0.022)	−0.125*** (0.022)
有效认证数目					0.039*** (0.012)	0.048*** (0.012)

续表

变量	（1）	（2）	（3）	（4）	（5）	（6）
房产状态（1）						−0.479***
						（0.062）
房产状态（2）						−0.320***
						（0.047）
调整 R^2	0.106	0.107	0.277	0.283	0.283	0.283
年固定效应	已控制	已控制	已控制	已控制	已控制	已控制
样本量	145 754	145 754	145 754	145 754	145 754	145 754

注：因变量为贷款期限，自变量包括贷款描述的特定信息内容、情感得分等。括号内为该系数估计的标准差

***表示该结果在1%的显著性水平下显著

表 3-8　贷款描述特定信息内容与贷款金额关系的实证检验结果

变量	（1）	（2）	（3）	（4）	（5）	（6）
特定信息内容	0.084***	0.063***	0.036***	0.029***	0.030***	0.030***
	（0.002）	（0.003）	（0.002）	（0.002）	（0.002）	（0.002）
信用水平	0.075***	0.074***	0.012**	0.105***	0.083***	0.084***
	（0.005）	（0.005）	（0.005）	（0.005）	（0.005）	（0.005）
情感得分		−0.857***	−0.801***	−0.771***	−0.739***	−0.710***
		（0.043）	（0.039）	（0.037）	（0.037）	（0.037）
贷款描述长度		0.187***	0.199***	0.173***	0.175***	0.173***
		（0.007）	（0.006）	（0.006）	（0.006）	（0.006）
贷款金额			−0.014***	−0.010***	−0.010***	−0.009***
			（0.001）	（0.001）	（0.001）	（0.001）
贷款利率			0.062***	0.060***	0.060***	0.060***
			（0.000）	（0.000）	（0.000）	（0.000）
年龄				0.036***	0.036***	0.035***
				（0.000）	（0.000）	（0.000）
性别				0.006	0.008	0.005
				（0.008）	（0.008）	（0.008）
婚姻				0.236***	0.240***	0.202***
				（0.006）	（0.006）	（0.006）
学历水平				−0.106***	−0.109***	−0.094***
				（0.004）	（0.004）	（0.004）
工龄				−0.075***	−0.077***	−0.067***
				（0.003）	（0.003）	（0.003）
有效认证数目					−0.019***	−0.024***
					（0.002）	（0.002）

续表

变量	(1)	(2)	(3)	(4)	(5)	(6)
房产状态（1）						0.293***
						（0.009）
房产状态（2）						0.092***
						（0.007）
调整 R^2	0.041	0.049	0.207	0.283	0.283	0.289
年固定效应	已控制	已控制	已控制	已控制	已控制	已控制
样本量	145 754	145 754	145 754	145 754	145 754	145 754

注：因变量为贷款金额，自变量包括贷款描述的特定信息内容、情感得分等。括号内为该系数估计的标准差 ***和**分别表示该结果在1%和5%的显著性水平下显著

3.4.4 贷款描述特定内容对贷款偿付结果的影响分析

基于以上分析结果，发现在贷款描述中提供更多个人特定信息内容的借款人更容易获得贷款的成功融资，并且他们在发布贷款申请时更愿意支付更高的贷款利率。这些结果都指向借款人在贷款描述中提供更多个人特定信息内容更可能是在炒作他们的贷款申请。为进一步核实借款人的炒作行为，本节分析借款人在成功获得贷款申请之后的贷款偿付表现。具体而言，观察在获得贷款之后，在贷款描述中提供更多特定信息内容的借款人是否更容易发生违约。本节采用 LR 来实现相应的分析。

表 3-9 的回归结果显示贷款描述中的个人特定信息内容与借款人的违约概率呈现出一致的正向关系，这表明提供越多贷款描述特定信息内容的借款人实际上越容易发生违约，该结论印证了假设 3b。基于前述分析，当前所有分析结果都指向了借款人在贷款描述中提供更多个人特定内容信息的动机是炒作他们的贷款申请。另外，有效认证数目与借款人的违约也是正向相关的，进一步表明了借款人提供更多特定信息内容的主要目的在于炒作他们的贷款申请，而不是降低他们和投资者之间的信息不对称的程度。

表 3-9 贷款描述特定信息内容与贷款偿付结果关系的实证检验结果

变量	(1)	(2)	(3)	(4)	(5)	(6)
特定信息内容	0.105***	0.095***	0.060**	0.068**	0.068**	0.068**
	（0.026）	（0.028）	（0.030）	（0.031）	（0.031）	（0.031）
信用水平	1.930***	1.932***	1.993***	2.000***	2.020***	2.019***
	（0.079）	（0.080）	（0.079）	（0.080）	（0.080）	（0.080）
情感得分		−0.044	0.581	0.653	0.606	0.557
		（0.386）	（0.415）	（0.425）	（0.426）	（0.427）

续表

变量	（1）	（2）	（3）	（4）	（5）	（6）
贷款描述长度		0.052 （0.056）	−0.007 （0.060）	−0.042 （0.061）	−0.048 （0.061）	−0.051 （0.062）
利率			0.070*** （0.018）	0.069*** （0.018）	0.069*** （0.018）	0.070*** （0.018）
贷款金额			0.492*** （0.038）	0.406*** （0.040）	0.395*** （0.040）	0.398*** （0.040）
贷款期限			0.064*** （0.004）	0.069*** （0.004）	0.070*** （0.004）	0.070*** （0.004）
年龄				0.033*** （0.005）	0.033*** （0.005）	0.032*** （0.005）
性别				0.301*** （0.097）	0.295*** （0.098）	0.296*** （0.098）
婚姻				0.018 （0.073）	−0.014 （0.073）	0.004 （0.075）
学历水平				0.469*** （0.044）	0.477*** （0.044）	0.459*** （0.044）
工龄				0.025 （0.036）	0.027 （0.036）	0.027 （0.036）
有效认证数目					0.054*** （0.016）	0.062*** （0.017）
房产状态（1）						−0.326*** （0.093）
房产状态（2）						0.068 （0.076）
调整 R^2	0.311	0.311	0.384	0.407	0.408	0.410
年固定效应	已控制	已控制	已控制	已控制	已控制	已控制
样本量	11 911	11 911	11 911	11 911	11 911	11 911

注：因变量为贷款表现，自变量包括贷款描述特定信息内容及其他控制变量。括号内为该系数估计的标准差。

***和**分别表示该结果在1%和5%的显著性水平下显著

3.4.5 稳健性检验

上述分析中，在贷款融资和贷款偿付阶段主要使用了 LR 模型，在探究贷款描述特定信息内容与贷款利率的关系时，使用的是 OLS 模型。本节利用 Probit 模型和 Tobit 模型对上述分析结果进行稳健性检验，以规避模型选择带来的分析偏误。另外，由于本章实证分析中丢弃了贷款描述小于 50 个字符的贷款申请，为证明结论与样本选择无关，使用贷款描述中大于 40 个字符的新样本重新实施上述分析。这两个稳健性检验结果分别展现在表 3-10 和表 3-11。结果表明使用不同样本筛选和不同的回归方法估计的贷款描述与贷款不同阶段表现之间的关系结果与前述分析一致，表明上述分析结果具有稳健性。

表 3-10　稳健性检验结果——不同模型

变量	融资结果 Probit	贷款表现 Probit	利率 Tobit	贷款期限 Tobit	贷款金额 Tobit
特定信息内容	0.035*** (0.005)	0.044*** (0.017)	0.151*** (0.006)	0.353*** (0.018)	0.029*** (0.002)
信用水平	−0.571*** (0.008)	0.964*** (0.034)	0.575*** (0.013)	0.619*** (0.043)	0.084*** (0.005)
情感得分	0.441*** (0.078)	0.286 (0.237)	−0.360*** (0.094)	1.328*** (0.299)	−0.694*** (0.037)
贷款描述长度	0.117*** (0.016)	−0.052 (0.046)	0.047** (0.019)	−1.066*** (0.059)	0.220*** (0.007)
利率	−0.083*** (0.003)	0.036*** (0.010)		0.597*** (0.009)	−0.009*** (0.001)
贷款金额	−0.406*** (0.007)	0.219*** (0.022)	−0.055*** (0.007)	3.336*** (0.019)	
贷款期限	−0.003*** (0.001)	0.041*** (0.003)	0.062*** (0.001)		0.060*** (0.000)
年龄	0.023*** (0.001)	0.018*** (0.003)	0.002 (0.001)	−0.094*** (0.004)	0.035*** (0.000)
性别		0.179*** (0.054)	0.198*** (0.020)	−0.890*** (0.064)	0.004 (0.008)
婚姻	0.074*** (0.015)	−0.003 (0.042)	−0.105*** (0.017)	−0.413*** (0.052)	0.202*** (0.006)
学历水平	−0.089*** (0.009)	0.253*** (0.025)	0.130*** (0.010)	0.221*** (0.031)	−0.094*** (0.004)
工龄	−0.148*** (0.007)	0.013 (0.020)	0.022*** (0.008)	−0.139*** (0.025)	−0.067*** (0.003)
有效认证数目	0.266*** (0.003)	0.041*** (0.009)	0.002 (0.005)	0.044*** (0.014)	−0.024*** (0.002)
房产状态（1）	−0.040** (0.019)	−0.186*** (0.051)	−0.228*** (0.023)	−0.654*** (0.072)	0.293*** (0.009)
房产状态（2）	−0.089*** (0.016)	0.032 (0.043)	−0.079*** (0.017)	−0.406*** (0.055)	0.092*** (0.007)

续表

变量	融资结果	贷款表现	利率	贷款期限	贷款金额
	Probit	Probit	Tobit	Tobit	Tobit
McFadden R^2	0.444	0.318			
AIC	0.315	0.540	4.810	6.350	2.996
年固定效应	已控制	已控制	已控制	已控制	已控制
样本量	145 754	11 911	145 754	145 754	145 754

注：括号内为该系数估计的标准差；AIC 全称为 Akaike information criterion，赤池信息量准则
***和**分别表示该结果在 1% 和 5% 的显著性水平下显著

表 3-11　稳健性检验结果——不同贷款描述长度选择

变量	融资结果	贷款表现	利率	贷款期限	贷款金额
	LR	LR	OLS	OLS	OLS
特定信息内容	0.067*** （0.009）	0.082*** （0.028）	0.144*** （0.005）	0.227*** （0.015）	0.028*** （0.002）
信用水平	−1.208*** （0.016）	2.021*** （0.072）	0.567*** （0.012）	0.573*** （0.034）	0.089*** （0.005）
情感得分	1.004*** （0.133）	0.879** （0.366）	−0.172** （0.078）	1.653*** （0.226）	−0.659*** （0.032）
贷款描述长度	0.169*** （0.022）	−0.073 （0.060）	0.024* （0.013）	−0.721*** （0.038）	0.181*** （0.005）
利率	−0.170*** （0.005）	0.087*** （0.017）		0.513*** （0.007）	−0.008*** （0.001）
贷款金额	−0.820*** （0.012）	0.407*** （0.037）	−0.050*** （0.006）	2.889*** （0.015）	
贷款期限	−0.001 （0.002）	0.069*** （0.004）	0.061*** （0.001）		0.058*** （0.000）
年龄	0.044*** （0.002）	0.035*** （0.005）	0.001 （0.001）	−0.079*** （0.003）	0.034*** （0.000）
性别		0.239*** （0.086）	0.186*** （0.017）	−0.827*** （0.050）	0.000 （0.007）
婚姻	0.156*** （0.026）	−0.020 （0.067）	−0.089*** （0.014）	−0.337*** （0.040）	0.199*** （0.006）
学历水平	−0.170*** （0.015）	0.433*** （0.040）	0.116*** （0.008）	0.114*** （0.024）	−0.094*** （0.003）
工龄	−0.288*** （0.013）	0.037 （0.033）	0.013* （0.007）	−0.122*** （0.020）	−0.064*** （0.003）
有效认证数目	0.489*** （0.006）	0.068*** （0.015）	0.011*** （0.004）	0.067*** （0.011）	−0.017*** （0.002）

续表

变量	融资结果	贷款表现	利率	贷款期限	贷款金额
	LR	LR	OLS	OLS	OLS
房产状态（1）	−0.075***	−0.335***	−0.229***	−0.410***	0.289***
	(0.034)	(0.084)	(0.019)	(0.056)	(0.008)
房产状态（2）	−0.176***	0.129*	−0.085***	−0.214***	0.079***
	(0.028)	(0.068)	(0.015)	(0.043)	(0.006)
R^2	0.488	0.410	0.332	0.277	0.284
年固定效应	已控制	已控制	已控制	已控制	已控制
样本量	180 934	14 141	180 934	180 934	180 934

注：括号内为该系数估计的标准差。LR 模型中 R^2 为调整的 R^2；OLS 回归模型中 R^2 为调整 R^2
***、**和*分别表示该结果在 1%、5%和 10%的显著性水平下显著

3.5 本章小结

利用基于词典的文本特征表示方法，本章将贷款申请的贷款描述信息分解为标准内容成分和特定内容成分。其中，标准内容成分代表了当前的贷款描述与近期发布的贷款申请中贷款描述的相似特征，如描述的格式或者内容相似性等，反映了借款人在提供贷款描述时参考其他人的书写格式或者内容等。而特定内容成分表达了当前贷款描述中不同于其他贷款申请中贷款描述的特异部分，反映了当前贷款申请借款人特定的信息。然后，分析了贷款描述反映的借款人特定信息内容在 P2P 各阶段所起的作用。基于来自人人贷平台 2012 年至 2015 年的交易记录实证分析，发现了借款人在贷款申请中提供贷款描述时存在炒作的证据。具体而言，贷款描述中提供更多个人特定信息内容的借款人也更倾向于在贷款申请中提供高的贷款利率。同时，那些提供更多个人特定信息内容的借款人在贷款融资阶段更受投资者欢迎而更易获得贷款申请的成功资助，但是在贷款偿付阶段，这些提供更多个人特定信息内容的借款人却更容易发生违约。这充分表明借款人在提交贷款申请时书写贷款描述过程中存在炒作行为，即主要目的在于炒作他们的贷款申请以获得投资者的青睐，从而获得贷款申请的成功资助，而非降低他们和投资者之间的信息不对称程度。随后，稳健性检验也印证了这一分析结果的一致性。该结论为投资者在进行投资时提供了一种解读贷款描述的方式，有助于投资者更清楚地识别借款人的风险和潜在的炒作行为而避免在投资中发生损失。同时也为平台完善贷款申请设置提供了一些见解，有助于促进 P2P 模式的可持续发展。

第4章 基于 DFPSVM 的 P2P 信用风险评估模型研究

根据目前国内 P2P 运营模式的特点，结合借款人信用风险的影响因素，从硬信息中筛选出具有高解释程度的个人违约风险量化指标，建立 P2P 借款人信用风险评价指标库，并考虑到 P2P 平台中正、负类样本的非均衡性以及投资者对不同误差项的重视程度，提出在 FPSVM 模型的基础上引入双边权重误差测量方法，对正、负类样本的误差项赋予不同的隶属度，构建基于 DFPSVM 的我国 P2P 借款人信用风险评估模型。最后，选取我国主要的 P2P 平台——人人贷的借款人数据进行实证分析，并对线性回归（linear regression，LinR）、BP、SVM 和 DFPSVM 进行结果对比。

4.1 SVM 模型介绍

4.1.1 SVM 原理及算法

SVM 的主要思想是通过建立一个最优超平面，将问题中的正类点与负类点分隔开来，并使得正类点和负类点之间的分隔距离最大化。假设有一个训练样本集 $S = \{x_k, y_k\}(k=1,2,\cdots,N)$，其中，$x_k \in R^d$，为第 k 个输入变量；N 为训练样本的总数；d 为样本空间的维度。二元输出变量 y_k 为 x_k 相应的观测值，$y_k = \pm 1$，$y_k = 1$ 表示正类点，$y_k = -1$ 表示负类点。

假设将样本由非线性函数 $\phi(\cdot)$ 映射到一个高维特征空间后是线性可分的，则训练样本集可被分类为

$$\begin{cases} \omega^T \phi(x_k) + b \geq 1, & y_k = 1 \\ \omega^T \phi(x_k) + b \leq -1, & y_k = -1 \end{cases} \quad (4-1)$$

其中，ω^T 为特征空间维数；b 为待定的标量参数。此时，所有的正类点和负类点都尽可能被这两个分隔超平面分开，且分类间隔为 $\|\omega\|/2$。

根据结构风险最小化准则，即最大化分类间隔，也就是最小化 $\|\omega\|/2$，通过引入误差项为 ξ_k 来处理一些线性不可分的数据，则可将分类问题转换为求解式

（4-2）二次规划的最优解问题。

$$\min \zeta(\omega, b, \xi_k) = \frac{1}{2}\omega^T\omega + C\sum_{k=1}^{N}\xi_k, \quad k=1,2,\cdots,N$$
$$\text{s.t.} \quad y_k(\omega^T\phi(x_k)+b) \geq 1-\xi_k \quad (4\text{-}2)$$
$$\xi_k \geq 0, \quad k=1,2,\cdots,N$$

其中，C 为惩罚因子，又叫正规化参数。C 越大，则误差项越大，即对错误样本的惩罚力度越大。通过求解式（4-2）的对偶形式，可得 ω 和 b 的值，

$$\omega = \sum_{i=1}^{N}\alpha_i\Phi(x_i), \quad b = -\frac{\sum_{i=1}^{N}\sum_{j=1}^{N}\alpha_i\alpha_jy_iK(x_i,x_j)}{\sum_{i=1}^{N}\alpha_i}$$

用核函数 $K(x_i, x_j)$ 替代 $\Phi(\cdot)^T\Phi(\cdot)$，则有

$$\min_\alpha J(\alpha) = \frac{1}{2}\sum_{i=1}^{N}\sum_{j=1}^{N}\alpha_i\alpha_jy_iy_jK(x_i,x_j) - \sum_{k=1}^{N}\alpha_k$$
$$\text{s.t.} \quad \sum_{k=1}^{N}\alpha_ky_k = 0, \quad 0 \leq \alpha_k \leq C, \quad k=1,2,\cdots,N \quad (4\text{-}3)$$

求解上式可得最优分类函数，代入 ω 和 b 的值可得

$$y(x) = \text{sign}(\omega^T\varphi(x)+b) = \text{sign}\left(\sum_{i=1}^{N}\alpha_iy_iK(x_i,x)+b\right) \quad (4\text{-}4)$$

并且，可由 x 的判定值来衡量样本的信用风险。当 x 的判定值为 1 时，样本未违约；当 x 的判定值为-1 时，样本会发生违约。令 p_k 为第 i 个借款人的信用分数，则有 $p_k = \sum_{k=1}^{N}\alpha_ky_kK(x,x_k)$。信贷分析师可以指定一个阈值，只有当借款人的信用分数高于这个阈值时，其借款申请才能被接受。

非线性可分 SVM 中，通过核函数将非线性的输入映射到高维的特征空间，采用不同的核函数将形成不同的算法，得出的分类结果也会不同。

常用的符合 Mercer 条件的核函数有以下三种。

线性核函数：$K(x_i, x_j) = x_i \cdot x_j$。

q 阶多项式（poly）核函数：$K(x_i, x_j) = (x_i \cdot x_j + 1)^q$。

RBF：$K(x_i, x_j) = \exp\left(-\frac{\|x_i - x_j\|^2}{\sigma^2}\right)$。

4.1.2 近似支持向量机

近似支持向量机（proximal support vector machine，PSVM）是一种改进的 SVM 模型，将原来的 1 范数误差项 ξ_k 变成 2 范数形式 ξ_k^2，则其约束条件由不等式约束变成等式约束，同时在目标函数中引入常数项 $b^2/2$，使其对偶问题变成一个无约束的凸二次规划，从而更加容易求解，具体形式如下：

$$\min_\alpha \zeta(\omega,b,\xi_k) = \frac{1}{2}(\omega^T\omega + b^2) + \frac{C}{2}\sum_{k=1}^{N}\xi_k^2$$
$$\text{s.t.} \quad y_k(\omega^T\varphi(x_k) + b) = 1 - \xi_k, \quad k = 1, 2, \cdots, N \tag{4-5}$$

该模型求解与 SVM 类似。

同样，为了使模型具有更好的泛化能力和更好的抗噪性，姚潇和余乐安（2012）在 PSVM 的基础上引入隶属度 m_k，提出 FPSVM 模型，通过对每一个样本分别赋予一个模糊隶属度值，削弱噪声与奇异点对模型的影响。其具体形式如下：

$$\min_\alpha \zeta(\omega,b,\xi_k) = \frac{1}{2}(\omega^T\omega + b^2) + \frac{C}{2}\sum_{k=1}^{N}m_k\xi_k^2$$
$$\text{s.t.} \quad y_k(\omega^T\varphi(x_k) + b) = 1 - \xi_k, \quad k = 1, 2, \cdots, N \tag{4-6}$$

其中，m_k 为第 k 个样本点对超平面的贡献率，m_k 越小，表示样本点对模型的影响越小。当 m_k 取 1 时，模型退化为 PSVM。

4.2 DFPSVM 模型

4.2.1 模型的构建

直接利用 SVM 分类方法来对互联网金融 P2P 平台的个人信用风险进行评价，存在一些不足，所以需要结合互联网金融的特点对其进行相应的改进。

首先，经过学习训练的 SVM 在对新样本进行信用分类时，默认其为可信样本或违约样本，但很多时候，借款人并不是绝对可信客户或违约客户，所以需要将信用风险评估的方法确定为与之更匹配的模糊支持向量机方法，通过引入模糊隶属度，将信用分类问题进行模糊化处理，消除噪声和奇异点造成的分类误差。

其次，在信用风险评估中，将违约用户判为可信用户与将可信用户判为违约用户对贷款人造成的损失是不一样，后者只是损失了一部分利息收入，而前者则可能造成账款无法回收，形成坏账。由此可见，网络借贷机构对违约客户的识别远比对可信客户的识别重要，二者不能等同视之，应对违约客户的类别给予更多的惩罚。

最后，以往的 SVM 默认数据是均衡的，当处理非均衡数据时，分类超平面容易向数据量较大的一方偏移，将正类样本误判为负类样本。然而 P2P 平台中的借款数据往往是不均衡的，正类样本远多于负类样本，所以，需要对正、负两类样本的训练误差赋予不同的权重来减缓由数据不平衡造成的分类误差。

因此，基于上述观点，在 FPSVM 模型的基础上引入双边权重误差测量方法，提出 DFPSVM 模型。该模型将训练误差项分为违约与未违约两类，并对这两类误差项分别赋予不同的隶属度。对未违约误差项 ξ_k，即将未违约的样本错判为违约样本的误差项，赋予隶属度 m_k；对违约误差项 η_k，即将违约的样本错判为未违约样本的误差项，赋予隶属度 n_k。于是训练样本集就变成如式（4-7）所示的训练集，

$$\{x_k,1,m_k\},\{y_k,-1,n_k\},\quad k=1,2,\cdots,N \tag{4-7}$$

其中，x_k 为第 k 个输入向量，即第 k 个借款人的所有信息变量；y_k 为观测值，$y_k=1$ 表示第 k 个借款人未发生违约，$y_k=-1$ 表示第 k 个借款人发生违约。m_k、n_k 为第 k 个借款人在 $y_k=1$ 和 $y_k=-1$ 类下的隶属度。

则基于 DFPSVM 的 P2P 个人信用风险评估模型的具体形式如下：

$$\min_{\omega,\alpha,\xi_k,\eta_k}\zeta(\omega,b;\xi_k,\eta_k)=\frac{1}{2}(\omega^\mathrm{T}\omega+b^2)+\frac{C}{2}\sum_{k=1}^{N}\left(m_k\xi_k^2+n_k\eta_k^2\right)$$

$$\text{s.t.}\ \omega^\mathrm{T}\varphi(x_k)+b=1-\xi_k,\quad k=1,2,\cdots,N \tag{4-8}$$
$$\omega^\mathrm{T}\varphi(x_k)+b=-1+\eta_k,\quad k=1,2,\cdots,N$$
$$m_k,n_k\geqslant 0,\quad k=1,2,\cdots,N$$

令 $\alpha_k,\beta_k\geqslant 0$，$\alpha_k$ 和 β_k 为拉格朗日因子，构建上述模型的拉格朗日函数为

$$\begin{aligned}L(\omega,b,\xi_k,\eta_k;\alpha_k,\beta_k)=&\frac{1}{2}(\omega^\mathrm{T}\omega+b^2)+\frac{C}{2}\sum_{k=1}^{N}\left(m_k\xi_k^2+n_k\eta_k^2\right)\\&-\sum_{k=1}^{N}\alpha_k\left(\omega^\mathrm{T}\varphi(x_k)+b-1+\xi_k\right)\\&+\sum_{k=1}^{N}\beta_k\left(\omega^\mathrm{T}\varphi(x_k)+b+1-\eta_k\right)\end{aligned} \tag{4-9}$$

分别对 ω,b,ξ_k,η_k 求导可得

$$\frac{\partial}{\partial\omega}L=\omega-\sum_{k=1}^{N}\alpha_k\varphi(x_k)+\sum_{k=1}^{N}\beta_k\varphi(x_k)=0,\quad k=1,2,\cdots,N \tag{4-10}$$

$$\frac{\partial}{\partial b}L = b - \sum_{k=1}^{N}\alpha_k + \sum_{k=1}^{N}\beta_k = 0, \quad k=1,2,\cdots,N \tag{4-11}$$

$$\frac{\partial}{\partial \xi_k}L = Cm_k\xi_k - \alpha_k = 0, \quad k=1,2,\cdots,N \tag{4-12}$$

$$\frac{\partial}{\partial \eta_k}L = Cn_k\eta_k - \beta_k = 0, \quad k=1,2,\cdots,N \tag{4-13}$$

将上面结果代入原拉格朗日函数，求得其最优解。由最优解条件（Kuhn-Tucker theorem，库恩–塔克尔定理），约束条件同时满足

$$\begin{cases} \alpha_k\left(\omega^{\mathrm{T}}\varphi(x_k)+b-1+\xi_k\right)=0, \quad k=1,2,\cdots,N \\ \beta_k\left(\omega^{\mathrm{T}}\varphi(x_k)+b+1-\eta_k\right)=0, \quad k=1,2,\cdots,N \\ u_k\xi_k=0, \quad k=1,2,\cdots,N \\ v_k\eta_k=0, \quad k=1,2,\cdots,N \\ \alpha_k\geq 0, \beta_k\geq 0, u_k\geq 0, v_k\geq 0, \xi_k\geq 0, \eta_k\geq 0, \quad k=1,2,\cdots,N \end{cases} \tag{4-14}$$

所以，原问题就变为

$$\min_{\alpha_k,\beta_k}(\alpha_k,\beta_k) = \frac{1}{2}\sum_{i=1}^{N}\sum_{j=1}^{N}(\alpha_i-\beta_i)\times(\alpha_j-\beta_j)\Phi(x_i)^{\mathrm{T}}\Phi(x_j) \\ + \frac{1}{2C}\sum_{k=1}^{N}\frac{\alpha_k^2}{m_k} + \frac{1}{2C}\sum_{k=1}^{N}\frac{\beta_k^2}{n_k} \tag{4-15}$$

求得其最优解 (α^*,β^*)，其中 $\alpha^* = (\alpha_1^*,\alpha_2^*,\cdots,\alpha_n^*)$，$\beta^* = (\beta_1^*,\beta_2^*,\cdots,\beta_n^*)$。则有原问题的最优解：

$$\begin{cases} \omega^* = \sum_{k=1}^{N}(\alpha_k^*-\beta_k^*)\varphi(x_k) \\ b^* = \sum_{k=1}^{N}(\alpha_k^*-\beta_k^*) \end{cases} \tag{4-16}$$

令 $K(x_i,x_j) = \Phi(x_i)^{\mathrm{T}}\Phi(x_j)$，得到最优分类函数：

$$y(x) = \mathrm{sign}\left(\omega^{\mathrm{T}}\varphi(x)+b\right) = \mathrm{sign}\left(\sum_{i=1}^{N}(\alpha_i-\beta_i)K(x_i,x)+\sum_{i=1}^{N}(\alpha_i-\beta_i)\right) \tag{4-17}$$

在本章中，我们用 x 的决策值 $\sum_{k=1}^{N}(\alpha_k-\beta_k)K(x_i,x)$ 来衡量第 k 个借款人的

信用风险。令 p_k 为第 k 个借款人的信用分数，则有 $p_k = \sum_{k=1}^{N}(\alpha_k - \beta_k)K(x, x_k)$。对于式（4-17），如果对指定的借款人 k，其对应的输入指标 x_k 有 $y_k = 1$，则可判断该借款人 k 为可信用户，否则为违约用户。

4.2.2 模糊隶属度的获取

虽然 SVM 引入模糊隶属度能在一定程度上削弱噪声和野点对分类器的影响，但其效果受到隶属度函数的制约。目前还没有确定的隶属度函数构造方法，姚潇和余乐安（2012）采用基于欧氏距离的函数来得到每个样本点的隶属度，首先定义两类样本的中心，分别记为 x^+ 和 x^-，同时定义两类样本的半径：

$$\begin{cases} r^+ = \max \|x_k - x^+\|, & y_k = 1 \\ r^- = \max \|x_k - x^-\|, & y_k = -1 \end{cases}$$

其中，$\|\cdot\|$ 为两点之间的欧氏距离。根据上面的定义构造函数，从而求得隶属度为

$$m_k = \begin{cases} 1 - \dfrac{\|x_k - x^+\|}{r^+ + \varepsilon}, & y_k = 1 \\ 1 - \dfrac{\|x_k - x^-\|}{r^- + \varepsilon}, & y_k = -1 \end{cases}$$

这种模糊隶属度的获取方法主要考虑样本间的直线距离关系，但现实中各变量之间的关系多表现为非线性的。姚潇和余乐安（2012）将违约误差项和不违约误差项统一看成一个误差项，只获取了一个模糊隶属度 m_k，这里考虑了未违约误差项和违约误差项两类误差项，需要分别获取两类误差项的隶属度。因此，本章采用考虑样本间非线性关系的映射距离方法来获取样本的模糊隶属度。

首先定义两类样本的中心，分别记为 D^+ 和 D^-。当样本 k 距离正类样本中心点 D^+ 越近时，表明该样本未违约的可能性越大，需对 m_k 赋予越大的值，则对第一类误差项的惩罚力度越大。同理，当样本 k 距离负类样本中心点 D^- 越近时，表明该样本违约的可能性越大，则需对 n_k 赋予越大的值，来增加对第二类误差项的惩罚力度。因此，我们用映射距离来衡量样本间的相似度，并以此确定模型的模糊隶属度。

设样本 k 与正类样本中心点 D^+ 和负类样本中心点 D^- 分别组成 n 维向量 $\overrightarrow{D^+k}$ 和 $\overrightarrow{D^-k}$，且正、负类样本中心的距离为 $|D^+D^-|$，k' 为样本 k 映射在正、负类样本中心连线 D^+D^- 上的点，则样本 k 与正类样本中心点 D^+ 的映射距离为 $d_1 = |D^+k'|$，与

负类样本中心点 D^- 的映射距离为 $d_2=\left|D^-k'\right|$，如图 4-1 所示。令 $m_k=1/d_1$，$n_k=1/d_2$，其中 d_1 为样本 k 与正类样本中心点的映射距离，d_2 为样本 k 与负类样本中心点的映射距离。根据余弦定理，映射距离 d_1 与 d_2 可以表示为

$$\begin{cases} d_1 = \left|D^+k'\right| = \left|D^+k\right|\cdot\cos\theta_1 = \left|D^+k\right|\cdot\left|\dfrac{\overrightarrow{D^+k}\cdot\overrightarrow{D^+D^-}}{\left|\overrightarrow{D^+k}\right|\cdot\left|\overrightarrow{D^+D^-}\right|}\right| \\ d_2 = \left|D^-k'\right| = \left|D^-k\right|\cdot\cos\theta_2 = \left|D^-k\right|\cdot\left|\dfrac{\overrightarrow{D^-k}\cdot\overrightarrow{D^-D^+}}{\left|\overrightarrow{D^-k}\right|\cdot\left|\overrightarrow{D^-D^+}\right|}\right| \end{cases} \quad (4\text{-}18)$$

其中，θ_1、θ_2 分别为样本 k 与正、负类样本中心点连线的夹角。

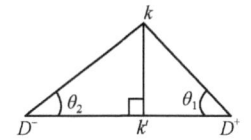

图 4-1　正、负类样本映射距离示意图

4.3　P2P 借款人信用得分与信用评级模型

4.3.1　P2P 借款人信用得分模型

在 P2P 借款人信用风险评估中，仅仅得到借款人是否违约是不够的，还需要研究借款人的信用得分与信用等级。在 4.2 节中，通过求解式（4-8）得到了借款人的分类函数式（4-17），用 y 的值来判断借款人是否会发生违约。

为了更准确地衡量 P2P 平台中借款人的信用风险，利用模型中 x 的决策值 $\sum_{k=1}^{N}\left(\alpha_k^*-\beta_k^*\right)K(x,x_k)+\sum_{k=1}^{N}\left(\alpha_k^*-\beta_k^*\right)$ 来计算每一个借款人的信用得分。令 p_k 为第 k 个借款人的信用得分，有 P2P 借款人信用得分模型：

$$p_k = \sum_{k=1}^{N}\left(\alpha_k^*-\beta_k^*\right)K(x,x_k) + \sum_{k=1}^{N}\left(\alpha_k^*-\beta_k^*\right) \quad (4\text{-}19)$$

其中，p_k 越大则表示借款人的信用水平越高，发生违约的可能性越低。

为了便于衡量借款人的信用风险，将上述模型得到的值进行标准化处理，使得借款人的信用得分落在[0,100]区间内，化为百分比形式：

$$p_k' = \frac{\left[p_k-\min(p_k)\right]}{\max(p_k)-\min(p_k)}\times 100\% \quad (4\text{-}20)$$

其中，p'_k 为调整后的借款人信用得分；$\max(p_k)$ 为 p_k 的最大值；$\min(p_k)$ 为 p_k 的最小值。

通过求解上述两个模型，可以得到每个借款人的信用得分，P2P 平台可以指定一个阈值，只有当借款人的信用分数高于这个阈值的时候，其借款申请才能被接受。

4.3.2 P2P 借款人信用评级模型

一般来说，为了控制平台借款人的违约风险，P2P 平台会依据所获得的借款人的信息以及自己的评级体系来对不同的借款人赋予不同的等级，并对不同等级的借款人收取不同的服务费，转入平台的风险准备金账户，以降低平台的违约成本。例如，人人贷平台风控部门将借款人的信用分成七个等级，包括 AA、A、B、C、D、E、HR，借款人的信用水平依次降低，AA 级表示借款人的信用最高，发生违约的可能性最小，而 HR 级表示借款人的信用等级最低，违约概率最高。对于每个不同的等级，人人贷会收取不同的借款服务费，风险等级越高的借款人的服务费越高。对应上面的信用等级 AA、A、B、C、D、E、HR，人人贷平台分别对借款人收取借款金额的 0%、1%、1.5%、2%、2.5%、3%、5%的服务费。除此之外，每个月人人贷还会向借款人收取管理费，管理费为借款金额的 0.3%，以保障平台的收益。假设某借款人申请一项 10 万元的贷款，他对应的信用等级为 A 级，那么在收到贷款款项时，该借款人的实收金额为：100 000×（1–1%）=99 000 元，他在贷款期间每月除了需要支付月利息之外，还要向平台支付 100 000×0.3%=300 元的贷款管理费。

虽然人人贷平台已经有了自己的评级，但是投资者并不清楚平台的评价方法，对于某些等级较高的借款人仍有发生违约的风险。参考这种评级及收费方法来建立 P2P 借款人信用评级，可供投资者了解借款人的信用风险，也为平台提供一种新的评级思路。

参考迟国泰等（2014）的等级划分方案，将 4.3 节得到的 P2P 借款人的信用得分 p_k 根据学习样本的分布情况分为 6 段，并对这 6 个阶段的信用得分分别赋予信用等级 E、D、C、B、A、AA，其中 AA 级为信用最高的等级，表示借款人的违约概率最小，E 级为信用最低的等级，表示借款人的信用得分最低，违约的可能性最大。为了降低借款人发生违约情况而为平台带来的损失，P2P 平台可指定一个信用等级，只有当借款人的信用等级大于或等于这个等级时，其借款申请才能被接受，并且对不同等级的借款人收取不同的服务费，转入其风险准备金账户，以防止借款人违约造成巨大的亏损。如 P2P 平台可规定，只有当借款人的信用等级在 D 级或 D 级以上时，才能申请贷款，但需要缴纳一定的服务费。不同等级的借款人缴纳的服务费需要覆盖该等级下借款人违约所带来的损失，可用公式表示：服务费 ≥ 平均违约率/(1 − 平均违约率)。

4.4 实证分析

4.4.1 指标选取

在 P2P 平台中，由于存在严重的信息不对称，投资者在进行投资决策时往往倾向于投资那些披露信息较多的借款人，而借款人通常会通过披露对自己有利的信息来增强自身的信用等级，使借款更容易成功。不同的信息对借款人的信用等级有不同的影响，因此为了客观评估 P2P 借款人的信用风险，需要选取合适的风险指标来量化借款人的信用风险。综合分析国内外学者对 P2P 平台中借款人披露的信息以及这些信息对借款人信用等级的影响情况的研究，将影响借款人信用风险的指标分为以下五类。①基本情况指标，如年龄、学历、公司规模、行业、工作年限等；②借款情况指标，如借款金额、借款利率、借款期限等；③历史信用指标，如逾期次数、借款成功次数、信用等级等；④资产评价指标，如房产、房贷、月收入等；⑤宏观经济指标，如地区居民消费价格指数、地区城镇居民人均可支配收入、地区恩格尔系数。本章设置的 P2P 平台借款人信用风险评价指标变量如表 4-1 所示。

表 4-1 P2P 平台借款人信用风险评价指标变量

类型	指标	选取原因
基本情况指标	年龄 x_1	借款人年龄阶段不同，其违约概率也大不相同。一般而言，30~45 岁的借款人收入情况稳定，经济状况良好，违约风险较低；年龄较小的借款人缺少储蓄能力和良好的消费习惯，违约风险较高；而年龄较大的借款人突发消费较多，违约风险也较高
	学历 x_2	一般而言，学历水平越高的借款人发生违约的可能性越低
	公司规模 x_3	公司规模越大、借款人收入状况越稳定，则发生违约的可能性越小
	行业 x_4	不同行业的流动性与薪资水平都在一定程度上影响借款人的还款概率
	工作年限 x_5	工作年限越长且越稳定，借款人违约概率越低
借款情况指标	借款金额 x_6	借款金额可以在一定程度上反映借款人的信用等级，借款金额越高表明借款人成功筹得的借款越多，其信用等级也越高
	借款利率 x_7	每一个订单中，借款人都会自行设定一个可以接受的借款利率，一般来说，借款利率越高，则风险越大
	借款期限 x_8	借款期限由借款人决定，可以为 3、6、9、12、18、24 个月。借款期限越长，则发生违约的可能性越大
历史信用指标	逾期次数 x_9	逾期次数是指借款人在完成筹款后，未能按时还款的次数，逾期次数越多，显示出借款人的信用水平越低
	借款成功次数 x_{10}	借款成功次数是借款人在网站上提出借款申请订单，并能成功筹得资金的次数
	信用等级 x_{11}	人人贷平台会根据借款人所提交的信息及交易记录进行打分，并给出信用等级，包括 AA、A、B、C、D、E、HR 七级，其中 AA 级表示信用等级最高，HR 级表示信用等级最低

续表

类型	指标	选取原因
资产评价指标	房产 x_{12}、房贷 x_{13}	在我国，住房条件通常代表个人经济能力，借款人有固定资产认证，在一定程度上可以增大投资者对其的信任程度，提高借款的成功率
	月收入 x_{14}	月收入可以直观体现借款人的经济实力，一般而言，月收入越高，还款来源越稳定，则发生违约的可能性越低
宏观经济指标	地区居民消费价格指数 x_{15}	借款人所在省区市的居民消费价格指数，反映了该地区居民家庭一般所购买的消费品和服务项目价格水平的变动情况。地区居民消费价格指数越高，生活成本越高，对还贷压力有一定影响
	地区城镇居民人均可支配收入 x_{16}	借款人所在省区市的城镇居民人均可支配收入，是指居民家庭全部现金收入能用于安排家庭日常生活的那部分收入，体现了一个地区整体居民的收入水平
	地区恩格尔系数 x_{17}	借款人所在省区市的恩格尔系数是指该地区居民食品支出总额占个人消费支出总额的比重。地区恩格尔系数越低，则该地区经济发展水平越高，居民还贷能力相对越强

4.4.2 样本选取与数据预处理

为了验证提出的 FPSVM 模型的效果，这里采用人人贷平台中借款人信用数据进行实证分析。运用网络爬虫技术在人人贷平台中选取 2015 年 1 月 1 日至 2016 年 6 月 30 日之间发生的有效借款数据作为研究分析的全样本，除去正在还款中的订单和筹资失败的订单后，从中随机选取 1500 条订单数据作为实证分析的研究样本，其中 1000 条作为检验样本（包含 900 条未违约样本和 100 条违约样本），500 条作为学习样本（包含 450 条未违约样本和 50 条违约样本）。

由于样本数据（包括检验样本和学习样本）中包含的先验信息会对优化后分类器的性能测试结果与检验样本的试验效果产生直接的影响，需要对样本数据进行归一化处理，从而使不同量纲、不同数量级的数据具有可比性。处理公式如下：

$$x'_i = \frac{x_i - \overline{x}_i}{\sigma_i} \quad (4\text{-}21)$$

其中，$\overline{x}_i$ 和 σ_i 分别为变量 x_i 的均值和标准差。

对处理后的数据进行相关关系分析，各变量之间存在一定的相关关系，借款金额、借款期限等与借款人的信用等级存在一定的正相关性，而逾期次数等则与信用等级呈负相关，这一结果也与其他学者的研究类似（廖理等，2014b；李焰等，2014）。宏观经济因素方面，地区居民消费价格指数、地区城镇居民人均可支配收入、地区恩格尔系数与信用等级呈正相关。表 4-2 给出了各变量间的相关系数以及显著性水平。

表 4-2 不同指标的相关关系检验

	x_1	x_2	x_3	x_4	x_5	x_6	x_7	x_8	x_9	x_{10}	x_{11}	x_{12}	x_{13}	x_{14}	x_{15}	x_{16}
x_2	0.318**															
x_3	0.691**	0.628**														
x_4	0.268**	0.076**	0.176**													
x_5	0.008	−0.081**	−0.055**	−0.063*												
x_6	−0.418**	−0.184**	−0.403**	−0.098**	0.203**											
x_7	−0.058*	−0.018	−0.043	0.070*	−0.001	0.272**										
x_8	−0.469**	−0.402**	−0.463**	−0.051	0.144**	0.459**	0.046									
x_9	0.189**	0.184**	0.195**	0.276**	0.077**	0.084**	0.036	0.080**								
x_{10}	−0.297**	−0.258**	−0.293**	−0.113**	−0.019	0.019	0.079**	0.075**	−0.646**							
x_{11}	−0.331**	−0.283**	−0.441**	−0.052*	0.040	0.182**	−0.009	0.255**	−0.131**	0.170**						
x_{12}	0.257**	−0.117**	−0.063*	0.088**	−0.010	−0.127**	−0.176**	0.006	0.052	−0.144**	0.051					
x_{13}	−0.327**	−0.102**	−0.288**	−0.107**	0.036	0.243**	−0.031	0.295**	0.016	0.099**	0.227**	0.041				
x_{14}	0.702**	0.298**	0.708**	0.205**	−0.099**	−0.565**	−0.006	−0.721**	−0.016	−0.135**	−0.313**	−0.019	−0.455*			
x_{15}	−0.072*	−0.023	−0.107**	−0.021	0.069*	0.124**	−0.021	0.099**	0.011	−0.017	0.042	−0.037	0.053*	−0.132**		
x_{16}	−0.116**	−0.079**	−0.147**	−0.105**	0.013	0.015	−0.014	−0.025	−0.233**	−0.029	0.040	0.099**	−0.011	−0.088**	−0.015	
x_{17}	0.025	−0.010	−0.018	−0.014	0.013	0.006	0.010	0.033	0.006	0.007	0.025	0.043	0.020	−0.039	−0.159**	−0.168**

**和*分别表示在 1%和 5%的水平下显著

4.4.3 评价准则

我们使用Ⅰ类错误率、Ⅱ类错误率和总体错误率这三种指标来对模型的分类效果进行评价。总体错误率反映了模型在整个检验样本上的表现,但考虑到样本数存在非均衡性,因此还需要考虑未违约样本的分类错误率和违约样本的分类错误率。定义如下:

Ⅰ类错误率(typeⅠerror rate) = 未违约样本被错判成违约样本的个数/ 未违约样本数

Ⅱ类错误率(typeⅡerror rate) = 违约样本被错判成未违约样本的个数/ 违约样本数

总体错误率(total error rate)=(Ⅰ类错误率+Ⅱ类错误率)/2

4.4.4 模型结果及分析

在实验中,我们选取具有较强非线性映射能力的 RBF,其中 σ 为所有样本点之间的距离的标准差。将标准化后的 1500 个样本数据代入 DFPSVM 模型,采用十折交叉验证方法来获取合适的罚函数 C 的值,并用 MATLAB 进行编程计算后得到模型实验结果和模型错误率结果,如表 4-3 和表 4-4 所示。

表 4-3 模型实验结果

模型	真实情况	预测情况	学习样本集	检验样本集	总计
DFPSVM	未违约	未违约	766	379	1145
	未违约	违约	134	71	205
	违约	违约	93	47	140
	违约	未违约	7	3	10
	总计		1000	500	1500

表 4-4 模型错误率结果

模型	学习样本错误率			检验样本错误率		
	typeⅠ	typeⅡ	total	typeⅠ	typeⅡ	total
DFPSVM	14.89%	7.00%	10.94%	15.78%	6.00%	10.89%

从实验结果我们可以看出,DFPSVM 模型能对样本进行较好的学习和检验,学习样本中Ⅰ类错误率为 14.89%,Ⅱ类错误率为 7.00%,总体错误率为 10.94%;检验样本的Ⅰ类错误率与学习样本接近,但Ⅱ类错误率较低,仅为

6.00%，也就是说，在检验的 50 个违约样本中，仅有三个样本被错判为未违约样本，实验结果具有较高的准确率。最后，为了进行对比分析，分别采用 LinR、BP、SVM、FPSVM 和 DFPSVM 共 5 种模型对这 1500 个样本进行分类测试，同时根据总体错误率的大小来对这五种模型进行排序，总体错误率越小，排名越靠前。各模型对比结果如表 4-5 所示。

表 4-5 模型对比结果

模型	核函数类型	参数选择 C	实验结果 type I	实验结果 type II	实验结果 total	排序
LinR			0.0622	0.2800	0.1711	3
BP			0.0578	0.3400	0.1989	5
SVM	RBF	16	0.1933	0.1600	0.1767	4
FPSVM	RBF	8	0.1844	0.1200	0.1522	2
DFPSVM	poly	10	0.2445	0.1800	0.2122	6
DFPSVM	RBF	10	0.1578	0.0600	0.1089	1

从总体错误率来看，DFPSVM 模型的表现最好，总体错误率仅为 10.89%，其次是 FPSVM，SVM 模型表现一般。在核函数的选择上，RBF 相对于 poly 核函数有更好的表现效果。相对 FPSVM 来说，本章提出的 DFPSVM 在总体错误率上有明显的改进，这说明本章考虑正、负类样本的非均衡性并选择不同的隶属度来进行分类是有效的。从 II 类错误率来看，DFPSVM 仅为 6%，与其他模型相比，有效地提高了负类样本分类的准确性，避免了由于将负类样本错判为正类样本所带来的较大的损失。

4.5 模型应用

4.5.1 P2P 平台借款人信用得分

在验证了我们所提出的 DFPSVM 模型的分类准确性后，为了能更准确地衡量人人贷平台中借款人的信用风险，利用式（4-19）计算每一个借款人的信用得分。通过式（4-19）可以得到每个借款人的信用得分，对预测结果进行分段处理。采用百分制方式对获得的预测值进行缩放处理。考虑到实际应用中的便利性，将得分以 5 为步长划分为 20 个区间，即[0,5)，[5,10)，…，[95,100]。学习样本和检验样本的预测结果分布如图 4-2 所示，从学习样本的预测结果可以看出，随着分数段的提升，违约率先上升后逐步下降。

（a）学习样本

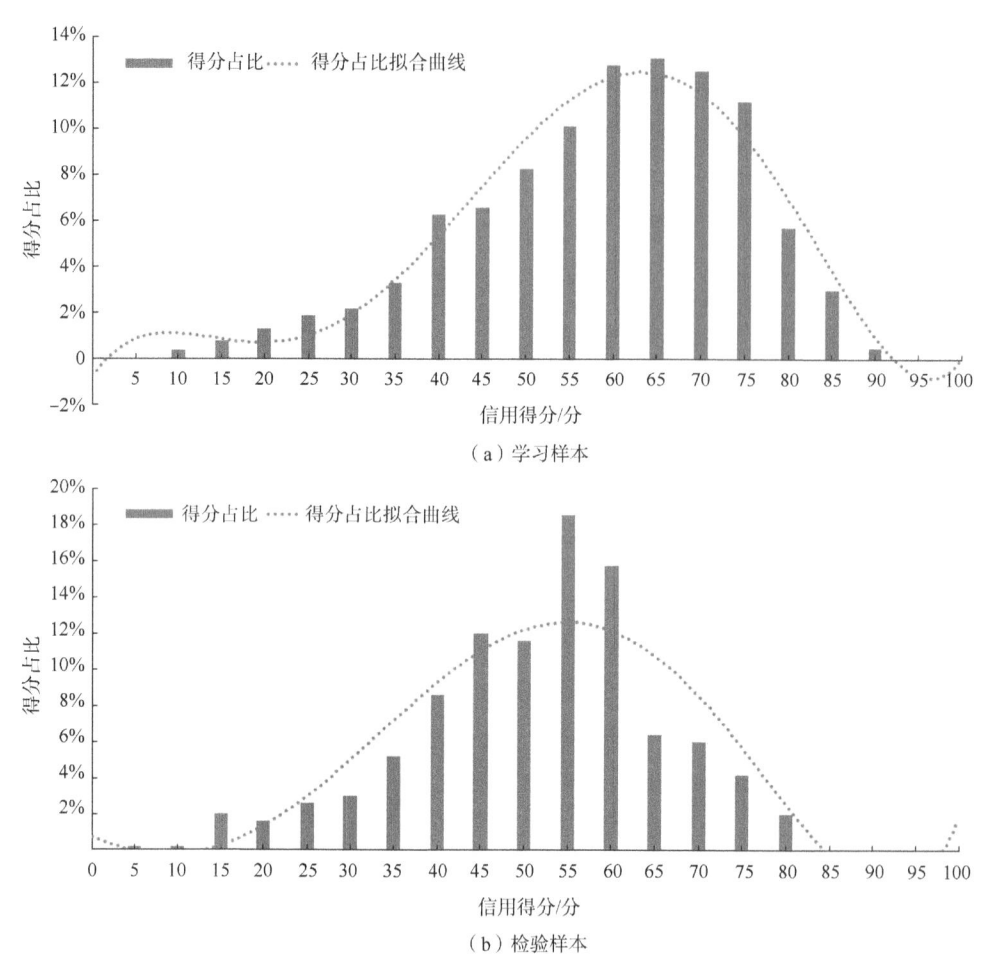

（b）检验样本

图 4-2 学习样本和检验样本的预测结果分布

从预测结果来看，学习样本和检验样本的预测结果分布呈现出负偏的特征，预测结果中未违约借款人的人数远远多于违约借款人，且大部分借款人的信用得分集中在[50,80)区间内，占比达总人数的 70%以上。这也与现实中 P2P 平台中履约借款人与违约借款人的分布情况相似。检验样本中得分在 50 分以下的借款人人数占总人数的 23.4%，这部分用户的预测信用得分较低，且违约率较高。得分在[10,20)区间的借款人有 2 位，且这两位均发生了违约，这个区间的借款人违约率为 100%。得分在[20,30)的借款人的违约率也高于 70%。随着得分的增加，借款人的违约率也在不断降低，但 50 分以下的借款人违约率仍处于较高的状态，而 50 分以上的借款人普遍违约率较低。检验样本预测结果分布见表 4-6。

表 4-6　检验样本预测结果分布（一）

得分区间	样本	未违约	违约	违约率	得分区间	样本	未违约	违约	违约率
[10,15)	1	0	1	100.00%	[55,60)	58	56	2	3.45%
[15,20)	1	0	1	100.00%	[60,65)	93	91	2	2.15%
[20,25)	10	1	9	90.00%	[65,70)	79	77	2	2.53%
[25,30)	8	1	7	87.50%	[70,75)	32	31	1	3.13%
[30,35)	13	7	6	46.15%	[75,80)	30	30	0	0.00%
[35,40)	15	11	4	26.67%	[80,85)	21	21	0	0.00%
[40,45)	26	20	6	23.08%	[85,90)	10	10	0	0.00%
[45,50)	43	36	7	16.28%	总计	500	450	50	10.00%
[50,55)	60	58	2	3.33%					

4.5.2　P2P平台借款人信用评级

首先，对上文得到的人人贷借款人信用得分做一个调整，以区间段的左侧定点为标记，查看某个区间段的预测准确性。如表 4-7 所示。样本预测值位于[45,50)区间段的违约率是 16.28%，而位于[50,55)区间段的违约率仅为 3.33%，可见 50 分是一个明显的分界点。当调整后的预测值为 50 分以下时，对应样本的真实违约率较高，而当调整预测值为 50 分以上时，对应的样本的真实违约率明显降低。因此，将低于 50 分的样本赋予最低等级 E。

表 4-7　检验样本预测结果分布（二）

调整预测值	对应样本真实违约率	信用评级	平均违约率	服务费
10	100.00%	E	61.21%	
15	100.00%			
20	90.00%			
25	87.50%			
30	46.15%			
35	26.67%			
40	23.08%			
45	16.28%			
50	3.33%	D	3.39%	≥3.51%
55	3.45%			
60	2.15%	C	2.34%	≥2.40%
65	2.53%			

续表

调整预测值	对应样本真实违约率	信用评级	平均违约率	服务费
70	3.13%	B	1.56%	≥1.59%
75	0.00%			
80	0.00%	A	0.00%	≥0.00%
85	0.00%			

图 4-3 是调整后预测值对应的真实违约率的分布情况，首先可以看出，随着预测值的升高，其对应的真实违约率不断降低。其次，根据调整后的预测值以及对应样本的真实违约率，按照 4.3.2 节建立的 P2P 借款人信用评级模型，可将借款人分成 AA、A、B、C、D 和 E，共 6 个等级。由于检验样本中暂时没有 AA 等级的人，所以 AA 等级空缺。A 等级的借款人平均违约率最低，而 E 等级的借款人平均违约率最高。最后，可由此估计人人贷平台的预期收益率，假设借款人的借款金额相同，且所有借款人均不违约，当某一等级的借款人的收益率超过了该等级的真实违约率时，认为人人贷平台有正的收益，可用公式"服务费×(1−平均违约率)≥平均违约率"表示，反之，认为平台可能会发生亏损。例如，假设信用等级为 C 的借款人给平台带来的平均收益率为 3%，即对这类借款人收取的服务费为 3%，当有 2.34%的借款人违约时，人人贷平台仍有 3%×(1−2.34%)−2.34%=0.59%的收益。平台可根据自身的盈利情况选择合适等级的借款人参与平台的借款。而对于零分以下的借款人，由于其违约风险较高，平台就算对其收取手续费也难以抵消部分违约借款人所带来的损失，所以，我们将这部分借款人的信用等级标为 E，并且建议平台不为这类借款人提供借款服务，除非他们能提供更多的信息来提高他们的信用水平。

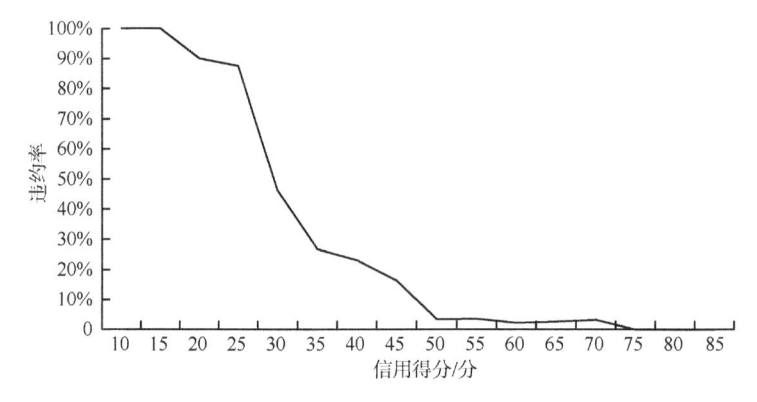

图 4-3 调整后预测值对应的真实违约率分布

4.6 本章小结

本章在考虑正、负类样本非均衡分布的情况下，提出了一种非均衡的模糊近似支持向量机模型，对正、负类样本分别赋予不同的隶属度，来克服由于样本不均衡带来的分类结果的偏移。同时，双边模糊隶属度的引入在一定程度上消除了野值和奇异点对分类超平面的影响，并且提高了模型对正、负类样本分类的正确性。为了验证模型效果，本章选取我国影响较大的 P2P 平台人人贷中借款人的数据进行实证研究，通过实验结果的对比，发现 DFPSVM 模型相比 LinR、BP 和 SVM 模型有更好的分类效果，并能够有效提高负类样本分类的准确率。在未来的研究中，还可以尝试采用其他方法获取模糊隶属度以进一步提升算法抗噪性能，另外，在参数的选择上还可以引入遗传算法等优化算法对模型加以改进。

第 5 章　融合贷款描述文本特征的 P2P 借款人信用风险评估模型研究

P2P 的一个显著优势是它消除了借款人和投资者之间的金融机构需求，从而降低了借款人的融资成本。但是，由于金融机构具有丰富的专业知识，他们更善于区分好的借款人与坏的借款人。同时金融机构也被视为借款人信用质量的软信息库。除庞氏骗局外，P2P 市场的大部分亏损都是由借款人所借贷款违约造成的。尽管在该市场上每个贷款申请的金额相对小于传统信贷市场上的贷款金额，但用户数量却十分庞大，使得该市场的交易总规模不容小觑。同时，由于该市场的借款人多是在传统金融机构不能获得贷款的低信用资质借款人，大量的借贷将隐藏巨大的风险，可能导致投资者发生巨额资金损失，也可能导致平台倒闭，从而影响网络借贷市场的健康发展，这使得研究借款人的信用风险变得非常重要。本书第 3 章和第 4 章分别探讨了结构化软信息和非结构化软信息在 P2P 中的影响。发现无论是结构化软信息还是非结构化软信息在贷款偿付阶段都能显著预测贷款的偿付结果。为此，本章融合这两种软信息以构建 P2P 信用风险评估模型。

5.1　融合文本特征的信用风险评估模型

信用风险评估的主要目的是估计借款人在未来发生违约的可能性。根据这些评估，平台或投资者可以根据自己的偏好或经验在贷款活动中做出自己的决定。通常情况下，评估借款人是否会发生违约可视为一个二元分类问题。与分类相关的机器学习算法非常适合解决这类问题。好的信用风险评估模型应该能够很好地将好的贷款申请者与可能违约的贷款申请者进行区分。当前，已有许多基于机器学习的信用风险评估模型，如 LR（Jiang et al.，2018）、人工神经网络（Byanjankar et al.，2015；Zhang et al.，2017）、RF（Malekipirbazari and Aksakalli，2015）、核方法（Guo et al.，2016）、SVM（Kim and Cho，2017）和集成技术（Ji et al.，2019；Xia et al.，2017）等。评估这些分类器性能的指标包括准确率（accuracy，ACC）、错误率（error rate）、F1 分数（F1 score）和曲线下面积（area under the curve，AUC）等（Hand，2009）。

信用风险源于借方与投资者之间的信息不对称，建立更准确的信用风险评估模型的一种方法是在评估模型中使用更多信息。从信息源的角度来看，贷款申请中涉及的贷款描述提供了有关借款人的更多信息，在风险评估模型中融合贷款描述的文本特征可能有助于更准确地评估贷款未来违约的可能性。P2P 市场上的贷款申请通常包含多种信息，如贷款条款、借款人个人特征、信用相关信息、借款人工作和资产状态、各种项目的有效认证状态以及文本型的贷款描述等。当前，如传统信贷市场一样，大多数关于 P2P 信用风险评估的研究都还只关注数值型信息[①]，很少有研究人员在他们的风险评估模型中考虑文本型的贷款描述（Jiang et al.，2018；Wang et al.，2016a）。根据 Tausczik 和 Pennebaker（2010）的观点，文本描述是作者在撰写文本时的心理过程的反映。贷款申请中的贷款描述由借款人书写并发布，通常包含借款人的背景、债务状况、贷款目的等。Gao 等（2018）从贷款描述中提取了四种语言风格，以检验这些提取的特征是否有助于缓解 P2P 中的信息不对称问题，他们发现提取的特征可以预测贷款偿付的表现。Dorfleitner 等（2016）发现，当缺少硬信息时，类似文本的材料在预测高风险借款人的违约状态时更有用。因此，在评估 P2P 借款人信用风险时，文本相关信息可被视为数值型信息的补充。从而，在构建信用风险模型时考虑贷款描述是非常合理和有意义的。

当前已有数种文本特征提取方法被用于从文本型数据中抽取特征，如 LDA-topic 模型、CNN 和嵌套平均（embedding average，EA）。LDA-topic 模型假定文档之间存在隐含主题，文档主题和主题词遵循 LDA（Blei et al.，2003）。Jiang 等（2018）指出文本包含的隐含主题被视为当前文档的文本特征，可用于信用风险评估。近年来，CNN 模型被证明在 NLP 方面也有用武之地。Kim（2014）首先将其引入文本分析任务以解决句子分类和情感分析问题。继 Kim 之后，许多研究表明 CNN 模型在处理 NLP 相关问题方面具有强大的适应性。CNN 模型的最大优点是它可以从输入数据中自动提取有用的局部特征，因此，它可以用作从经过词嵌套转换的文本数据中提取文本特征的有效工具，使用的方式是：首先训练一个完整的模型，其次将训练模型的中间输出作为其他分类器的输入，即将 CNN 当作一个特征提取器。近年来，也有学者将 CNN 模型应用于金融领域的相关分析和预测，如银行业的营销预测（Kim K H et al.，2015）、P2P 市场的信用风险评估（Kim and Cho，2018）以及上市公司的破产预测（Mai et al.，2019）等。Mai 等（2019）在其研究中也有使用嵌套

---

① 本章从贷款的文本描述中抽取特征，为区分其他特征将从文本中抽取的特征称为"文本特征"或"文本"，而其他特征被称为"数值特征"或"数值"。通常"数值特征"从贷款申请页面提取。基于第 3 章和第 4 章的实证研究，本章的研究中"数值特征"主要包括：贷款条款、借款人个人身份特征、信用相关的特征、借款历史、工作和资产状态信息以及认证项目的认证状态。

平均模型，该模型沿嵌套维度对输入文本的词嵌套表示使用简单的平均操作。然而，CNN 结构的设置使其只能提取输入文本的局部信息，而不是全局信息。EA 模型实际上返回的是每个输入文档在嵌套空间中的中心，该中心无法提供与输入文本有关的更多其他信息，如情感、语义等。Vaswani 等（2017）提出了一种 Transformer 网络来解决机器翻译问题，该网络在文本特征提取方面功能强大。该网络的编码端，即 TE 采用自注意力机制来捕获输入文本的长依赖特征，从而解决了 CNN 和其他神经网络框架中遇到的问题。基于以上分析，本章采用 TE 模型提取贷款描述的文本特征，并与贷款申请的数值特征相结合，以构建 P2P 市场上的信用风险评估模型。

下面展示本章使用的基准模型与本章提出的模型的详细框架，以及实证对比研究中使用的特征提取方法和分类器。

5.1.1 文本特征提取器

本节描述四个文本特征提取器，包括 LDA-topic、CNN、EA 和 TE。前三个文本特征提取器已被用于预测 P2P 中的贷款违约情况（Jiang et al., 2018）或预测公司的破产情况（Mai et al., 2019）。LDA-topic 是一种简单的文本分类模型，旨在将每个文本分类为一个或多个预定义类别，其中每个类别都可以视为一个潜在主题。CNN 主要提取每个文本的重要局部特征，而 EA 模型仅返回词向量表示的每个文本的中心。但是，TE 可以提取每个文本输入的全局特征，这是通过使用自注意力机制实现的。从而与前三个文本提取器相比，它可以捕获更多的文本信息。因此，本章将 TE 与其他三个模型进行比较。

1. 基于 LDA-topic 模型的文本特征提取器

LDA-topic 模型是一种无监督的主题模型（Blei et al., 2003），也是一种词袋模型，该模型将每个文本视为一个词袋，不包含位置信息。但是，LDA-topic 进一步假设了一个中间特征，即文档所表达的主题，它将词和文档联系起来。LDA-topic 背后的思想是，表达特定主题的每个文档都与单词使用的特定模式（概率分布）有关。因此，LDA-topic 实际上是找到所有主题的模式以及每个主题的单词模式。然后，基于该模式将每个文档分为不同的类别。通过使用 LDA-topic 为每个文档提取的文本特征实际上是文档主题概率向量。

给定一个包含 N 个文档的语料库，LDA-topic 主要建模以下方程：

$$P\langle w|d\rangle = \sum_{k=1}^{T} P_w\langle w|k\rangle P_t\langle k|d\rangle \tag{5-1}$$

其中，T 为 LDA 超参数，代表语料库中包含的隐含主题数量；$P\langle w|d\rangle$ 为单词 w 属于文档 d 的概率；$P_w\langle w|k\rangle$ 为单词 w 属于主题 k 的概率；$P_t\langle k|d\rangle$ 为主题 k 属于文档 d 的概率。P_w 和 P_t 遵循参数为 α 和 β 的 LDA。关于模型的求解有几种有效的算法，如期望最大化（expectation maximization，EM）和 Gibbs（吉布斯）抽样。本章实验部分选择 Gibbs 抽样来估计模型中的参数[Gibbs 抽样过程参见 Wei 和 Croft（2006）]。

2. 基于 CNN 的文本特征提取器

Lecun 等（1998）首次提出 CNN 模型并将其应用于解决手写字体的识别。经过多年的发展，CNN 被证明能够利用具有卷积和池化过滤器的层来有效地捕获图像的局部特征。最近几项研究已将 CNN 扩展到 NLP 领域，例如，Yoon Kim 于 2014 年提出了一个众所周知的用于句子分类的 CNN 模型，该模型首先利用词嵌套技术将文本序列转化为类图像的矩阵，然后同处理图像一样，处理该文本序列矩阵[关于词嵌套应用及解释可参见 Lin 等（2017）]。继 Yoon Kim 之后，许多研究开始使用 CNN 结构来处理与 NLP 相关的问题（Ju and Yu，2018）。本章使用的文本特征抽取模型就是基于 Yoon Kim 的 CNN 结构。然而，与 Yoon Kim 的模型不同，本章的模型为 CNN 引入了拼接操作，目的是在全连接层之前融合贷款描述中抽取的文本特征和贷款申请中抽取的数值特征。本章使用的 CNN 特征提取器的详细结构如图 5-1 所示，其运行机制可描述如下：首先，使用词嵌套技术将分割好的贷款描述转换为类图像数据作为输入馈送到网

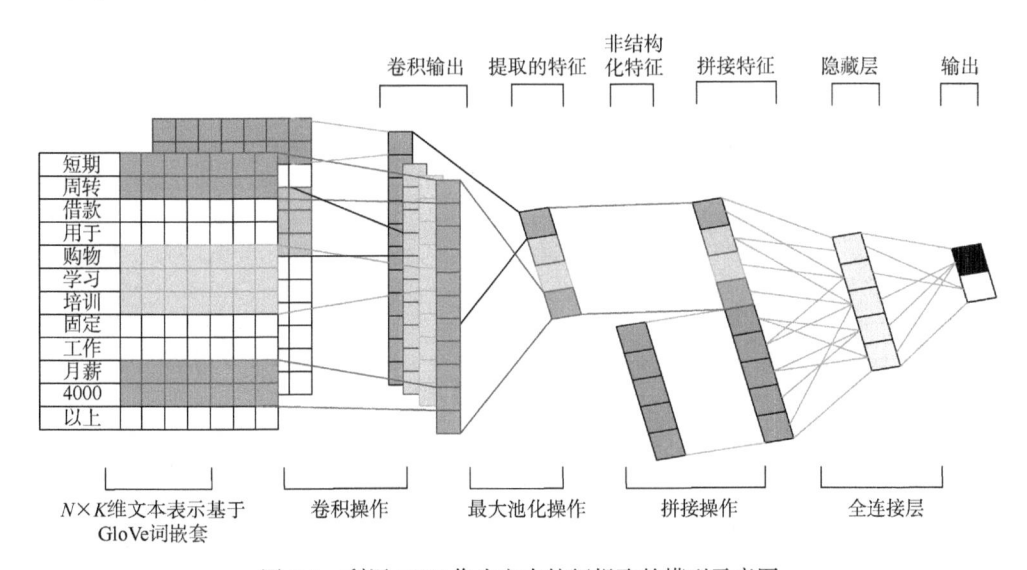

图 5-1 利用 CNN 作为文本特征提取的模型示意图

络中；其次，对该类图像数据执行卷积和池化操作，将高维特征转换为更抽象的低维特征向量；再次，将提取的特征向量与从贷款申请中收集到的数值特征拼接起来构成新的特征向量作为每个贷款申请包含文本特征的向量表示；最后，将拼接后的特征馈送到全连接层和分类输出层。实验中使用具有 dropout 策略的随机梯度下降（stochastic gradient descent，SGD）算法训练该网络。在训练多轮之后，至该模型收敛，获得适当的网络权重时，CNN 结构的中间输出（即连接操作部分的非数值特征输入）可以被视为从贷款描述中提取的文本特征。

实验中，对于人人贷平台的每个贷款申请的贷款描述，通过填充操作（对于不足 100 个术语长度的贷款描述用特殊字符填充）或切割操作（对于超过 100 个术语长度的贷款描述，将超过 100 个术语长度的部分丢弃），设置为 100 个术语的固定长度，而对于 Lending Club 的贷款申请，我们设置为 200 个术语长度。使用 GloVe 词嵌套技术在百度百科语料库上训练词嵌套空间来将人人贷的贷款描述转化为数值型的输入，而使用 GloVe 官方词嵌套表示将 Lending Club 的贷款描述转化为数值型的输入。

3. 基于 EA 模型的文本特征提取器

EA 可以看作 CNN 的简化版本，它忽略了卷积和池化操作，只对嵌套转化的文本输入使用平均操作。EA 模型的输出是长度等于嵌套维数的向量，代表词嵌套空间表示下的文本中心。EA 模型框架如图 5-2 所示，详细的计算可以在 Mai 等（2019）中找到。

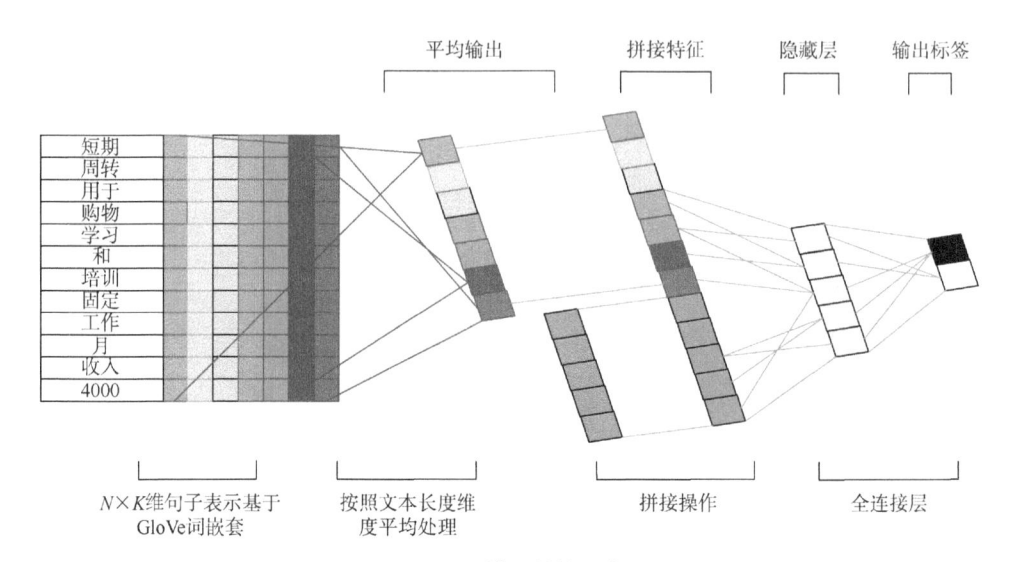

图 5-2 EA 模型结构示意图

4. 基于 TE 的文本特征提取器

Transformer 网络由 Vaswani 等（2017）提出，用于处理神经机器翻译问题。原始 Transformer 包含两个部分，即编码器和解码器。编码器旨在对输入序列进行编码，并在每个步骤中捕获单词之间的关联信息，而解码器则将编码的输入序列与嵌套处理后的目标序列一起使用，以将输入序列转换为目标序列。对于编码器和解码器，Transformer 都使用一种自注意力机制来捕获每个序列中单词之间的关联信息。通过使用这种机制，编码输出序列的每一项实际上都包含该输入序列的所有信息。因此，可以将 TE 视为输入文本的特征提取器。

TE 包括两个嵌套层，词嵌套层和顺序位置编码层，N 个连接的块，每个块包含一个多头注意力层和一个前馈层。多头注意力层将输入映射到多个嵌套子空间来捕获多个独立特征，每个头代表了一个不同的子空间。然后，前馈层合并从这些子空间捕获的信息。本章实验中将编码器输出序列的第一项用作输入文本的最终文本表示。

5.1.2 基准模型

在提取文本特征之后，需要一个分类器来确定每个贷款申请的违约概率。当前流行的信用风险评估模型来自机器学习领域。本节简要介绍了几种常用于信用风险评估的机器学习分类器，并将其和本章构建的信用风险模型作比对。

1. LR

LR 是风险评估文献中最常见的模型之一，该模型假设解释变量和违约结果可以用以下对数关系表达：

$$L(x) = 1/(1 + e^{-\omega^T x}) \tag{5-2}$$

其中，x 为解释变量，包括偏差常数；ω 为该模型的模型参数。$L(x)$ 位于区间 [0,1] 并反映了样本属于一个类别而不是另一个类别的优势比。因此，它可用于确定输入 x 落入哪个类别的可能性更大一点。通常，在 LR 训练或拟合过程中，需要对模型进行正则化（regularization）处理，如 L2 正则化或 L1 正则化，以避免模型过度拟合数据的特征。本章实证实验中对权重 ω 采用 L2 正则化以防止过拟合。LR 易于操作且具有快速收敛的优势，更重要的是，它具有良好的可解释性，因此在早期信用风险评估研究和商业应用中非常受欢迎。

2. RF

RF 最初是由 Breiman（2001）提出的，该方法可用于分类和回归问题。它实际上是一种集成学习方法，通常使用决策树作为其基分类器，然后结合来自基分类器的判别结果，按照投票或者加权的方式给出最终的分类预测结果。在决策树的生长过程中，RF 模型从所有可用特征中随机选择 k 个独立特征构成一个子特征集合，然后使用这个子特征集合来构建单个决策树。该模型独立地重复该过程 m 次以获得 m 个决策树分类器。然后，这些决策树对每个样本进行投票，预测的标签类别是具有最多投票的标签类别。使用 RF 方法的一个优点是它可以通过减少相对于使用单个决策树的方差来改善分类器的泛化性能。本章使用网格搜索来寻找最优超参数，在实证实验中定义为 m 和 k。

3. SVM

SVM 首先由 Boser 等（1992）引入，现在几乎是每个领域中解决分类相关问题最流行的机器学习算法。SVM 分类器尝试使用训练数据在不同类别之间找到最大分类间隔超平面，因此 SVM 可以尽可能地避免对样本的错误分类。继 Boser 等之后，学者已经提出了许多 SVM 的改进策略，包括避免过拟合的正则化、解决低维向量空间中非线性可分问题的核函数等。一个近似线性可分问题的 SVM 分类示意图如图 5-3 所示。

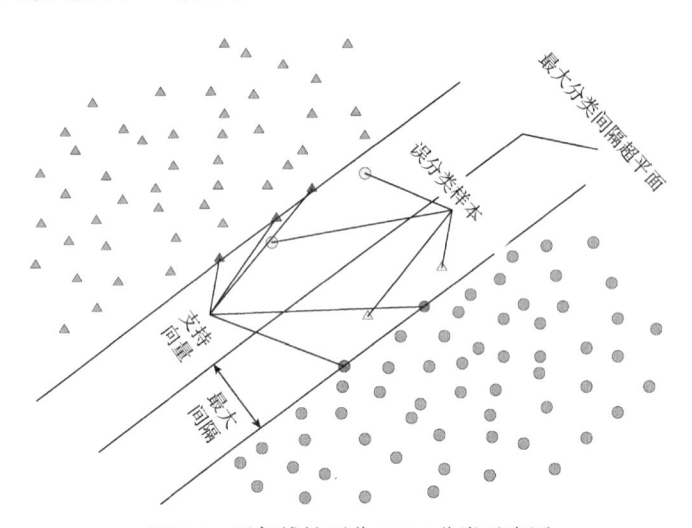

图 5-3　近似线性可分 SVM 分类示意图

给定训练集 $D=\{x_i,y_i\}_{i=1}^{N}$，输入向量 $x_i=\{x_i^{(1)},\cdots,x_i^{(n)}\}^{\mathrm{T}}\in\mathbb{R}^n$。通过求解二次规划问题，可以得到 SVM 分类器的近似线性分类的解。

$$\min_{\omega,b,\xi}\frac{1}{2}\|\omega\|^2+C\sum_{i=1}^{N}\xi_i$$
$$\text{s.t.}\begin{cases}y_i(\omega^{\mathrm{T}}\phi(x_i)+b)\geq 1-\xi_i, & i=1,2,\cdots,N\\ \xi_i\geq 0, & i=1,2,\cdots,N\end{cases}\quad(5\text{-}3)$$

其中，ω 为超平面方程的系数；C 为常数，用于控制模型的复杂性，其中较小的 C 返回具有较低泛化性能的复杂模型；ξ 为松弛的因子，用于控制对每个样本错分类的容忍度；ϕ 为核函数，一种非线性函数，它将数据映射到更高维空间或无限维空间。通常，根据 Mercer 条件，ϕ 实际不需要计算。相反，我们只需要知道每个样本的 $\phi(x)^T\phi(y)$ 值，该值被称为核映射，定义如下：

$$K(x,y) = \phi(x)^T\phi(y) \tag{5-4}$$

$K(x,y)$ 称为核函数。核映射背后的思想是将低维空间中的线性不可分问题通过核函数转换为高维空间中的线性可分问题。当前，已有好几种核函数，包括 LinR、RBF、poly 和 sigmoid 等。在这里，我们在实证实验中使用线性 SVM 模型。式（5-5）描述了其具体变换形式，

$$\text{线性：} K(x,y) = x^T y + c \tag{5-5}$$

4. 深度学习

作为一种蓬勃发展的人工智能方法，深度学习近年来得益于不断积累的训练样本和快速发展的计算能力，被认为是当今最有前途的人工智能方法。它包括几种网络结构（如 CNN、RNN 等），每种结构都具有独特的功能，适用于不同的问题。深度学习模型几乎可以拟合任何函数关系，只要其模型结构够深（即模型包含的层数足够多），就可以解决几乎任何分类的问题。然而，通常情况下，过大的深度可能会导致网络过拟合。近年来，研究者提出了许多技术来解决深度学习模型的过拟合问题，如正则化、dropout 策略、批量标准化（batch normalization）和及早停止（early stop）策略。在本章的研究中，我们使用深度前馈（deep feed forward，DFF）神经网络。

DFF 网络中的每个隐藏层可以包括不同数目的神经元。具有大量隐藏层的 DFF 网络可以完美地拟合训练数据。然而，随着隐藏层的增加，DFF 网络容易发生过拟合问题，并且也可能出现梯度爆炸或消失的问题，这使得网络难以训练（Bengio et al., 1994）。因此，找到合适的 DFF 网络并不容易，尽管这不是不可能的。本章实验中使用包含两个隐藏层的 DFF 网络，每层包含十个神经元。同时采用整流线性单元作为每个隐藏层单元的神经元激活函数，并选择 Softmax 作为输出层激活函数。为了防止网络过拟合，在训练过程中使用正则化、dropout 策略和及早停止策略。

5.1.3 模型复杂性分析

本节讨论实验中所涉及的模型的时间复杂度，表 5-1 显示了训练过程和测试

过程中每个模型的理论时间复杂度和实际时间消耗。对于 LDA-topic、CNN、EA 和 TE 模型，我们仅列出每个模型训练时期的时间消耗。该表显示，在训练阶段，TE 和 L-SVM（linear-SVM，采用线性核函数的 SVM）耗时较多，而 LR 和 RF 则比其他任何模型都要快。但是所有模型的时间消耗在测试阶段都是可以接受的。LR、L-SVM 和 RF 模型在 CPU（central processing unit，中央处理器）上运行，而 CNN、EA 和 TE 等深度学习模型可以在 GPU（graphics processing unit，图形处理器），甚至是 TPU（tensor processing unit，张量处理器）上运行，这可以大大加快深度学习模型的计算过程，从而降低训练过程的时间消耗。另外，本章的实验是在非常通用的硬件设备上运行的，因此，在以后的实验中使用更高级的设备时，这些模型之间的时间消耗差异可以忽略不计。

表 5-1 复杂度分析表

模型	时间复杂度	训练过程 Lending Club	训练过程 人人贷	测试过程 Lending Club	测试过程 人人贷
LR	$O(n \cdot m \cdot i)$	0.338	0.136	7.660×10^{-6}	9.670×10^{-6}
L-SVM	$O(n^2 \cdot m \sim n^3 \cdot m)$	3009.845	276.091	3.091×10^{-2}	3.503×10^{-3}
DFF	$O(n \cdot m \cdot h^k \cdot o \cdot i)$	11.622	6.426	7.943×10^{-6}	1.056×10^{-4}
RF	$O(n \cdot m \cdot d)$	1.382	0.303	5.163×10^{-5}	1.117×10^{-4}
LDA-Topic	$O(n \cdot k \cdot l_t \cdot e)$	35.548/e	9.512	8.369×10^{-6}	1.289×10^{-5}
CNN	$O(n \cdot m_d \cdot l_c \cdot w \cdot f \cdot e)$	53.453/e	11.114	1.640×10^{-4}	1.250×10^{-4}
EA	$O(n \cdot m_d \cdot l_c \cdot e)$	3.760/e	1.295	4.397×10^{-5}	4.871×10^{-5}
TE	$O(n \cdot m_d \cdot l_c^2 \cdot h_m \cdot b \cdot e)$	675.63/e	90.360	1.089×10^{-3}	1.117×10^{-4}

注：n 为样本大小；m 为特征尺寸大小；d 为决策树的深度；i 是迭代次数；h 为 DFF 每层的隐藏大小；k 为隐藏层数；o 为深度学习模型输出的输出；m_d 为嵌套尺寸；l_t 为贷款描述的平均长度；l_c 为贷款说明的填充长度；w 为卷积滤波器的权重；f 为卷积滤波器的数量；e 为模型在训练样本上运行的时期数；b 为块数；TE 的头数用 h_m 表示。对于实验中的特定模型，其结构参数为 o、l_t、w、f、h_m、l_c、b，都是小数字。CNN、EA 和 TE 模型运行于 GPU 之上，其他模型运行于 CPU 之上，时间以秒为单位。对于四个文本特征提取器，记录每个训练周期所花费的时间。训练阶段的时间成本是基于所有训练样本计算的，而测试阶段的时间成本计算为每个测试样本消耗的时间

5.2 实证研究

本节利用人人贷平台和 Lending Club 平台的真实交易记录实证研究我们上述提出的模型，下面给出实验中所使用的数据集、变量、实证的环境设置以及实证结果。

5.2.1 数据描述与分析

第一个实证实验数据集来自美国非常流行的网络借贷平台——Lending Club。我们使用该平台 2007~2014 年发放的贷款申请。在进行数据清洗之后，最终获得 70 488 笔贷款记录，其中有 10 534 笔（14.94%）贷款发生了违约。对于每笔贷款，主要包括贷款条款特征（贷款金额、贷款期限和利率），借款人的信用特征以及借款人的偿付能力等数值特征，以及非结构化的贷款描述。表 5-2 提供了 Lending Club 变量的详细说明。

表 5-2 实证变量描述——Lending Club 平台

变量名	变量描述
贷款状态	贷款是否发生违约（1 代表违约，0 代表未违约）
贷款金额	贷款申请请求的贷款数额
贷款期限	借款人在发布贷款申请时选择的贷款期限（36、60 个月）
利率	借款人在发布贷款申请时提供的贷款利率
贷款目的	借款目的（平台设定的 14 个不同的贷款目的）
FICO	FICO 信用评分
信用水平	信用风险等级（7 个风险等级）根据借款人的 FICO 得分划分
查询次数	近半年信用报告被查询次数
贷款额度	可借款额度
逾期记录	两年内延期次数
公共记录	贬损的公共记录次数
信用卡额度	持有信用额度的卡的数目
RTI	信用额度使用的比例
总账户数	总共的持有信用额度的账户数目
信贷年龄	拥有信贷经验的年数
年收入	借款人自报的年薪
工龄	借款人的工龄
房屋状态	借款人是否持有房屋的状态
收入认证	收入认证的状态
DTI	债务收入比
贷款描述长度	贷款描述长度

注：对于贷款金额、年收入和描述的长度，在实验中使用对数形式。债务收入比是参考 Malekipirbazari 和 Aksakalli（2015）使用的人工计算的变量，它反映了借款人分期付款的偿付压力。在实证分析中，使用 one-hot（独热）对分类变量进行编码处理。

实证实验中使用的第二个数据集来自我国非常受欢迎的 P2P 平台——人人贷。与美国不同，我国 P2P 市场没有权威的第三方为借款人提供可信的信用评分。因此，平台必须根据借款人的个人信息和其他可用数据自行评估借款人的信用风险，这要求平台收集大量借款人信息。这也提供了一个评估 P2P 市场中借款人信用风险的好机会。实证实验的数据是该平台从 2011 年至 2015 年发布的成功贷款申请。经过数据预处理后，共获得了 27 918 笔个人贷款，其中有 4386 笔（15.71%）贷款发生了违约。每个贷款申请主要包括贷款条款、借款人的人口统计特征、资产和债务信息、借款人提供的认证材料的有效认证状态，以及未经证实的贷款描述等信息内容。表 5-3 提供了人人贷平台贷款申请相关变量的详细描述。

表 5-3　实证变量描述——人人贷平台

变量名	变量描述
贷款状态	贷款申请是否发生违约（1 代表违约，0 代表未违约）
利率	借款人在发布贷款申请时的贷款利率（6%~24%）
贷款金额	借款人在发布贷款申请时的贷款金额（人民币，50 的倍数）
贷款期限	借款人在发布贷款申请时贷款请求的期限（3、6、9、18、24、36 个月等）
贷款目的	借款人在发布贷款申请时选择的贷款目的
信用水平	借款人的信用等级（7 个风险等级），由平台分配
逾期次数	借款人逾期次数
成功次数	借款人的借贷记录历史中成功获得资助的贷款次数
有效认证数目	借款人提供的有效认证数目
总记录	借款人发布当前贷款申请时在平台上发布的总贷款申请数量
年龄	借款人在发布贷款申请时的年龄（18~60 岁）
学历水平	借款人的学历水平
婚姻	借款人的婚姻状况
收入水平	借款人的月收入水平
房屋状态	房屋持有状态
汽车持有状态	汽车持有状态
房贷	房屋贷款持有状态
车贷	汽车贷款持有状态
工龄	借款人已经从事工作的年龄
贷款描述长度	贷款描述的文本长度（使用单一词数量表示）

注：对于贷款金额和描述的长度，在实证分析中使用其对数形式。每笔贷款的原始贷款期限是 3、6、9、12、18、24、36 个月等。在实证分析中，将贷款期限重新划分为两类：短期（贷款期限短于 12 个月的）和长期（贷款期限大于 12 个月的）。对于借款人的学历水平，还将其重新划分为两类：较低的（教育水平低于大学的借款人）和较高的（反之）。对于借款人的收入水平，还将其重新划分为三个等级（原为 7 个等级）：高（月收入高于 10 000 元的借款人）、中（收入介于 5000~10 000 元的借款人）和低（收入低于 5000 元的借款人）。使用 one-hot 对分类变量进行编码

表 5-4 给出了贷款申请中贷款描述长度的简单摘要。在原始数据集中，人人贷平台上成功的贷款申请平均描述长度为 62.87 个字符，Lending Club 为 39.59 个单词，比违约贷款的平均长度大一点。由于在 CNN、EA 和 TE 模型中，所有文本输入都统一为固定长度的矢量，因此将所有贷款描述填充至固定长度[①]。

表 5-4 贷款申请中贷款描述长度的简单摘要

状态	原始样本							处理后的样本				
	总数	均值	标准差	Q1	Q2	Q3	M200	总数	均值	标准差	Q1	Q2	Q3
Lending Club													
正常	99 694	39.59	50.49	11	25	51	1.73%	59 954	56.69	45.8	30	45	63
违约	18 252	38.21	52.38	10	24	49	1.73%	10 534	55.78	40.52	29	44	63
全部	117 946	39.38	50.79	11	25	51	1.73%	70 488	56.56	40.76	30	45	63
人人贷													
正常	23 700	62.87	52.94	28	51	73	2.80%	23 532	30.73	26.31	14	24	37
违约	4 401	57.24	48.12	27	43	72	1.90%	4 386	28.67	24.69	14	21	34
全部	28 101	61.99	52.25	28	50	73	2.70%	27 918	30.41	26.07	14	23	36

注：该表显示了原始样本和处理后的样本集中的贷款描述长度分布。Q1 为下四分位数，Q2 为中位数，Q3 为上四分位数，M200 为贷款描述长度大于 200 个字符的样本数占比。对于 Lending Club 的贷款申请，删除描述长度小于 20 个术语的贷款，而对于人人贷平台的贷款，删除描述长度小于 5 个术语（近似 10 个中文字符）的贷款。对于人人贷平台，原始样本的描述长度是贷款描述中使用的唯一字的数量，而处理后的样本的描述，长度是贷款描述中使用的术语数量

表 5-5 列出了 Lending Club 平台贷款申请的分类变量和贷款状态的交叉表。贷款状态列显示，贷款期限、房屋状态、收入认证和信用水平与贷款违约状态密切相关。表 5-6 给出了 Lending Club 平台贷款申请的连续变量和贷款状态的交叉表，最后一列的点二相关性（point-biserial correlation，Pbc）表明所有数值型变量都与贷款状态密切相关。同样，表 5-7 和表 5-8 的结果表明，大多数变量与人人贷的贷款状态密切相关。因此，我们在实证实验中包括了大多数特征，这些特征分为四类，即贷款特征、借款人的人口统计特征、借款人的信誉相关特征和借款人的偿付能力特征。贷款特征包括贷款金额、贷款期限和利率。借款人的人口统计特征包括借款人的年龄、学历和婚姻状况等。对于 Lending Club 平台，借款人的信用信息主要来自借款人的信用文件。对于人人贷平台，其信用信息包括贷款请求中的总记录、逾期贷款的次数和成功贷款的次数（主要来自该平台中借款人的借贷历史记录）以及借款人提供的有效认证材料数目。借款人的偿付能力特征包括借款人的资产和债务

[①]对于来自人人贷平台的贷款申请，将其贷款描述填充到 100 个术语长度，而对来自 Lending Club 平台的贷款申请，将其贷款描述填充到 200 个术语长度。这里对于中文来讲，每个术语是通过 Stanford CoreNLP 软件套装分割之后的词语；而对于英文来讲，是空格分割之后的英文单词。

以及借款人的工作信息等。

表 5-5　Lending Club 平台分类变量交叉表

变量	贷款数	贷款表现	贷款状态 Chi2	Phi
贷款期限（36 个月）	54 068（76.7%）	11.8%	1 796.94	0.160***
贷款期限（60 个月）	16 420（23.3%）	25.3%	1 796.94	−0.160***
房屋状态（租房）	30 854（43.8%）	15.8%	34.56	−0.022***
房屋状态（贷款）	34 457（48.9%）	13.9%	57.37	0.029***
房屋状态（自有）	5 082（7.2%）	16.4%	9.27	−0.011***
收入认证（未验证）	24 928（35.4%）	11.8%	296.56	0.065***
收入认证（验证）	28 663（40.7%）	17.3%	208.57	−0.054***
收入认证（来源验证）	16 897（24.0%）	15.6%	7.12	−0.010***
贷款目的（购车）	1 187（1.7%）	9.6%	27.09	0.020***
贷款目的（偿还信用卡）	14 356（20.4%）	12.1%	118.76	0.041***
贷款目的（债务重整）	40 522（57.5%）	15.8%	56.02	−0.028***
贷款目的（房屋装修）	3 914（5.6%）	12.6%	17.59	0.016***
贷款目的（买房）	516（0.7%）	14.3%	0.15	0.001
贷款目的（购物）	1 790（2.5%）	10.0%	35.32	0.022***
贷款目的（医疗）	572（0.8%）	18.0%	4.26	−0.008**
贷款目的（运输）	557（0.8%）	14.2%	0.26	0.002
贷款目的（其他）	3 615（5.1%）	17.6%	21.04	−0.017***
贷款目的（可回收能源）	76（0.1%）	19.7%	1.38	−0.004
贷款目的（小商业）	1 986（2.8%）	25.9%	194.08	−0.052***
贷款目的（度假）	296（0.4%）	15.2%	0.02	0.000
贷款目的（举办婚礼）	880（1.2%）	12.2%	5.44	0.009***
贷款目的（教育）	221（0.3%）	16.7%	0.56	−0.003
信用水平（A）	14 659（20.8%）	5.7%	1247.20	0.133***
信用水平（B）	23 991（34.0%）	11.2%	408.33	0.076***
信用水平（C）	16 139（22.9%）	17.7%	124.70	−0.042***
信用水平（D）	9 021（12.8%）	23.7%	617.64	−0.094***
信用水平（E）	4 290（6.1%）	28.7%	681.77	−0.098***
信用水平（F）	1 900（2.7%）	32.8%	489.19	−0.083***
信用水平（G）	488（0.7%）	36.1%	172.46	−0.049***

注：Chi2 为卡方统计量，Phi 为 φ 值

***和**分别表示该结果在 1%和 5%的显著性水平下显著

表 5-6　Lending Club 平台连续变量交叉表

变量	贷款表现 平均值	中位数	标准差	完全偿付 平均值	中位数	标准差	贷款状态 Pbc
贷款金额	9.44	9.56	0.65	9.35	9.39	0.65	−0.053***
利率	0.15	0.15	0.04	0.13	0.13	0.04	−0.216***
年收入	10.96	10.95	0.50	11.05	11.04	0.51	0.062***
DTI	0.17	0.17	0.08	0.16	0.16	0.08	−0.064***
FICO	695.50	687.00	28.24	706.96	702.00	33.67	0.123***
逾期记录	0.19	0.00	0.49	0.17	0.00	0.47	−0.012***
信用卡额度	10.87	10.00	4.76	10.58	10.00	4.62	−0.022***
查询次数	0.96	1.00	1.02	0.77	0.00	0.96	−0.069***
公共记录	0.10	0.00	0.32	0.08	0.00	0.29	−0.020***
RTI	2.94	2.50	2.29	2.74	2.30	2.21	−0.033***
总账户数	23.86	22.00	11.13	24.11	23.00	11.26	0.008**
信贷年龄	174.44	159.00	81.70	177.40	163.00	81.98	0.013***
贷款描述长度	55.77	44.00	40.52	56.69	45.00	40.80	0.008**

***和**分别表示该结果在 1%和 5%的显著性水平下显著

表 5-7　人人贷平台分类变量交叉表

变量	贷款数目	贷款表现	贷款状态 Chi2	Phi
贷款期限（长）	12 555（45.0%）	6.5%	1 464.30	0.229***
贷款期限（短）	15 363（55.0%）	23.2%	1 644.30	−0.229***
房屋状态（有）	15 595（55.9%）	14.6%	34.38	0.035***
房屋状态（无）	12 323（44.1%）	17.1%	34.38	−0.035***
房贷（有）	6 382（22.9%）	10.9%	144.41	0.072***
房贷（无）	21 556（77.2%）	17.1%	144.41	−0.072***
汽车持有状态（有）	11 130（39.9%）	11.6%	233.13	0.091***
汽车持有状态（无）	16 788（60.1%）	18.4%	233.13	−0.091***
车贷（有）	2 346（8.4%）	11.4%	5.78	0.014***
车贷（无）	25 572（91.6%）	15.9%	5.78	−0.014***
收入水平（高）	10 020（35.9%）	14.9%	7.56	0.016***
收入水平（中）	8 364（30.0%）	17.3%	21.45	−0.028***
收入水平（低）	9 534（34.2%）	15.2%	2.87	0.010***
婚姻（已婚）	17 751（63.6%）	15.1%	13.06	0.022***

续表

变量	贷款数目	贷款表现	贷款状态 Chi2	Phi
婚姻（未婚）	9 207（33.0%）	15.3%	1.63	−0.008
婚姻（离异）	960（3.4%）	30.5%	164.68	−0.077***
学历水平（高）	9 098（32.6%）	9.6%	378.34	0.116***
学历水平（低）	18 820（67.4%）	18.7%	378.34	−0.116***
工龄（5年以上）	9 617（34.4%）	15.2%	3.48	0.011***
工龄（3~5年）	6 044（21.6%）	13.9%	19.84	0.027***
工龄（1~3年）	10 143（36.3%）	17.2%	28.28	−0.032***
贷款目的（债务重整）	13 200（47.3%）	13.3%	110.96	0.063***
贷款目的（消费）	2 811（10.1%）	11.3%	44.91	0.040***
贷款目的（事业）	2 994（10.7%）	17.3%	6.68	−0.015**
贷款目的（教育）	310（1.1%）	11.6%	3.97	0.012**
贷款目的（其他）	1 882（6.7%）	13.2%	9.37	0.018***
贷款目的（装修房屋）	4 675（16.7%）	22.3%	182.32	−0.081***
贷款目的（医疗）	42（0.2%）	16.7%	0.03	−0.001
贷款目的（购房）	696（2.5%）	15.8%	0.01	0.001
贷款目的（购车）	1 308（4.7%）	26.8%	128.25	−0.068***
信用水平（AA）	1 141（4.1%）	0.1%	219.26	0.089***
信用水平（A）	278（1.0%）	2.9%	34.92	0.035***
信用水平（B）	801（2.9%）	0.1%	146.46	0.072***
信用水平（C）	1 420（5.1%）	1.3%	235.67	0.092***
信用水平（D）	5 514（19.8%）	1.1%	1 101.20	0.199***
信用水平（E）	4 659（16.7%）	3.3%	649.85	0.153***
信用水平（HR）	14 105（50.5%）	29.3%	4 001.80	−0.379***

***和**分别表示该结果在1%和5%的显著性水平下显著

表5-8 人人贷平台连续变量交叉表

变量	贷款表现 平均值	中位数	标准差	完全偿付 平均值	中位数	标准差	贷款状态 Pbc
年龄	32.39	31.00	7.05	31.48	30.00	6.54	−0.050***
验证次数	4.56	5.00	1.47	4.08	4.00	1.90	−0.095***
总记录	2.42	2.00	2.54	6.24	3.00	13.53	0.111***
逾期次数	13.42	12.00	7.80	3.20	1.00	5.31	−0.542***
成功次数	1.48	1.00	1.82	4.53	2.00	12.76	0.094***

续表

变量	贷款表现			完全偿付			贷款状态
	平均值	中位数	标准差	平均值	中位数	标准差	Pbc
利率	12.98	13.00	1.92	12.55	12.00	2.36	−0.069***
贷款金额	9.78	9.80	0.77	9.558	9.49	0.97	−0.086***
贷款描述长度	41.22	34.00	26.09	42.27	36.00	27.91	0.014**

***和**分别表示该结果在1%和5%的显著性水平下显著

5.2.2 实证环境描述与设置

实验的完整模型设计流程如图 5-4 所示，包括特征提取和分类两部分。基于文本的模型（即 LDA-topic、CNN、EA 和 TE）主要用于从贷款申请中提取贷款描述的文本特征。在特征提取过程中，以监督的方式在训练集上训练模型，以获得可以解释贷款违约的最重要的文本特征。然后融合提取的文本特征和贷款申请的数值特征，使用 DFF 网络将贷款申请分类为不同类别。对于 LR、L-SVM、DFF 和 RF 模型，我们仅在数值特征上训练这些模型。

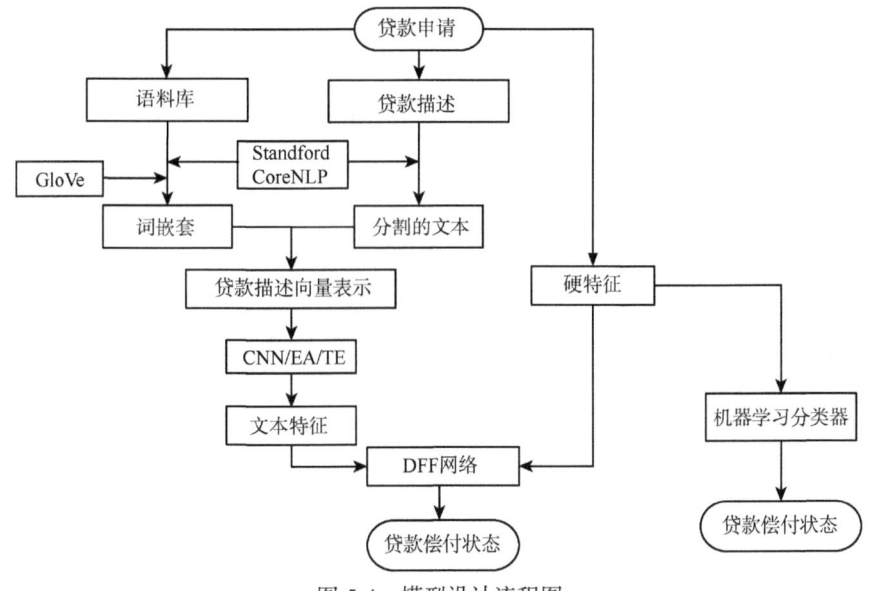

图 5-4 模型设计流程图

由于人人贷平台上贷款申请的贷款描述是中文，因此，首先将中文文本分割成词组和短语。实验中使用斯坦福大学为 NLP 开发的 Stanford CoreNLP 词嵌套工具包（Pennington et al., 2014）。构建中文词嵌套的训练语料库来自一个包含百度百科的大量页面的语料库。对于英文的贷款描述，我们使用 GloVe 发明者提供的预训练词嵌套。

实验首先将样本集分为三个子集：训练集（80%）、验证集（10%）和测试集（10%）。然后对于训练集采用重采样策略以平衡样本分布。具体而言，我们对负样本（违约贷款）执行过采样，对正样本（非违约贷款）执行欠采样，以处理数据不平衡问题（Brown and Mues，2012；Namvar et al.，2018）。重采样策略是一种间接的代价敏感技术，可解决监督学习中不平衡数据的学习问题（Xia et al.，2017）。执行重采样操作后，我们获得了带有一半正样本和一半负样本的训练子集，这意味着随机猜测的准确率为百分之五十。实验中，采用五折交叉验证在训练集上进行训练以应对训练过程中的过拟合问题，并基于模型在验证集上的性能，使用网格搜索优化超参数。在获得最优超参数后，我们使用最优超参数在训练集和验证集上对模型进行再训练，并在测试集上测试再训练的模型。关于模型的性能度量我们采用 AUC 和 G-mean（geometric mean，几何平均值）两种非均衡数据集学习问题的度量方法。Gong 和 Kim（2017）指出 AUC 和 G-mean 是度量非均衡数据情形下模型性能的有效指标。G-mean 定义如下：

$$\text{G-mean} = \sqrt{\text{sensitivity} \times \text{specificity}} \quad (5\text{-}6)$$

其中，

$$\text{sensitivity} = \text{true positive}/(\text{true positive} + \text{false negative}) \quad (5\text{-}7)$$

$$\text{specificity} = \text{true negative}/(\text{true negative} + \text{false positive}) \quad (5\text{-}8)$$

true positive、false positive、true negative 和 false negative 分别为真正例、假正例、真负例和假负例，true positive 是模型将正例预测为正例的数量，而 false negative 是模型将正例预测为负例的数量。G-mean 实际上是 specificity（特异度）和 sensitivity（敏感度）的折中。G-mean 越高，意味着该模型不仅关注大类别的预测准确性，而且在训练阶段考虑了小类别的预测准确性，因此能较好地评估非均衡数据模型的预测性能。

本章所有的实验均基于 Ubuntu 16.04 系统，在具有 3.0 GHz Intel® Xeon（英特尔至强）CPU、8 GB RAM（random access memory，随机存储器）和 GPU GeForce GT730 的台式计算机上运行。所有代码均使用 Python 3.5 编写，深度学习模型基于以 TensorFlow 作为后端的 Keras 框架构建，LDA-topic 模型来自 gensim 软件包，其他模型则基于 scikit-learn（Pedregosa et al.，2011）。

5.2.3 模型配置与最优超参数

表 5-9 给出了 TE 模型在实验中的超参数设置和最优超参数。在实证实验中，使用网格搜索来优化模型的超参数。

表 5-9 超参数设置和最优超参数

项目	Lending Club		人人贷	
	最优超参数	搜寻区间	最优超参数	搜寻区间
学习率	0.0001	(0.0001,0.01)	0.005	(0.0001,0.01)
层数	1	(1,3)	1	(1,3)
头数	8	(2,20)	8	(2,10)
隐层维度	50	(10,70)	50	(10,70)

注：对于 TE，头数的选择应该是隐层维度的一个因子

5.2.4 模型实证结果

表 5-10 给出了包含文本特征和不包含文本特征时不同模型在违约预测方面的性能度量结果比较。结果表明，信用风险模型中包含从贷款描述中提取的文本特征有助于提升贷款的违约预测。并且与信用风险评估领域中使用的其他文本特征提取器（如 LDA-topic、CNN 和 EA）相比，基于 TE 的文本特征提取器在预测性能的提升方面更有效，基于 TE 的风险评估模型在 AUC 和 G-mean 两种度量上都获得了最佳表现。实验结果还表明，使用基于 TE 的方法提取的文本特征对借款人的违约概率具有预测能力，但是与仅使用硬信息的模型相比，此预测能力没有很大的提升。这意味着基于 TE 提取的文本特征似乎对贷款违约的解释力较弱，也就是说，贷款描述只能被视为对硬信息的补充。换句话说，硬信息可提供有关借款人违约的更多信息。这一发现与 Dorfleitner 等（2016）的结果相对应，他们发现借款人的还款行为几乎完全取决于硬信息。

表 5-10 模型实证结果

项目	硬信息				硬信息+贷款描述			
	Logistic	L-SVM	DFF	RF	LDA	CNN	EA	TE
Lending Club								
AUC	<u>70.00</u>	66.81	69.18	68.87	70.00	70.00	69.66	**70.30**
G-mean	62.76	62.87	63.47	<u>63.95</u>	65.06	64.57	64.73	**65.32**
人人贷								
AUC	91.83	90.18	<u>93.57</u>	93.16	93.84	93.38	94.00	**94.18**
G-mean	85.25	79.86	<u>87.28</u>	86.82	87.35	85.98	87.20	**87.63**

注：粗体表示与所有分类器相比的最佳表现，而下划线表示仅在硬信息上运行的分类器的最佳表现

图 5-5 至图 5-8 展示了在 TE 框架内包含不同头数和层数情况下模型的实验结果。图 5-5 和图 5-6 显示了包含 8 个头的 TE 模型在 Lending Club 平台的贷款

数据集和人人贷平台的贷款数据集上均实现了最佳性能。由于深度学习模型具有超强的拟合能力，只要层数足够深，TE 特征提取器就具有强大的特征表征能力。但是，随着层数越来越多，模型很可能在小规模数据集上产生过拟合，而使最终的预测性能下降。图 5-7 和图 5-8 结果显示包含 1 层的 TE 模型获得了最佳泛化能力，而具有 1 层以上的 TE 模型则具有较差的泛化能力。

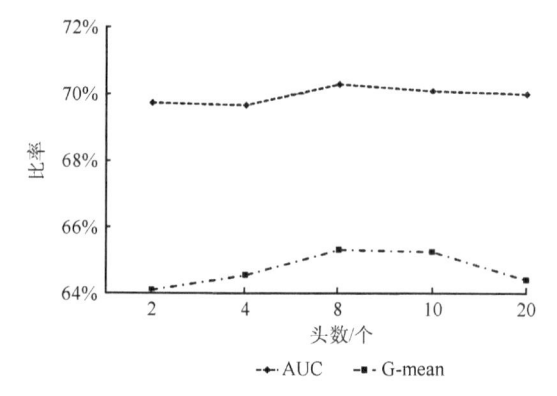

图 5-5　TE 模型的头数与其在 Lending Club 上的实验结果

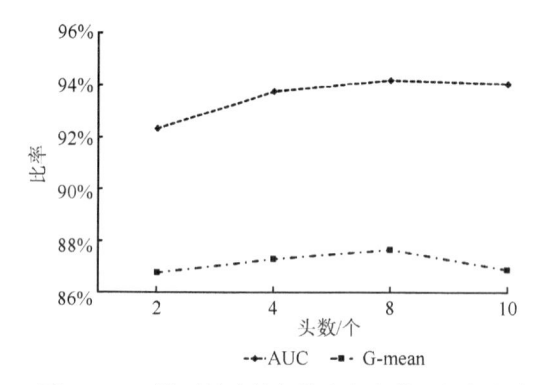

图 5-6　TE 模型的头数与其在人人贷上的实验结果

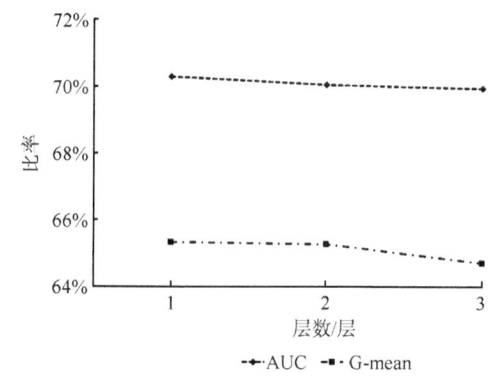

图 5-7　TE 模型的层数与其在 Lending Club 上的实验结果

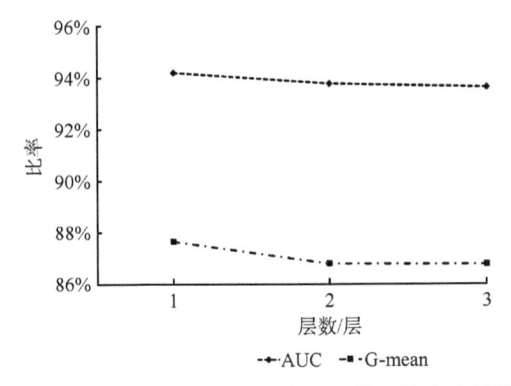

图 5-8　TE 模型的层数与其在人人贷上的实验结果

5.3　本章小结

　　信用风险评估是个人和机构投资者管理其风险敞口的关键工具。更准确的模型可以帮助他们在投资活动中降低或者避免损失。为此，本章提出了一种评估 P2P 市场中借款人信用风险的新方法。该方法以 TE 为文本特征提取器，从贷款描述中提取文本特征，然后结合贷款申请中其他的特征构建信用风险评估模型。实证分析基于中国和美国的两个主流 P2P 平台（人人贷和 Lending Club）的真实交易数据进行，结果揭示了使用基于 TE 的特征提取方法的有效性。当包含贷款描述文本特征时，基于 TE 的模型在 AUC 和 G-mean 指标下均表现出性能提升。尽管在模型中融入贷款描述的文本特征对于模型的预测性能改进相对较小，但与仅使用硬信息的模型相比，它们确实提高了贷款的违约预测性能。另外，使用 TE 提取器从贷款描述中提取文本特征更有效。

　　本章首先融合贷款申请的贷款描述与影响贷款违约的其他因子特征提出了一种新的信用风险评估模型，用来预测 P2P 环境下借款人的贷款偿还状态。以往大多数研究只使用从贷款申请中直接抽取的数值特征作为构建信用风险模型的基本特征，很少有研究关注贷款描述或考虑其他文本描述特征。其次，提出的模型能够提升贷款违约预测力，这不仅有助于 P2P 平台在其贷款审批流程中进行决策，也有助于投资者在投资过程中进行参考。这种改进对 P2P 活动非常重要，这是由于更准确的违约预测模型有助于平台和投资者降低或者避免损失。最后，本章通过探索可用于 P2P 评估中的文本特征提取新方法，将深度学习和文本挖掘的相关技术应用到金融领域的信用风险评估中，为未来的相关研究提供了借鉴。

第 6 章　基于文本情感的 P2P 平台破产预测研究

第 3 章至第 5 章从微观层面研究了 P2P 参与者的行为，特别关注了借款人的信用风险识别问题，为网络借贷活动中的参与者，特别是为投资者提供了在网络借贷活动中进行决策的参考。从风险聚集角度来看，借款人的违约聚集可能会影响平台的正常运营，从而引发平台的信用风险，并可能最终导致平台的倒闭。为了给投资者提供在投资前进行 P2P 平台选择的决策支持，同时给 P2P 平台管理者提供平台破产的预警信号，本章开展基于文本情感的 P2P 平台破产预测研究。

当前，我国的 P2P 市场信息披露和监管机制还不成熟。在传统金融市场，如股票市场上，上市公司需要按照规定披露相关的运营、财务等信息。不同的是，在 P2P 市场上，平台都只披露其基本信息、管理层信息，而很少披露相关的运营、财务等信息。因此，传统金融市场上研究上市公司破产的方法在 P2P 市场是比较难以实施的。由于 P2P 平台的定性不是一个金融机构或者一个实体企业，而是一个金融信息服务机构。对于金融信息服务机构而言，其服务能力、服务流程设计和治理能力可能是影响其存续的一个重要原因。网络借贷投资者社区的评论能够捕获这种服务能力及相关平台的运营变化。如果投资者在参与借贷之前利用了投资者社区的评论信息，那么可能会影响 P2P 平台的资金吸引能力。此外，借款人在借款之前往往会搜寻相关平台的信息，可能参照相关平台的评论进行自己的借款活动。P2P 平台依赖投资者和借款人的规模容量存活，因而在一定程度上，投资者社区的评论情感可能影响 P2P 平台的资金或者借款人的吸引能力，并最终传导到平台的存续。基于此，本章基于弱监督机制的文本情感分析技术，首先从投资者社区的评论中捕获关于平台的评论情感，然后观察这种评论情感是否与 P2P 平台破产之间有关联，进而为 P2P 参与者提供借贷前的参考。

6.1　弱监督机制的文本情感分析模型与文本情感度量

6.1.1　基于深度学习的文本情感度量

CNN 可以利用卷积操作和池化操作来捕获图像的局部特征（Lecun et al.，1998）。通过词嵌套工具将文本数据转换为类图像数据，有学者将 CNN 扩展到

NLP 领域（Ju and Yu，2018；），尤其是文本情感分析（Severyn and Moschitti，2015）。本章采用不准确的弱监督机制来训练 CNN 文本特征提取器，该训练过程分为两个阶段：第一阶段，使用较大的弱标注训练样本来初步训练网络的权重参数。第二阶段，使用人工标注良好的小训练样本来微调第一阶段训练好的网络权重参数，直到在人工标注的测试样本集中获得最佳性能。本章研究采用的 CNN 文本情感分析模型的详细结构如图 6-1 所示。该模型的运行机制可描述如下：首先，通过使用预训练的词嵌套①将分割好的文本数据转换为类图像数据作为网络的输入。其次，对输入执行卷积操作和池化操作，将高维特征向量转换为低维文本特征。相比而言，变换后的文本特征比输入数据更抽象，同时能捕获输入文本的重要局部特征。最后，这些文本特征被送入全连接层，加上 Softmax 层实现最终的文本分类。我们使用 dropout 策略和随机梯度下降法来训练网络以得到网络的权重参数。

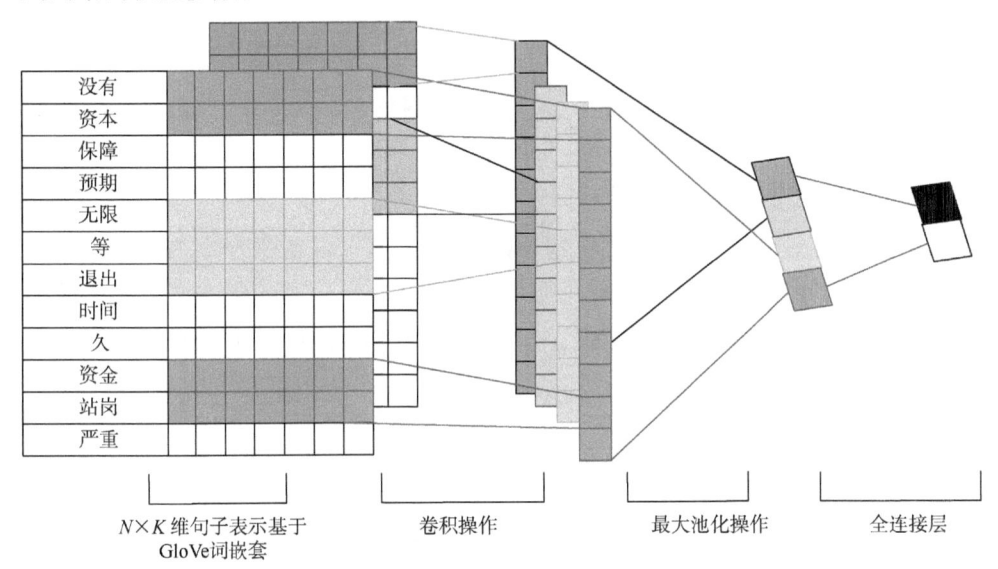

图 6-1 弱监督机制的 CNN 文本情感分析模型结构示意图

如上介绍，在模型训练阶段，首先使用 28 134 个弱标注样本（评论的得分评级被作为弱监督形式分类标签）进行训练预设网络结构，得到一个弱情感分类模型。其次使用 4633 个人工标注的样本来微调这个弱情感分类模型。在这两个训练过程之后，得到一个表现良好的情感分类模型，其在人工标注测试样本集上的测试准确率为 94.28%。最后使用该模型来计算实证实验中每个评论的情感得分（评论为积极的概率）。

---

① 如 GloVe、Word2Vec 等，具体参见本书的基础理论部分。本书使用 GloVe 词嵌套技术在百度百科语料库上训练得到实验中的词嵌套。

6.1.2 考虑评论点评的投资者社区评论情感得分

文本情感度量通常分为两类，基于词典的方式和基于机器学习的方式。对于基于词典的方式，情感度量可以是给定类别中的单词数量与文本中单词总数的百分比（Chen et al., 2013）或积极情感词的百分比与消极情感词的百分比之差（Davis et al., 2012）。对于基于机器学习的方式，情感度量可以是文本的情感类别（Li, 2010）或文本的积极和消极概率之差（Sinha, 2016）。类似 Chen 等（2013）在探讨互联网上发布的评论情感与股票收益之间的关系时，考虑了评论的支持、关注度、消息数量和单词数量等信息。本章在构建评论情感得分的过程中，也融入其他参与者的点评信息。由于收集到的每条评论都有一个"赞同"标签和一个"反对"标签，它反映了其他投资者对该评论的态度。本章考虑将这些其他评论者的点评信息纳入平台的评论情感得分度量中。

对于平台给定时期内的评论，其总体评论情感得分定义如下：

$$\text{Sent}_i^l = \sum_{k=1}^{m_i}[(1+W_A A_{i,k}+W_D D_{i,k})(\text{SP}_{i,k}-\text{SN}_{i,k})] \tag{6-1}$$

$$\text{Sentstd}_i^l = \text{Sent}_i^l / m_i \tag{6-2}$$

其中，Sent_i^l 为平台 i "标签形式"的评论情感得分[①]；m_i 为平台 i 在给定时期内评论的总数；$W_A(W_D)$ 为关于评论的赞同（反对）权重；$A_{i,k}(D_{i,k})$ 为平台 i 中第 k 个评论的赞同（反对）数量；$\text{SP}_{i,k}(\text{SN}_{i,k})$ 为平台 i 的第 k 个评论的正（负）情感指标。

$$\text{Sent}_i^p = \sum_{k=1}^{m_i}[(1+W_A A_{i,k}+W_D D_{i,k})(\text{PP}_{i,k}-\text{PN}_{i,k})] \tag{6-3}$$

$$\text{Sentstd}_i^P = \text{Sent}_i^P / m_i \tag{6-4}$$

$$\text{Sentprt}_i = \frac{\sum_{k=1}^{K}\text{Sign}(\text{PP}_{i,k} \geqslant 0.6)}{m_i} \tag{6-5}$$

其中，Sent_i^p 为平台 i "概率形式"的评论情感得分[②]；$\text{PP}_{i,k}(\text{PN}_{i,k})$ 为由情感分析模型得到的关于平台 i 的第 k 个评论积极（消极）的概率；Sign 为符号函数。

---

① "标签形式"的评论情感得分，即每条评论最终结果为 1 或 0，代表积极或消极类别。
② "概率形式"的评论情感得分，即每个评论的最终得分为积极情感的概率，取值为[0,1]。

6.2 评论文本情感预测 P2P 平台破产的实证分析

使用 LR 模型来实证检验平台破产与社区评论情感得分之间的关系。具体来说，拟合以下回归模型：

$$\text{Stop}_i = \alpha + \beta_1 \text{SS}_i + \beta_2 \text{SurM}_i + \beta_3 \text{AvgT}_i \\ + \beta_4 \text{AvgR}_i + \beta_5 \text{NumA}_i + \varepsilon_i \quad (6\text{-}6)$$

其中，SS 为定义的情感变量之一。实证分析使用的所有变量描述见表 6-1

表 6-1 变量定义

变量名	变量描述
Stop	在 2018 年 8 月平台的状态（虚拟变量）；如果平台破产，则取值 1，否则为 0
Sent^l	"标签形式"的评论情感得分，如式（6-1）定义
Sentstd^l	Sent^l 的平均值，如式（6-2）定义
Sent^p	"概率形式"的评论情感得分，如式（6-3）定义
Sentstd^p	Sent^p 的平均值，如式（6-4）定义
Sentprt	在给定时期内评论的积极情感占比，如式（6-5）定义
存续时长	到统计截止时间（2018 年 8 月）平台的存续时长（月）（SurM）
平均期限	对数形式的平台所有贷款请求期限（月）（AvgT）
平均利率	对数形式的平台上所有贷款的平均利率（年化）（AvgR）
异常数	平台存续期内异常运营的次数（NumA）

6.2.1 数据描述

本章收集的数据来自网贷之家，它是目前我国 P2P 市场上的一个权威第三方网络借贷咨询平台。初始样本集中包括 6356 个样本，每个样本包括平台的工商信息、社区评论、新闻动态和其他信息。6356 个样本中包括 1633 个在营平台和 4723 个破产平台（提现困难、跑路、网站不可访问和经侦介入等状况）。为了避免因 2016 年 8 月 24 日法律环境的变化[①]引起的估计误差，实证研究中只包括在此时间点之后提现困难且至少存续超过一年的问题平台。另外，由于本章研究的是投资者社区评论情感与平台运行状态的关系，因此在分析中丢弃在给定时间内投资者社区评论数目小于 50 条的平台。在数据清理之后，获得了一个相对较小的样本集，包括 339 个在营平台和 120 个问题平台（其中在 2018 年退

---

① 《网络借贷信息中介机构业务活动管理暂行办法》正式实施。

出的有 107 个）[①]。实证分析包括了上述定义的评论文本情感、平台存续期内的异常运营的次数、平台当前的平均贷款利率和平均贷款期限，以及平台的存续时长。表 6-2 中给出了这些变量的摘要。变量相关性见表 6-3。

表 6-2　样本变量摘要

变量	最小值	最大值	平均值	标准差
Stop	0.00	1.00	0.260	0.440
Sentstd^l	−0.44	0.56	0.078	0.084
Sent^l	−0.12	0.88	0.040	0.087
Sentstd^p	−0.47	0.53	0.078	0.083
Sent^p	−0.13	0.87	0.042	0.092
Sentprt	0.00	1.00	0.635	0.350
存续时长	2.48	4.92	3.734	0.396
平均期限	−0.56	3.82	1.544	0.805
平均利率	1.81	3.13	2.393	0.229
异常数	0.00	1.00	0.200	0.401

表 6-3　相关性表

变量	Stop	Sent^l	Sentstd^l	Sent^p	Sentstd^p	Sentprt	平均期限	平均利率	存续时长
Sent^l	−0.121**								
Sentstd^l	−0.169***	0.416***							
Sent^p	−0.116**	0.997***	0.424***						
Sentstd^p	−0.150***	0.399***	0.988***	0.412***					
Sentprt	−0.142**	0.233***	0.569***	0.244***	0.578***				
平均期限	−0.275***	0.072	0.022	0.068	0.01	0.015			
平均利率	0.249***	0.094	0.019	0.093	0.014	0.032	0.009		
存续时长	−0.241***	0.187***	0.082	0.185***	0.082	0.079	0.226***	0.060	
异常数	0.254***	−0.001	−0.024	0.003	−0.011	0.018	−0.072	0.046	−0.009

注：括号内为该系数估计的标准差

***和**分别表示该结果在1%和5%的显著性水平下显著

相关性表显示所有变量均与 P2P 平台的存续状态显著相关。根据高利益伴随高风险的市场原则，平台的较高利率可能隐含该平台上借款人的违约风险较

[①] 获取平台的完整数据非常困难，因为没有机构或第三方平台收集到完整的行业数据。此外，P2P 平台的信息披露没有严格的标准，因此实证分析中所有平台的变量相对较少。

高。因此，平均利率较高的平台可能更容易陷入现金流动困境，从而增加平台发生提现困难的可能，并可能最终导致平台破产。而更长的存续时间意味着平台可以在 P2P 活动中积累更多的业务经验，平台可能具有更强的风险控制能力。此外，相关性表还显示平台异常数与平台的破产高度相关，但很少与其他变量相关，这意味着异常数可能与平台的未来运营状态有很强的关系。

6.2.2 实证环境与实验设置

与预测股票市场上市公司的破产不同的是，P2P 市场并没有像股票市场那样完整的信息披露机制。因此，用于预测上市公司破产的传统财务指标，如盈利能力、流动性、杠杆率、现金流、现金与流动性头寸以及交易量（Lin et al., 2017）等都无法在 P2P 市场上获取。为此，我们从多个地方收集了关于 P2P 平台的信息，包括每个平台的申报状态、平台上当前贷款申请的平均贷款利率、平台上当前贷款申请的平均贷款期限、平台的存续时长、平台存续期间异常运营的次数以及投资者社区关于该平台的评论情感。

P2P 平台上所有贷款的平均利率和平均期限反映了平台的基本运营情况。一般来说，平均利率越高，借款人违约的可能性就越大，从而导致平台出现现金流量问题的可能性就越大，增加平台破产的风险。而较长的平均期限，对 P2P 平台来讲，即使平台上投资者发生违约，其也可以利用期限错配来缓解短期的现金流紧张，从而使得平台更有韧性。另外，P2P 平台存续时长越长，则其运营团队将学习更多的管理和风险控制经验，那么存续时长也可能是反映 P2P 平台潜在风险的一个指标。在我国的"国家企业信用信息公示系统"中有记录公司的异常运营情况。具体包括以下情况：未在法定期限发布公司的年度报告；隐瞒真相或提供虚假信息；联系人无法根据提供的联系信息联系到。直观地说，异常数可能是反映公司信用信息的重要指标。大量的异常记录意味着 P2P 平台的基本信息远非事实。因此，具有大量异常操作的 P2P 平台在不久的将来产生问题的可能性会更高。

实验中使用基于 CNN 的文本情感分析模型来计算每个评论的积极情感概率，然后使用式（6-1）到式（6-5）来计算每个平台在给定时期内的投资者社区评论情感得分。图 6-2 显示了正在运营的 P2P 平台和破产平台在收集数据截止日期（对于在营平台而言）或者平台破产日期前 90 天的评论数量[①]。图 6-3 给出了在营平台和破产平台的投资者社区评论平均数。结果显示，在破产前约 30 天，破产平台的评论数急剧增加。这些结果表明近期的投资者社区评论对 P2P 平台未来运营状况可能会有影响。

---

① 图中纵轴为经过自然对数转换的结果，横轴以 3 天为一个单位进行统计，总共统计 90 天的评论变化情况。

（a）在营平台投资者评论情况

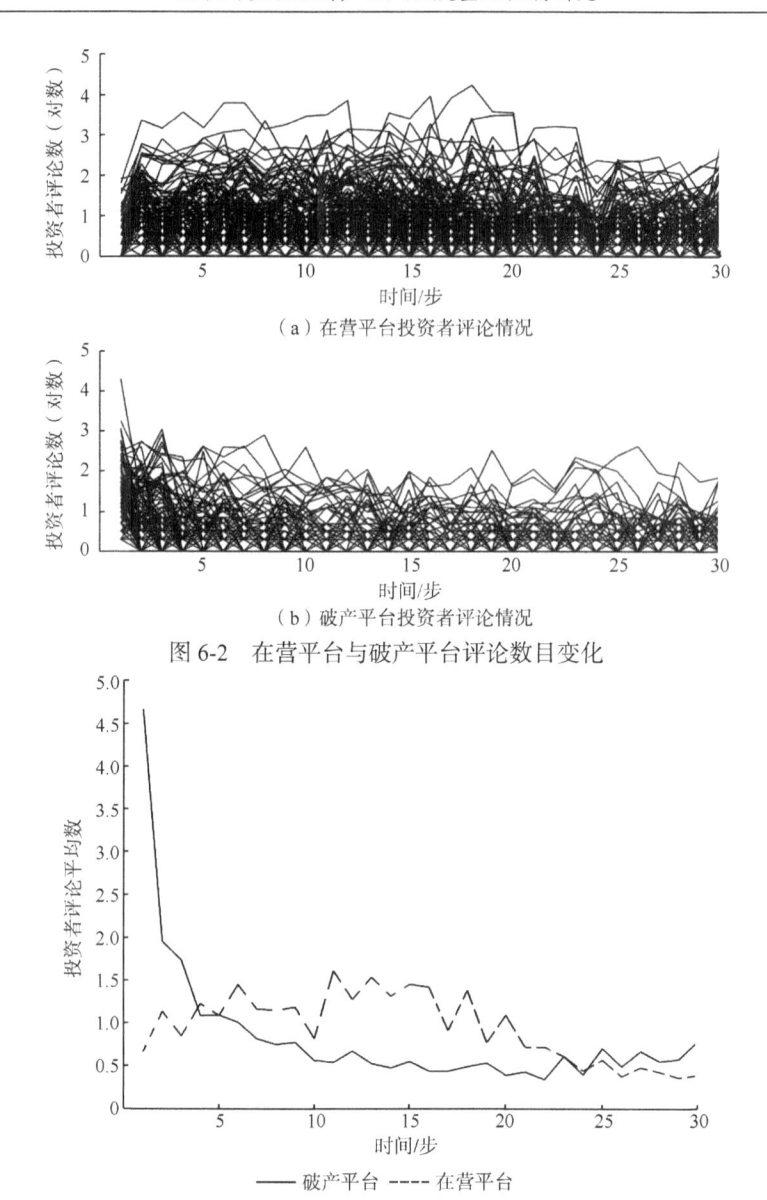

（b）破产平台投资者评论情况

图 6-2　在营平台与破产平台评论数目变化

图 6-3　在营平台与破产平台平均评论变化

6.2.3　模型实证结果

实证研究使用三个不同的评论样本集来计算每个平台的评论情感得分。第一个样本集中，对于破产平台而言，评论来自平台破产前 120 天到前 30 天，总计 90 天的投资者社区评论；对于正常运营的平台而言，数据来自收集时刻（2018 年 12 月 30 日）的前 120 天到前 30 天的投资者社区评论。另外两个样本集与第一个样本集类似，不过滞后的天数为 20 天和 15 天。表 6-4 报告了第一个样本集的实证检验结果，结果显示，平台的投资者社区评论情感得分与平台的破产状态呈负相关。如果投资者的评论情感为积极的，则该平台在不久的将来发生破产的概率相对低于那些具有更多负面评论的平台。五种不同情感测度的实证结果表明，"标签形式"和"概率形式"的标准化评论情感得分是更重要的预测因素。评论的数量仍然会对平台的未来状态产生影响，其中未标准化的评论情感得分在 5%的显著性水平下显著。通过积极情感得分占比定义的评论情感得分的影响也是显著的，但是影响水平远低于其他情感得分指标。这种现象表明评论的数量和包含"赞同"与"反对"在评价评论情感方面是有意义的。对于其他解释变量，平台的存续时长和贷款申请的平均期限与 P2P 平台的破产状态显著负相关。然而，平均利率和异常数与 P2P 平台的破产呈现出显著正向相关的关系，这表明它们是平台在不久的将来破产的有力预测因素。

表 6-4　滞后 30 天的 90 天期的社区评论情感与 P2P 平台破产的关联性实证结果

变量	（1）	（2）	（3）	（4）	（5）
$Sentstd^l$	−11.944*** （3.560）				
$Sent^l$		−7.651** （3.306）			
$Sentstd^p$			−10.528*** （3.380）		
$Sent^p$				−7.763** （3.353）	
$Sentprt$					−0.813** （0.364）
存续时长	−1.630*** （0.471）	−1.435*** （0.472）	−1.586*** （0.470）	−1.429*** （0.472）	−1.588*** （0.469）
平均期限	−0.798*** （0.226）	−0.777*** （0.221）	−0.806*** （0.226）	−0.780*** （0.222）	−0.789*** （0.223）
平均利率	2.966*** （0.739）	3.093*** （0.728）	2.951*** （0.735）	3.113*** （0.728）	3.074*** （0.733）
异常数	1.512*** （0.364）	1.418*** （0.357）	1.474*** （0.361）	1.404*** （0.357）	1.485*** （0.355）
样本量	459	459	459	459	459

注：括号内为该系数估计的标准差
***和**分别表示该结果在 1%和 5%的显著性水平下显著

表 6-5 和表 6-6 报告了其他两个样本集的实证结果。结果表明投资者社区评论情感对 P2P 平台破产有显著的预测力，其中"标签形式"和"概率形式"的标准化评论情感得分和积极情感得分占比仍然在 1%的水平下显著。然而，从表 6-4 到

表 6-6 发现，评论情感得分对破产的影响逐渐减小，尤其是对于未标准化的情感得分而言（$Sent^l$ 和 $Sent^p$），这是由于未标准化处理的评论情感得分实际上包括评论的"量"的信息。如图 6-3 显示破产平台和在营平台之间在过去 30 天与 15 天的评论数量平均值的差异不断减小，这表明评论数量带来的影响正在逐渐减弱。

表 6-5 滞后 20 天的 90 天期的社区评论情感与 P2P 平台破产的关联性实证结果

变量	（1）	（2）	（3）	（4）	（5）
$Sentstd^l$	−9.018*** (2.789)				
$Sent^l$		−5.526** (2.742)			
$Sentstd^p$			−7.868*** (2.606)		
$Sent^p$				−5.538** (2.775)	
Sentprt					−1.012*** (0.373)
存续时长	−1.642*** (0.472)	−1.454*** (0.471)	−1.594*** (0.469)	−1.450*** (0.471)	−1.639*** (0.471)
平均期限	−0.805*** (0.227)	−0.784*** (0.221)	−0.811*** (0.227)	−0.786*** (0.221)	−0.793*** (0.224)
平均利率	2.968*** (0.737)	3.135*** (0.725)	2.976*** (0.734)	3.151*** (0.726)	3.171*** (0.738)
异常数	1.486*** (0.362)	1.396*** (0.355)	1.455*** (0.359)	1.390*** (0.355)	1.511*** (0.358)
样本量	459	459	459	459	459

注：括号内为该系数估计的标准差
***和**分别表示该结果在 1%和 5%的显著性水平下显著

表 6-6 滞后 15 天的 90 天期的社区评论情感与 P2P 平台破产的关联性实证结果

变量	（1）	（2）	（3）	（4）	（5）
$Sentstd^l$	−7.763*** (2.586)				
$Sent^l$		−4.624* (2.498)			
$Sentstd^p$			−6.721*** (2.396)		
$Sent^p$				−4.627* (2.531)	
Sentprt					−0.980*** (0.373)

续表

变量	（1）	（2）	（3）	（4）	（5）
存续时长	−1.618*** （0.471）	−1.468*** （0.472）	−1.578*** （0.469）	−1.465*** （0.471）	−1.630*** （0.471）
平均期限	−0.788*** （0.225）	−0.784*** （0.221）	−0.797*** （0.225）	−0.786*** （0.221）	−0.777*** （0.223）
平均利率	2.961*** （0.732）	3.143*** （0.724）	2.979*** （0.730）	3.159*** （0.725）	3.142*** （0.732）
异常数	1.465*** （0.360）	1.394*** （0.354）	1.441*** （0.357）	1.390*** （0.354）	1.501*** （0.357）
样本量	459	459	459	459	459

注：括号内为该系数估计的标准差

***和*分别表示该结果在1%和10%的显著性水平下显著

结合上述结果，发现从投资者社区评论中提取的情感对于预测 P2 平台的破产是具有解释力的。一方面，P2P 作为一个新兴的在线借贷市场，没有成熟的监管体系和健全的信息披露机制。到目前为止，该市场尚未形成运营状况披露的统一规范。许多平台根据平台经理人的意愿披露平台的运营信息，导致投资者与平台之间存在严重的信息不对称，从而使得投资者难以准确评估平台当前的运营状况。因此，当投资者做出投资决策的时候，参考其他投资者对平台的看法是有帮助的。另一方面，P2P 市场的大多数投资者缺乏风险防范意识。在分析了投资者的意见后，发现大多数投资者更加关注平台的服务状况，如平台上的现金提取速度、资金驻留时间和平台的盈利能力，很少有人深入分析 P2P 平台的潜在风险因素。虽然平台的服务和盈利能力并未直接反映平台的潜在风险，但是当平台面临风险时，其服务和盈利能力将受到影响。换句话说，平台的服务和盈利能力将在一定程度上反映平台的运营状态的变化，从而对平台的破产具有一定的预警作用。

6.2.4 稳健性检验

为了表明本章实证实验的稳健性，我们检验了较短时期内计算的评论情感得分是否还有以上的结论。我们提取这样两个样本集：第一个样本集包含 30 天跨度的评论（平台破产日期或者数据收集截止日期滞后 30/20/15 天到滞后 60/50/45 天的社区评论数据）；第二个样本集包含 60 天跨度的评论（平台破产日期或者数据收集截止日期滞后 30/20/15 天到滞后 90/80/75 天的社区评论数据）。结果分别报告在表 6-7 和表 6-8。此外，剔除了 2018 年之前的破产平台之后，进一步进行了实验，抽取 90 天评论计算的情感与平台破产之间的关联性实证结果报告在表 6-9 中。所有稳健性检验的结果与上述结论一致。

表 6-7 抽取 30 天评论计算的情感与平台破产之间的关联性实证结果

变量	滞后 15 天的 30 天期评论					滞后 20 天的 30 天期评论					滞后 30 天的 30 天期评论				
	(1)	(2)	(3)	(4)	(5)	(1)	(2)	(3)	(4)	(5)	(1)	(2)	(3)	(4)	(5)
Sentstd^t	-7.799** (3.613)					-7.494** (3.031)					-6.162** (2.548)				
Sent^t		-3.568 (2.173)					-5.135* (2.743)					-8.759** (3.862)			
Sentstd^p			-6.497* (3.432)					-6.557** (2.884)					-6.048** (2.412)		
Sent^p				-3.477 (2.203)					-4.885* (2.697)					-9.283** (4.065)	
Sentprt					-0.846*** (0.334)					-0.839** (0.340)					-0.737** (0.336)
存续时长	-1.496*** (0.469)	-1.483*** (0.471)	-1.499*** (0.470)	-1.488*** (0.471)	-1.447*** (0.473)	-1.507*** (0.470)	-1.457*** (0.471)	-1.497*** (0.469)	-1.461*** (0.471)	-1.511*** (0.470)	-1.609*** (0.475)	-1.460*** (0.473)	-1.570*** (0.473)	-1.446*** (0.472)	-1.553*** (0.472)
平均期限	-0.780*** (0.223)	-0.785*** (0.222)	-0.780*** (0.222)	-0.785*** (0.221)	-0.794*** (0.224)	-0.775*** (0.226)	-0.787*** (0.222)	-0.779*** (0.225)	-0.787*** (0.222)	-0.784*** (0.226)	-0.749*** (0.224)	-0.769*** (0.224)	-0.761*** (0.225)	-0.772*** (0.225)	-0.782*** (0.224)
平均利率	3.062*** (0.724)	3.208*** (0.725)	3.076*** (0.722)	3.209*** (0.725)	3.102*** (0.724)	3.022*** (0.725)	3.208*** (0.727)	3.045*** (0.723)	3.212*** (0.726)	3.061*** (0.724)	3.038*** (0.722)	3.140*** (0.727)	3.068*** (0.723)	3.164*** (0.729)	3.064*** (0.726)
异常数	1.406*** (0.353)	1.380*** (0.353)	1.396*** (0.351)	1.380*** (0.353)	1.491*** (0.357)	1.484*** (0.357)	1.379*** (0.354)	1.458*** (0.355)	1.375*** (0.354)	1.568*** (0.363)	1.477*** (0.356)	1.376*** (0.356)	1.463*** (0.356)	1.362*** (0.357)	1.555*** (0.362)

注：括号内为该系数估计的标准差

***、**和*分别表示该结果在1%、5%和10%的显著性水平下显著

表 6-8 抽取 60 天评论的情感与平台破产之间的关联性实证结果

变量	滞后 15 天的 60 天期评论 (1)	(2)	(3)	(4)	(5)	滞后 20 天的 60 天期评论 (1)	(2)	(3)	(4)	(5)	滞后 30 天的 60 天期评论 (1)	(2)	(3)	(4)	(5)
Sentstd^l	-6.688*** (2.468)					-6.393*** (2.205)					-6.790*** (2.028)				
Sent^l		-4.767* (2.606)					-5.486* (2.799)					-6.638** (2.993)			
Sentstd^p			-5.895** (2.351)					-5.663*** (2.085)					-6.629*** (2.027)		
Sent^p				-4.751* (2.652)					-5.502* (2.854)					-6.992** (3.137)	
Sentprt					-0.938*** (0.344)					-0.910*** (0.344)					-1.111*** (0.344)
存续时长	-1.609*** (0.470)	-1.469*** (0.471)	-1.570*** (0.468)	-1.468*** (0.471)	-1.629*** (0.474)	-1.567*** (0.474)	-1.453*** (0.472)	-1.525*** (0.472)	-1.449*** (0.471)	-1.558*** (0.473)	-1.613*** (0.478)	-1.443*** (0.472)	-1.563*** (0.475)	-1.432*** (0.472)	-1.546*** (0.475)
平均期限	-0.800*** (0.225)	-0.787*** (0.221)	-0.801*** (0.224)	-0.788*** (0.221)	-0.790*** (0.224)	-0.792*** (0.227)	-0.786*** (0.222)	-0.801*** (0.226)	-0.788*** (0.222)	-0.811*** (0.225)	-0.810*** (0.229)	-0.780*** (0.223)	-0.821*** (0.229)	-0.782*** (0.223)	-0.840*** (0.230)
平均利率	3.085*** (0.727)	3.178*** (0.725)	3.110*** (0.725)	3.188*** (0.726)	3.139*** (0.727)	3.049*** (0.727)	3.160*** (0.726)	3.072*** (0.725)	3.172*** (0.726)	3.071*** (0.724)	3.030*** (0.731)	3.113*** (0.727)	3.053*** (0.730)	3.133*** (0.728)	2.974*** (0.733)
异常数	1.440*** (0.357)	1.387*** (0.354)	1.413*** (0.355)	1.383*** (0.354)	1.543*** (0.360)	1.483*** (0.359)	1.388*** (0.355)	1.456*** (0.356)	1.382*** (0.355)	1.583*** (0.363)	1.485*** (0.361)	1.395*** (0.356)	1.457*** (0.359)	1.382*** (0.356)	1.602*** (0.365)

注：括号内为该系数估计的标准差
***、**和*分别表示该结果在 1%、5%和 10%的显著性水平下显著

表 6-9 抽取 90 天评论计算的情感与平台破产之间的关联性实证结果

变量	滞后 15 天的 90 天期评论 (1)	(2)	(3)	(4)	(5)	滞后 20 天的 90 天期评论 (1)	(2)	(3)	(4)	(5)	滞后 30 天的 90 天期评论 (1)	(2)	(3)	(4)	(5)
Sentstd^t	-6.537** (2.669)					-7.891*** (2.919)					-11.313*** (3.777)				
Sent^t		-3.679 (2.340)					-4.510* (2.592)					-6.611** (3.256)			
Sentstd^p			-5.358** (2.444)					-6.535** (2.693)					-9.342*** (3.551)		
Sent^p				-3.651 (2.368)					-4.471* (2.613)					-6.530** (3.258)	
Sentprt					-0.865** (0.395)					-0.904** (0.395)					-0.691* (0.389)
存续时长	-1.063*** (0.525)	-0.913* (0.528)	-1.024* (0.523)	-0.910* (0.528)	-1.035* (0.529)	-1.079** (0.526)	-0.898* (0.528)	-1.032** (0.523)	-0.895* (0.528)	-1.047** (0.528)	-1.043** (0.528)	-0.878* (0.529)	-1.001* (0.525)	-0.873* (0.529)	-1.003* (0.526)
平均期限	-0.909*** (0.245)	-0.902*** (0.241)	-0.914*** (0.244)	-0.903*** (0.241)	-0.901*** (0.243)	-0.925*** (0.247)	-0.901*** (0.241)	-0.927*** (0.246)	-0.903*** (0.242)	-0.915*** (0.245)	-0.927*** (0.247)	-0.894*** (0.242)	-0.929*** (0.247)	-0.897*** (0.242)	-0.907*** (0.243)
平均利率	3.206*** (0.792)	3.400*** (0.789)	3.217*** (0.791)	3.412*** (0.789)	3.381*** (0.796)	3.209*** (0.796)	3.393*** (0.789)	3.206*** (0.794)	3.404*** (0.789)	3.415*** (0.803)	3.175*** (0.801)	3.348*** (0.790)	3.148*** (0.797)	3.364*** (0.790)	3.356*** (0.795)
异常数	1.016** (0.413)	0.964** (0.408)	0.999** (0.411)	0.960** (0.409)	1.029** (0.408)	1.032** (0.415)	0.965** (0.409)	1.008** (0.412)	0.960** (0.410)	1.038** (0.410)	1.046** (0.419)	0.984** (0.412)	1.015** (0.415)	0.972** (0.411)	1.026** (0.408)

注：括号内为该系数估计的标准差。该数据集仅包含 2018 年的数据

***、**和*分别表示该结果在 1%、5%和 10%的显著性水平下显著

6.3 本章小结

P2P 平台的破产将导致投资者在这个平台上的巨额资金流失。由于 P2P 市场中的投资者和借款人实际上构成了一个复杂的借贷关系网络,一个平台的破产可能会导致其他平台也陷入危机,最终可能导致大量 P2P 平台的破产。因此,研究可能影响或预警 P2P 平台破产的因素对投资者、监管机构以及平台来说都很重要。另外,P2P 市场作为纯粹的在线信贷市场,平台的披露信息以及投资者和其他金融从业者的评论可能会在不久的将来为 P2P 平台的潜在运行状态提供一些见解。从行为经济学的角度出发,从投资者社区评论和其他非常规信息源中提取见解来预测 P2P 平台的未来潜在运营状态具有经济意义。

本章研究了我国 P2P 市场上 P2P 平台的破产与关于 P2P 平台的投资者社区评论中所表达的投资者情感之间的关系。利用弱监督机制的 CNN 文本情感分析技术分析每一个评论的情感,进一步构建了五个不同的评论情感得分指标。在构建评论情感得分指标时,本章研究也考虑了每个评论中其他投资者关于该评论的"赞同"与"反对"的态度信息,这有助于更准确地刻画该评论的真实情感。基于从网贷之家抓取的数据,实证检验了评论情感得分与平台未来运营状态之间的关系。结果表明,过去三个月内投资者社区关于平台的评论情感的积极程度与平台破产的可能性之间存在显著的负相关关系,平台破产的迹象早在 30 天前就可以从投资者评论情感中找到。投资者向平台发布的评价越积极,平台在不久的将来破产的可能性就越小。此外,每条评论的"赞同"和"反对"信息也有助于提高评论情感得分对平台破产的预测能力。

第 7 章 互联网融资平台个体借贷关系网络特征与违约研究

互联网借贷平台参与者的身份可以是双重的，既可以是投资者，也可以是借款人，参与者的个体借贷关系构成一个有向复杂网络。本章从互联网借贷微观个体构成的借贷关系网络视角探究网络拓扑特征和借款人违约之间的联系。首先，提出个体借贷关系网络的构建方法，分析该借贷关系网络的网络密度、平均点度、网络直径和平均距离、幂律指数等特征。其次，基于平台借贷数据，使用周期内所有的投资记录构建个体借贷关系网络，并分析网络整体特征及违约借款人子网络、无违约借款人子网络、不同信用等级借款人子网络与纯投资者子网络的特征，以揭示借款人和投资者的行为选择规律。再次，计算借款人节点入度中心度、近距威望和中介中心度，并检验这些节点网络拓扑特征与信用等级、借款利率、借款金额等借款信息的相关性。然后，对低信用等级的借款人群体分别建立借款人违约与节点网络拓扑特征、借款信息的 LR 模型，并通过 Probit 回归验证稳健性。最后，针对互联网融资平台借贷风险的有效监管提出管理对策和建议。

7.1 个体借贷关系网络构建及整体特征描述

7.1.1 个体借贷关系网络构建

以借贷平台参与者（投资者或借款人）为节点，以借贷关系作为连接边，建立一个有向借贷关系网络 $G=(V,E)$，其中 $V=\{v_i; i=1,2,\cdots,n\}$，$E=\{e_{ij}; i=1,2,\cdots,n, j=1,2,\cdots,n\}$，$n$ 是网络中的节点个数，e_{ij} 是从节点 v_i 指向 v_j 的边。

为清晰说明网络结构，图 7-1 给出了互联网平台个体借贷关系网络的最简子图。

图 7-1 的个体借贷关系网络中，集合 V 包含了三类节点：①纯投资者，即在网络中只有出度的节点，图中用实线圆圈表示；②纯借款人，即在网络中只有入度的节点，图中用虚线方框表示；③中介参与者，即在网络中有出度也有入度的节点，图中用实线方框表示。集合 E 表示投资者与借款人之间的所有借贷关

系。元素 e_{ij} 代表投资者 v_i 投资了借款人 v_j 发起的借款申请，代表投资选择关系，同时也包含资金流动方向。该有向网络存在多重边但不包含环，即同一个投资者对同一个借款人发起的信用标的投资了多次，代表重复的投资选择关系，但不存在借款人对自己发起的标的进行投资的行为。

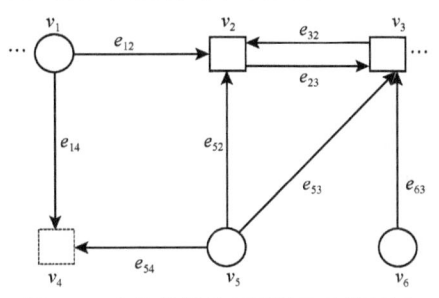

图 7-1 个体借贷关系网络的最简子图

7.1.2 个体借贷关系网络的整体特征描述

网络密度、平均点度、网络直径和平均距离、幂律指数是复杂网络的整体特征。其中，网络密度刻画了网络连接的总体特征。平均点度描述个体节点的连接情况，由于是无标度网络，其度分布服从幂律分布。网络直径和平均距离体现网络信息流的传递效率。

1. 网络密度

$\text{Density} = |E|/(n(n-1))$，$E$ 为网络边集合，$|E|$ 表示网络中边的数量，$n(n-1)$ 是有向网络的最大可能边数。根据 Nier 等（2007）关于网络结构与金融系统稳定性的研究，在未超过一定阈值下，较低的网络连通性意味着较低的风险传染性。

2. 平均点度

$\text{avr}_k = 1/n \sum_{i=1}^{n}(k_{v_i\text{-in}} + k_{v_i\text{-out}})$，其中节点 v_i 的入度 $k_{v_i\text{-in}} = \sum_{k \in V} 1_{e_{ki}} > 0$，$1_{e_{ki}} > 0$ 表示存在从 v_k 指向 v_i 的边；节点 v_j 的出度 $k_{v_i\text{-out}} = \sum_{j \in V} 1_{e_{ij}} > 0$，$1_{e_{ij}} > 0$ 表示存在从 v_i 指向 v_j 的边。一个节点的度等于其入度与出度之和。网络平均点度代表平均意义下一个参与者参与借贷活动的次数。

3. 网络直径和平均距离

节点间的距离 Dist_{ij} 定义为两个可达节点所有路径中的最短路径长度。有向网络中节点的可达性考虑了边的方向性，因此在不同方向上，同样两个节点的距离可能不同。网络直径为所有可达节点距离的最大值，即 diameter=Max($Dist_{ij}$)。网络直径刻画平台中最长的投资关系共由经过多少位中介参与者的连接构成；网络平均距离表示平均意义下一个参与者与多少其他参与者有借贷联系。

4. 幂律指数

网络中边的数量通常服从分布函数为 $P(x)=cx^{-\alpha}$ 的幂律分布（Clauset et al.，2009）。其中 α 是幂律指数，描述了网络中特征变量的变化速度。幂律分布反映了网络通常情况下表现为少数节点与大量其他节点相连，而多数节点的连接边很少的特征。现实世界中的多数网络都满足幂律分布的特征，这类网络被称为无标度网络（Newman，2003）。节点的入度在投资关系中表示有多少投资者向该节点所代表的借款人进行投资，对该节点来说，描述的是借贷行为。节点的出度在投资关系中表示该节点所代表的投资者投资了多少个借款人发布的借款，对于该节点来说，描述的是投资行为。

7.1.3 人人贷平台个体借贷关系网络的整体特征描述

人人贷平台成立于 2010 年，是我国早期的网络借贷信息服务中介之一，经过多年的稳健发展，成为我国互联网借贷行业的领军者。本章选择 2010 年 11 月到 2016 年 2 月人人贷平台上所有信用标的的借贷记录构建借贷关系网络，所建立的网络共有 71 499 个参与者节点，包括 49 666（69.46%）个纯投资者节点，20 960（29.32%）个纯借款人节点和 873（1.22%）个中介参与者节点。有 775 858 条边，其中 99 140 条为多重边。通过合并相同指向边（合并后的边权为原边权之和）对原始网络简化处理，最终得到包含 676 718 条边的简化网络。

所构建的网络的网络密度为 1.3×10^{-4}。网络平均点度约为 19，表明在平均意义下，一个参与者参与借贷活动大约 19 次。网络直径为 10，说明平台中最长的投资关系共由经过 9 位中介参与者的连接构成。表示在平均意义下，一个参与者只与平台中其他 2 位参与者有借贷联系。这些结果表明该网络边的关系是稀疏的，存在很多可以挖掘的潜在业务机会。另外，节点的入度和出度经过验证都符合幂律分布，对应的幂律指数分别是 2.45 和 2.94。从幂律指数来看，节点出度的幂律指数比入度的幂律指数大，说明平台交易中投资次数的变化速度更快。

7.2 不同属性借款人群体及纯投资者群体的行为特征

将互联网平台个体借贷关系网络上的节点对应到其所代表参与者的属性特

征，可将参与人划分为违约借款人、无违约借款人、不同信用等级借款人和纯投资者。将节点按照不同的属性特征进行分类，并将同属性特征的参与者节点及与其相连的边提取出来，构成违约借款人子网络、无违约借款人子网络、不同信用等级借款人子网络和纯投资者子网络。通过考察各个属性子网络的内部结构及群体间的行为特征，研究不同属性特征参与者的差异及联系。

7.2.1 违约借款人群体的行为特征

对于违约借款人子网络，根据违约借款人群体占全部借款人的比率，可以得出网络借款违约问题是否突出。根据违约节点之间边的连接情况，可以判断违约是否为直接传染所导致的。就人人贷平台个体借贷关系网络来看，本章提取了4131个违约节点组成违约借款人子网络，具体节点分布情况如表7-1所示。

表7-1 节点分布

属性	频数	占参与者比率	占借款人比率
违约	4 131	5.78%	18.92%
无违约	17 702	24.76%	81.08%
纯投资者	49 666	69.46%	227.48%

表7-1显示人人贷平台违约借款人和无违约借款人分别占5.78%和24.76%。纯投资者在全部参与者中占多数（69.46%），为借款人总数的2.27倍。有违约记录的借款人占全部借款人的18.92%，说明借款人违约问题比较突出。

在局部视角下，将违约借款人节点和它们相连的边从网络中提取出来形成局部违约借款人子网络，来观察违约借款人之间的内部联系。在互联网借贷平台的个体借贷关系网络中，风险的传染通过节点与节点之间的资金链进行。由于本章提取的违约借款人子网络只有一条边，是从借款人编号为81316的节点指向借款编号为117068的节点，对应的边权为100。如果违约节点之间没有边相连，便不具备违约直接传染的基础。因此，该违约借款人子网络的结构表明人人贷平台在2010年11月至2016年2月期间借款人发生的贷款违约不是由其他借款人的违约传染导致的。

7.2.2 不同信用等级借款人群体的行为特征

根据借款人的信用等级，可以将借款人分为不同信用等级的借款人群体，由此提取不同信用等级借款人子网络。根据不同信用等级借款人子网络中违约借款人占全部借款人的比率，了解不同信用等级借款人群体的违约情况是否突出，也可以了解不同信用等级的借款人群体是否有显著差异，进一步分析信用等级子网络特征，清晰刻画不同信用等级借款人子网络下借款人之间的投资行为选择。

具体就人人贷平台个体借贷关系网络来看，将所建立的个体借贷关系网络的节点对应到信用等级属性特征，可以将借款人节点分为七种，分别是信用等级AA、A、B、C、D、E 和 HR 所对应的类别。由于同一个借款人在一段时间内发起的借款行为可能是多次的，而每一次借款都可能对其重新评级，因此同一个借款人在不同时期可能有不同的信用等级。在违约预测问题中，把一个违约借款人错判为无违约借款人造成的损失远大于把一个无违约借款人错判为违约借款人造成的损失。同时，投资者进行投资决策时对有违约记录的借款人也更加谨慎和敏感。在这种情况下，取最低的信用等级与该借款人对应。按借款人信用等级属性划分的借款人频率分布及违约分布见表 7-2。

表 7-2　按借款人信用等级属性划分的借款人频率分布及违约分布

信用等级	频数	占借款人比率	违约率
AA	92	0.421%	0.005%
A	38	0.174%	0.000%
B	307	1.406%	0.009%
C	567	2.597%	0.032%
D	3 470	15.893%	1.287%
E	3 622	16.590%	1.296%
HR	13 737	62.919%	16.310%

表 7-2 显示人人贷平台上，信用等级为 AA 和 A 的参与者占比很低，分别为 0.421%和 0.174%。从 A 到 HR，信用等级越低的借款人在全部借款人中占比越高，特别是信用等级为 HR 的借款人在全部借款人中占比高达 62.919%，表明绝大多数借款人是高风险借款人。同时，信用等级越低的借款人违约率越高，其中信用等级为 HR 的借款人违约率高达 16.310%，表明平台绝大多数借款人信用等级过低而导致整体违约率过高的特征。

根据节点对应的借款人信用等级属性分别提取出 7 个信用等级借款人子网络，观察同信用等级中参与者之间的投资选择。不同信用等级借款人子网络的网络特征如表 7-3 所示。

表 7-3　不同信用等级借款人子网络的网络特征

信用等级	节点数	边数	多重连线	密度	平均度
HR	13 737	3 368	654	0.000 017 85	0.49
E	3 622	182	11	0.000 013 88	0.10
D	3470	728	84	0.000 060 48	0.42

续表

信用等级	节点数	边数	多重连线	密度	平均度
C	567	585	182	0.001 822 87	2.06
B	307	202	75	0.002 150 26	1.32
A	38	6	1	0.004 267 43	0.32
AA	92	1 340	782	0.160 057 33	29.13

表 7-3 表明信用等级为 AA 级的借款人之间的投资行为相对于其他信用等级借款人之间的投资行为有更紧密的联系。评级为 HR 和 E 的借款人内部借贷关系的网络密度明显小于其他的子网络，这类借款人的信用水平低，他们也不愿意对与自己同级的其他借款人进行投资。

网络中的中介参与者是值得关注的，如果他们所投标的发生违约，将会影响他们的资产水平，从而可能影响自身的还款行为。因此，从盈利的角度来看，高信用等级且有比较活跃投资行为的借款人更值得平台关注。

7.2.3 不同信用等级借款人群体及纯投资者群体间的行为特征

为研究不同信用等级借款人群体及纯投资者群体间的行为特征，将纯投资者的信用属性标签对应为 N。基于整体视角，将个体借贷关系网络中同一属性的节点看成一个节点，指向该节点的边的权重为原网络中指向该类节点的所有边的权重之和。如果边的起点和终点属于同一属性类别，则在新的网络中形成环。整体视角的网络中只有 8 个节点，除了标记为 N 的节点只有出度没有入度外，其他节点在该网络中都有一条出边、一条入边和环。通过整体视角，可以看到不同信用等级借款人之间的投资关系，由边的权重可直观了解到不同属性参与者在投资金额上的差异。

具体就人人贷平台个体借贷关系网络来看，表 7-4 列出了该网络下所有边的权重，表示不同信用等级借款人群体及纯投资者群体对各信用等级借款人群体投资的金额。

表 7-4 整体视角网络下所有边的权重（单位：万元）

信用等级		借款人信用等级						
		HR	E	D	C	B	A	AA
借款人	HR	84	28	188	773	944	2 746	2 482
	E	32	31	100	263	490	953	592
	D	46	32	125	336	746	1 555	1 108
	C	51	12	92	544	793	1 875	828

续表

信用等级		借款人信用等级						
		HR	E	D	C	B	A	AA
借款人	B	27	9	64	377	780	1 241	966
	A	3	0	27	25	23	30	8
	AA	403	113	610	3 056	6 868	12 520	12 053
纯投资者	N	21 350	27 251	47 561	137 214	172 712	407 588	225 924

信用等级为 A 的借款人投资金额相对低于其他中介参与者，但该类参与者在平台中获得的投资是最高的。由于信用等级为 A 的借款人群体违约率最低，这说明该平台信用等级为 A 的借款人更受欢迎，也更可信。信用等级 AA 的借款人对处于任何一个信用等级的借款人投资的金额都是最高的。另外，AA 级借款人群体的违约率只有 0.005%，与高信用等级代表的高还款能力相匹配，他们也具有较强的投资能力。只有投资行为的投资者群体对 HR 到 AA 各信用等级借款人群体投资的金额基本保持不断增加，其中对于 A 级信用借款人投资额最大。

7.3 借款人网络拓扑特征与借款信息相关性分析

通常，参与者在平台上进行投资或者借款的行为时间或者周期依赖性是不同的。在确定划分网络的时间周期时，首先，要考虑在多长时间内形成的借贷关系会对借款人当前的违约情况造成影响。其次，当前借款人的违约是在其借款到期后才形成的状态，这个状态并不受其还款日之后的投融资行为的影响。综合考虑借贷关系对借款人当前违约情况造成的影响需要周期积累性（纳入周期内更多的投资者投资行为的影响）以及投资者投资行为的时间频繁性因素，应该选取尽量短的时间周期。

具体就人人贷平台个体借贷关系网络来看，通过对 2010 年 11 月至 2016 年 1 月人人贷平台上所有信用标的的借款周期进行统计分析，发现只有 8 个标的的借款期限是小于 3 个月的。另外，选择 3 个月为周期时在相邻两个周期的个体借贷关系网络中，有重复出现的投资者节点或借款人节点。但其中借款人节点相对比较少，体现了投资者或者借款者在平台上的行为有不同时间或周期依赖性。从而选择 3 个月期限内发生的投资关系来构建个体借贷关系网络，得到的网络拓扑特征最合适。基于此我们建立了 21 个个体借贷关系网络。周期内的每一个借款人的借贷关系网络特征，由该借款人所在周期对应的网络计算得到。

7.3.1 借款人网络拓扑特征的计算

节点中心性用于衡量网络的可通达性，如果一个节点的中心程度越高，则意味着有越多的其他节点与此节点相连。在社会网络中，中心程度越高的节点代表的个体具有越大的威望或社会权利。本章建立的个体借贷关系网络是一个有向网络，主要关注借款人的入度中心度（input degree，ID），即节点 v_i 的入度代表从节点 v_j 指向 v_i 的边数。从选择关系来看，入度越大意味着选择把钱借给此借款人的投资者越多。从资金链的关系来看，入度越大的节点所代表的借款人与越多的投资者有负债关系。

节点的域是评价节点重要性的一种方法。一个节点的域是指与该节点存在途径的其他节点的数量，节点 v_i 的入域用 N_{V_i} 表示。网络中任意两个可达节点 v_i 和 v_j 的距离是指它们之间的最短路径长度，用 $g(v_i, v_j)$ 表示。由于在网络借贷中，平台参与者的资产负债水平受投资关系影响。间接投资关系中是否违约也会间接影响到该参与者的资产情况。同时，这种影响随着距离的增加而变弱，即直接投资关系对被观测节点中心性的影响比间接投资关系对其中心性的影响更大。距离越短，节点就越容易通达网络中的其他点，越容易接收到网络中流传的信息，传输效率越高。入域中的节点到达被观测节点的距离存在不同，因此在衡量被观测节点的中心性时，需要考虑入域内所有节点到达被观测节点的距离。近距威望（proximity prestige，PP）可以很好地衡量这一特征，其计算公式为

$$\mathrm{PP}_i = \frac{\dfrac{1}{N-1} N_{V_i}}{\dfrac{1}{N_{V_i}} \sum_{j \in N_{V_i}} g(v_i, v_j)} \tag{7-1}$$

较大的入域规模使节点代表的借款人具有较高的近距威望，这是因为有更多的投资者直接或间接地选择了该借款人。较小的平均距离也会增大借款人的近距威望，这是因为有更多的近邻节点选择了该借款人。

节点的中介性是另外一种评价节点重要性的方法。如果网络中任意其他两个节点的最短路径经过该节点，那么该节点就作为这两个节点信息传播路径上的中介。如果该节点作为中介的次数越多，那么该节点的中介中心度（betweenness centrality，BC）就越高，其在流通中起到的作用就越重要。节点中介中心度的计算公式为

$$c_B(v) = \sum_{i \neq v \neq j} \frac{\sigma_{ij}(v)}{\sigma_{ij}} \tag{7-2}$$

其中，$\sigma_{ij}(v)$ 为节点 v_i 到节点 v_j 的最短路径中经过节点 v 的数量；σ_{ij} 为节点 v_i 到节点 v_j 的最短路径数量。在个体借贷关系网络中，节点的中介中心度描述了该

节点在多大程度上参与了他人的投资关系。从节点作为中介的定义来看，作为中介的节点必然既有出度也有入度，因此该节点所代表的参与者具有投资者和借款人的双重身份。中介程度越高，反映的是该节点对应的参与者在平台中的投资借贷行为越活跃。

通过整理发现人人贷平台 21 833 名借款人中只有 4%的中介参与者。对应的借款人入度中心度、近距威望和中介中心度特征如表 7-5 所示。

表 7-5　借款人网络拓扑特征统计描述

网络拓扑特征	平均值	标准差	最小值	中位数	最大值
入度中心度	26.4343	0.2697	1.0000	16.0000	1037.0000
近距威望	0.0156	0.0002	4.91×10^{-5}	0.0015	0.2940
中介中心度	4.25×10^{-5}	5.47×10^{-6}	0.0000	0.0000	0.0664

表 7-5 显示借款人的入度中心度平均值达到 26.4343，最大值达到 1037。由于网络中的节点数量大，因此计算得到的节点入域小，导致近距威望数值较小。节点中介中心度的最大值为 0.0664，与只有 4%的借款人是中介参与者有关，但节点的中介性特征仍不可忽视。

7.3.2　借款人网络拓扑特征与借款信息相关性检验

下面检验三个节点网络拓扑特征与借款信息（借款人信用等级、借款金额和借款利率）之间的相关关系。之所以选择借款信息去检验相关性，是因为借款人的网络拓扑特征是基于每笔投资记录建立的借贷关系网络计算的，只有借款信息才与每笔记录相对应。这些指标中除了信用等级是有序的分类变量外，其他指标都是连续变量。在检验节点网络拓扑特征与借款利率和借款金额的相关关系时，计算两个变量间的皮尔逊相关系数。在检验节点网络拓扑特征与信用等级的相关关系时，计算两个变量的斯皮尔曼等级相关系数。

具体就人人贷平台个体借贷关系网络来看，借款人网络拓扑特征与借款人信用等级、借款利率和借款金额的相关关系见表 7-6。

表 7-6　借款人网络拓扑特征与借款信息相关性

网络拓扑特征	信用等级	借款利率	借款金额
入度中心度	0.184***	−0.007	0.641***
近距威望	0.086***	0.540***	−0.004
中介中心度	0.288***	0.055	0.176***

***表示在 1%的显著性水平下显著

表 7-6 显示入度中心度与信用等级的相关系数为 0.184，且在 1%显著性水平下显著。说明借款人在网络中的中心程度与其信用等级是有联系的。出借人会更倾向于把钱借给高信用等级的借款人，相应地，其在网络中的入度中心度会越大。另外，借款人在平台中总的借款金额与直接被投资的次数（入度中心度）有较强的正相关关系。但是入度中心度与借款利率间的关系不显著，可以解释为入度中心度越大说明该节点所代表的借款人获得越多投资者投资，对应借款金额越大，而低借款利率与投资者投资的次数无明显相关关系。

近距威望与信用等级的相关系数为 0.086，且在 1%显著性水平下显著。由于在计算借款人近距威望时考虑了距离，即在计算一个借款人的近距威望时，同时考虑了其他借款人对自身的选择和其他投资者与该借款人在借贷关系网络中的距离，这可视为对中心程度不同的节点赋予了不同的权重。可以理解为，如果一个借款人近距威望越高代表他被越多中心程度高的参与者节点选择。由借款人近距威望与借款利率、借款金额的相关系数表明：借款人近距威望和借款人平均借款利率有较强的正相关关系，而与借款金额无显著相关关系。

借款人中介中心度与信用等级的相关系数为 0.288，且在 1%显著性水平下显著，即借款人中介中心度与信用等级之间具有正相关关系。中介中心度在一定程度上代表了借款人借贷行为的活跃程度，说明越活跃的借款人在平台中一般具有越高的信用等级。由借款人中介中心度与借款利率、借款金额的相关系数可知，借款人的中介性与自身的借款利率水平无显著相关关系，与自身的借款金额有较弱的正相关关系。说明平台中参与越多借贷关系的中介借款人，其自身在平台中也有越高的借款金额。

7.4 借款人网络拓扑特征、借款信息与借款人违约的回归分析

为了方便论述关于借款人网络拓扑特征、借款信息与借款人违约关系的研究，不失一般性，本节针对人人贷平台个体借贷关系网络进行具体的回归分析。

7.4.1 模型变量描述

本章基于 LR 模型探究借贷关系网络节点特征与借款人违约的关系。相关变量的描述见表 7-7，网络拓扑特征变量与借款信息变量的相关关系见表 7-8。

表 7-7 变量描述

变量	变量描述
违约情况（Default）	分类变量，取值为 1 时表示借款人发生违约，否则未违约
入度中心度（ID）	网络中某节点被多少其他节点指向。表示选择把钱借给该节点所代表的借款人的投资者数量，以及该借款人与多少投资者有负债关系
近距威望（PP）	距离加权的节点连通关系强度，计算方法见式（7-1）。该特征给予直接投资关系和间接投资关系影响以不同的权重，以有效衡量节点的影响力
中介中心度（BC）	网络中某节点出现在其他任意两个节点的最短路径中的次数，计算方法见式（7-2）。中介中心度越高，反映该节点在流通中起到越重要的作用
信用等级（Credit）	借款人的信用等级，分类变量，包括 AA、A、B、C、D、E、HR 七个等级，从 AA 到 HR 信用等级逐渐降低
借款利率（Interest）	借款人发起借款项目的账面支付利率
借款金额（Amount）	借款人发起借款项目的借款金额

注：实证分析中对网络拓扑特征和借款利率以及借款金额进行自然对数运算

表 7-8 变量相关性

变量	入度中心度	近距威望	中介中心度	借款利率	借款金额
近距威望	0.478***				
中介中心度	0.395***	0.795***			
借款利率	−0.007	0.540***	0.005		
借款金额	0.641***	−0.004	0.176***	−0.262***	
信用等级	0.184***	0.086***	0.288***	−0.171***	0.237***

***表示在 1%的显著性水平下显著

7.4.2 回归模型与结果

本节采用 LR 分析网络拓扑特征与借款人违约情况之间的联系。其中因变量为借款人的还款情况，用是否违约来表示，Default=1 代表借款人违约，Default=0 代表借款人没有发生违约。LR 的基本模型为

$$\text{Logit}(p) = \ln\left(\frac{p}{1-p}\right) = \beta_0 + \sum_{i=1}^{n} \beta_i x_i \quad (7\text{-}3)$$

其中，p 为借款人违约的概率；$1-p$ 为借款人未违约的概率。

此外，为说明分析结果不受模型选择的影响，采用 Probit 回归模型替换 LR 模型以降低由于模型选择而带来的分析结果偏差。Probit 回归的基本模型为

$$\text{Probit}(p) = \phi^{-1}(P) = \beta_0 + \sum_{i=1}^{n}\beta_i x_i \qquad (7\text{-}4)$$

其中，ϕ 为标准正态分布的概率分布函数。

上文检验结果表明三个节点的网络拓扑特征指标（入度中心度、近距威望、中介中心度）与节点所代表的借款人借款信息（信用等级、借款利率、借款金额）存在显著相关。据此，本节建立如下的三个回归模型。

模型 1：$F(x) = f(\text{ID}, \text{Interest}, \text{Credit})$。

模型 2：$F(x) = f(\text{PP}, \text{Amount}, \text{Credit})$。

模型 3：$F(x) = f(\text{BC}, \text{Amount}, \text{Interest}, \text{Credit})$。

首先使用 LR 分析方法拟合上述三个模型。回归分析结果显示每个模型的 omnibus 检验 p 值都小于 0.01，表明所有模型在 1% 的显著性水平下显著整体有效。相应的回归结果如表 7-9 所示。

表 7-9　LR 分析结果

变量	模型 1 系数	模型 1 标准误	模型 2 系数	模型 2 标准误	模型 3 系数	模型 3 标准误
入度中心度	0.109***	(0.019)				
近距威望			−0.473***	(0.015)		
中介中心度					−0.242***	(0.077)
借款利率	−1.316***	(0.084)			−1.237	(1.375)
借款金额			0.786***	(0.022)	1.318***	(0.249)
信用等级（HR）	3.649***	(0.451)	3.302***	(0.454)	19.774	(2 891.763)
信用等级（E）	2.083***	(0.454)	1.486***	(0.457)	0.362	(5 224.395)
信用等级（D）	2.038***	(0.453)	1.531***	(0.456)	16.443	(2 891.763)
信用等级（C）	1.159**	(0.477)	0.715	(0.48)	0.444	(4 573.478)
信用等级（B）	0.491	(0.536)	−0.006	(0.539)	0.085	(6 124.531)
信用等级（A）	1.393**	(0.594)	1.054*	(0.599)	−0.402	(8 502.935)
常数项	−1.595***	(0.498)	−14.888***	(0.533)	−34.393	(2 891.767)
样本量	29 276		29 276		29 276	

***、**和*表示分析系数分别在 1%、5% 和 10% 的显著性水平下显著

表 7-9 显示借款人节点的网络拓扑特征变量与借款人的贷款违约情况显著相关。其中，借款人节点的入度中心度与借款人违约正相关，表明与借款人产生投资关系的投资者越多则对应的借款人越容易发生违约。在借款金额一定的情况下，投资者较多，反映的是大量投资者在投资时仅使用小额资金进行投资，从侧

面反映了投资者认为当前借款人可能存在较高的违约风险。而借款人节点的近距威望和中介中心度与借款人违约负相关,表明借款人在平台越活跃其发生违约的可能性越小,这与现实情况相符。中介参与者既作为借款人发布借款申请,也愿意作为投资者去投资其他借款人的借款,这在一定程度上反映了其对这种借贷模式的认可,从而在作为借款人的情况下,其越活跃则越不倾向于违约自己的借款。此外,关于其他借款申请的特征变量分析结果与既有文献保持一致。

为避免模型选择差异导致分析结果存在偏差,我们使用 Probit 回归方法重新拟合上述三个模型。对应的回归结果展示在表 7-10 中。Probit 拟合的三个模型经过卡方检验皆在 10%的显著性水平下显著,说明构建的三个模型整体上显著有效。表 7-10 对应的分析结果与表 7-9 的 LR 分析结果保持一致。说明本章关于借款人借贷关系网络特征变量与借款人贷款违约的分析结果不受回归模型选择的影响,分析结果具有一定的稳健性。

表 7-10 Probit 回归分析结果

变量	模型 1 系数	模型 1 标准误	模型 2 系数	模型 2 标准误	模型 3 系数	模型 3 标准误
入度中心度	0.053***	(0.011)				
近距威望			−0.267***	(0.008)		
中介中心度					−0.096***	(0.033)
借款利率	−0.765***	(0.049)			−0.641	(0.591)
借款金额			0.441***	(0.012)	0.557***	(0.113)
信用等级(HR)	1.765***	(0.172)	1.641***	(0.186)	2.055***	(0.676)
信用等级(E)	0.918***	(0.173)	0.637***	(0.188)	0.244	(1.045)
信用等级(D)	0.900***	(0.173)	0.657***	(0.188)	0.661	(0.741)
信用等级(C)	0.488***	(0.185)	0.260	(0.199)	0.394	(0.875)
信用等级(B)	0.216	(0.206)	−0.049	(0.222)	0.078	(1.308)
信用等级(A)	0.581**	(0.246)	0.407	(0.267)	−0.154	(2.054)
常数项	−0.580***	(0.211)	−8.188***	(0.241)	−8.103***	(2.140)
样本量	29 276		29 276		29 276	

***和**表示分析系数分别在 1%和 5%的显著性水平下显著

在前面关于不同信用等级的借款人群体分析中,我们发现信用等级为 D、E、HR 的三类借款人群体违约率高于 1%,其他信用等级的借款人群体违约率均低于 0.033%。由于发生违约的多是低信用等级(高信用风险)群体,本章随后将重点聚焦在低信用等级的借款人群体子样本上。下面分别对信用等级为 D、

E、HR 的三类借款人群体关于其对应的网络拓扑特征、借款信息与贷款违约进行 LR 分析，结果如表 7-11 所示。

表 7-11 低信用等级群体的回归分析的结果

变量	信用等级 HR 模型 1	信用等级 HR 模型 2	信用等级 HR 模型 3	信用等级 E 模型 1	信用等级 E 模型 2	信用等级 D 模型 1	信用等级 D 模型 2	信用等级 D 模型 3
入度中心度	0.184*** (0.022)			0.105*** (0.070)		0.326*** (0.055)		
近距威望		−0.440*** (0.015)			−0.171*** (0.063)		−0.738*** (0.057)	
中介中心度			−0.233*** (0.077)					−0.729*** (0.772)
借款利率	−1.726*** (0.093)		−1.346 (1.401)	2.875*** (0.333)		1.132*** (0.286)		3.636 (8.294)
借款金额		0.825*** (0.025)	1.322*** (0.259)		0.647*** (0.083)		0.760*** (0.079)	1.669*** (1.409)
常数项	2.911*** (0.246)	−11.744*** (0.296)	−14.258 (4.796)	−9.955*** (0.876)	−9.964*** (1.078)	−4.501*** (0.737)	−14.847*** (1.066)	−40.951 (38.121)
样本量	16 483	16 483	16 483	4 708	4 708	5 483	5 483	5 483

注：括号内为估计系数的标准误
***表示分析系数在 1%的显著性水平下显著

表 7-11 显示，关于信用等级为 HR 的借款人子样本回归的结果与表 7-9 的结果一致，该群体的样本量占借款人整体的 56.3%，对表 7-9 的整体回归结果影响较大。对于信用等级为 E 的借款人群体来讲，违约借款人所对应的中介中心度除了一个节点非零，其他节点的中介中心度均为 0，即 E 信用等级的借款人多是纯借款人。由于可用的数据匮乏，本节放弃关于 E 信用等级借款人群体的模型 3 分析。表 7-11 的三个子样本分析结果显示借款人子网络的节点入度中心度、近距威望和中介中心度三个网络拓扑特征与借款人的违约显著相关。其中，借款人节点的入度中心度与借款人违约呈正相关，借款人节点的近距威望和中介中心度与借款人违约呈负相关。这些子样本分析结果与上文分析保持一致，进一步表明本章分析结果的稳健性。

7.5 本章小结

目前已有较多研究基于社交网络理论，结合网络拓扑特征对个体行为进行解释，但基于互联网平台的个体债务市场的相关研究较为欠缺。本章为互联网借贷平台的参与者个体行为研究提供了一个新视角：基于个体借贷关系网络，考虑了参与者个体在网络中的位置（中心性和中介性），即在研究参与者行为的同时考虑了平台中其他参与者关联性的影响。这些特征能为互联网借贷市场上的投资行为提供新的解释。在以往的研究中，很少学者关注中介参与者的投资行为，但这一类参与者在个体借贷关系网络中是值得关注的。因为中介参与者使个体借贷关系网络的连接关系更紧密。在违约风险的传染中，如果他们所投资的标的发生违约，将会影响他们的资产水平，从而影响其自身还款行为。本章弥补了目前研究中关于借款人投资行为的研究空缺，还检验了个体借贷关系网络特征与借款人违约之间的关系，为借款人信用风险评估提供了新思路。

以人人贷为例的互联网平台个体借贷关系网络密度低，度分布服从许多复杂网络都具有的幂律分布。在检验了网络中节点的拓扑特征与借款人信用特征的相关性之后，发现入度中心度、近距威望和中介中心度与信用等级之间具有正相关关系，这表明出借人更倾向于把钱借给高信用等级的借款人。另外，平台中活跃的中介参与者一般具有较高的信用等级，他们自身的借款金额也较高，同时在投资选择中会倾向选择高利率的借款人，这表明还款能力强的借款人同时具备比其他信用等级借款人更高的投资能力。通过个体借贷关系网络特征与借款人违约之间的关系的检验，可以得到更高的信息传输效率对借款人违约具有负向影响。

对于互联网个体债务市场的平台运营者来说，从盈利角度，要促进平台高信用等级的借款人与其他参与者的借贷联系，如对平台中高信用等级的借款人给予利率优惠或分期还款的政策倾斜，同时使用运营手段鼓励他们在平台中进行投资。从风险角度，本章验证了借款人网络拓扑特征与借款人违约之间的联系。结论表明，在互联网借贷平台的借款人信用风险问题中加入借款人所在平台的个体借贷关系网络拓扑结构特征对借款人信用风险进行评估和防范是一种新的思路和方法。另外，现实中市场参与者会在不同平台上进行投资和借款，从而相关监管机构可以使用本章提出的方法构建跨平台的广义个体借贷关系网络模型，来监控借款人的违约风险，促进我国互联网平台个体债务市场的健康发展。

第 8 章 奖励众筹融资绩效的影响因素及动态预测研究

奖励众筹是互联网众筹的一种主要形式，奖励众筹的筹资者需要向投资者提供一定数量的"奖品"（实物或者服务）。奖励众筹投资计划的生效以融资达标为前提，只有达到既定融资规模或以上，奖励众筹合约才能生效，如果融资额低于计划，奖励众筹项目自动作废，融资方将资金返还投资者，承诺的产品或服务合约失效。因此，参与奖励众筹的投资者首先需要关注奖励众筹融资计划能否达标的问题。当前关于奖励众筹的大多数研究都是基于横截面数据进行的，鲜有使用面板数据来分析项目融资的动态变化。更重要的是，已有研究尚未关注奖励众筹融资绩效的动态监控，缺乏相应的度量及监测方法。众筹项目的投资和评论数据均为属性数据和时间序列数据的混合，数据整体呈现非均匀分布，并且数据容量大。王伟等（2017）指出，在众筹数据极端稀疏时，适宜采用二分图模型来计算相似度并进行推荐。Jank 和 Shmueli（2006）指出，借助函数型数据分析方法能对数据容量大、空间时点分布不均匀的电子商务数据进行有效降维，并提取动态变化特征。此外，Wang 等（2008）基于函数型数据回归分析构建了 eBay 拍卖品价格动态预测模型，该模型充分考虑了竞拍过程中价格的动态特性，有效地解决了传统数据分析难以对分布不均匀的拍卖数据进行预测的难题。

鉴于此，本章从以下几个方面展开研究工作以弥补上述研究空缺：第一，利用精细加工可能性模型（elaboration likelihood model，ELM）从项目质量信号、投资者参与情况及不确定性三个方面分析奖励众筹融资绩效的关键影响因素，并进行相关性检验和回归分析。第二，研究奖励众筹投资者行为的动态变化特征，使用面板数据进行建模分析。第三，利用 FPCA 刻画众筹项目融资过程中投资者投资活动以及评论活动的动态特征，构建关于投资者投资活动以及时滞评论活动特征的综合得分模型。第四，将融资过程中投资者动态特征与项目特征相结合，构建 FPCA-GRNN 模型对项目融资绩效进行动态预测，实现在任一时点对项目最终绩效的预判。

8.1 影响众筹融资绩效的关键因素分析

20 世纪 80 年代，心理学家理查德·E.佩蒂（Richard E. Petty）和约翰·T.

卡乔波（John T. Cacioppo）提出了 ELM。基于该模型，潜在投资者在选择众筹项目时会根据两条路径进行信息分析——中央路径和边缘路径。中央路径主要通过项目本身披露的信息判断项目的质量，如项目信息的视频和图片说明、文字描述等；边缘路径主要借由历史投资者的投资记录和评价记录、项目发起人是否时常报告项目进展以及项目达成后的回报情况等来判断项目的可靠性。通过梳理以往研究，大量学者将 ELM 的理论用于研究消费者购买决策和购买行为的影响（Shih et al., 2013；Ho and Bodoff, 2014）。有学者提出众筹也是互联网购物的一种，因为奖励众筹的投资者同时也是众筹项目的消费者，用于网络购物的消费者行为理论适用于众筹领域（Ho and Bodoff, 2014）。在众筹模式中，项目发起人会在网页上披露项目的基本信息，项目投资者可以基于这些信息对项目进行分析和判断，从而决定是否对项目进行投资。事实上，投资者对项目是否投资的决定不仅基于项目自身的理性分析，同时也会受到个人偏好和情绪等感性因素的影响。因此，基于 ELM 理论，本章选取项目质量信号作为中央路径，投资者参与情况和不确定性作为边缘路径，分别从中央路径和边缘路径出发来探究奖励众筹项目融资绩效的影响因素。

8.1.1 项目质量信号度量

项目质量信号是指项目发起人能否翔实、完整地对项目进行描述。已有研究表明，投资意向或融资绩效与项目质量信息以及个人信誉特征显著相关（Zvilichovsky et al., 2015；Colombo et al., 2015）。质量信号的重要性会通过马太效应进一步放大，使得项目质量的影响倍增。通常质量越高的项目获得资金的概率越大，而低质量的项目通常拥有较少的支持者。奖励众筹项目的描述字数是项目质量的典型信号，描述字数越多则项目介绍越详细，将吸引越多的投资者对项目进行投资。目标融资额是项目描述的基础信息，它是由发起人基于对项目自身的了解预先设定的，反映了发起人对项目价值的估计。目标融资额应当尽量符合完成项目所需的真实成本，成本虚高会让投资者产生不信任感而放弃对项目的支持。因此，合理的目标融资额设定是推动项目融资的前提（Mollick, 2013）。

8.1.2 投资者参与情况度量

现实中，单一参与者无法精确预判项目是否会因为自己的支持而成功，但是他们坚信多一个参与者的支持会增加项目的成功率（邓万江等，2018），因而人们的在线行为通常会受到其他参与者电子口碑的深刻影响，在线购物者严重依赖在线产品评论来做出购买决定（Park and Lee, 2008）。在线评论通常包含了投资者对项目的评价，点赞人数和评论数目越多表示投资者对项目描述的认可度越高（Bi et al.，2017；Jiménez and Mendoza，2013；Wang et al.，2018）。由于信息的不对称性和收集信息成本过高等因素，消费者的评论相较专家意见更具有参考性，消费者对于过往消费评论的感知行为对消费决策起到了很大的作用（Huang and Chen，2006）。我国资本市场起步较晚，发展程度较低，整体市场存在严重的信息不对称，同时投资者由于缺乏相应的金融知识以及风险识别能力，非理性投资特征明显。相较于国外众筹平台，我国众筹平台要求披露的项目发起人个人信息数量较少，个人信息披露要求较低。投资者对众筹项目进行投资时，可以由平台披露的信息观察到项目已经获得的支持人数，投资者通过对过往投资者决策的观察和模仿，产生羊群效应。项目已获得的支持者人数越多，越可能导致后续投资者产生羊群效应；同样地，项目融资前期支持人数较少可能导致后续投资者放弃投资，从而降低众筹项目的融资绩效。

8.1.3 不确定性度量

不确定性通常是指基于已有项目设置和描述信息无法评估项目结果而存在的风险。由于网络空间所具有的虚拟性和无国界性，奖励众筹中信息不对称问题更甚于传统资本市场，极大地影响了奖励众筹行业的发展。项目更新次数是指项目发起人发布项目进展报告的频率，如项目发起人发布项目执行情况以及创建投资者互动群等与投资人实现近距离的沟通和互动。及时、有效的项目更新能够向公众传递项目进展符合预期的信号，侧面反映项目发起人的工作效率，有利于降低投资者对项目感知的不确定性，增强投资者对项目发起人的信任程度。项目回报种类是指根据项目发起人发起项目提供的项目回报类型数量。项目回报种类越多，一方面说明项目产出形式或者提供的服务类型越多样，因而分散程度越高，这可能导致项目发起人耗费许多人力和物力来实现最终的目标；另一方面，根据规模报酬理论，项目回报种类越多，每种产品数量越少，产品成本则会越高，从而加大了项目实施的不确定性。相对于陌生而多样化选择的项目，基于风险最小化原则的投资者倾向于选择项目回报种类较少但相对熟悉、明了的项目进行投资。所以，当投资者面临众多项目回报种类的选择时，容易步入"选择超载"的困局，使得投资者对项目投资的兴趣下降，进而影响项目融资绩效。

综合以上分析，本章从项目质量信号、投资者参与情况和不确定性三个方面选取影响众筹项目融资绩效的关键因素。其中，选取项目描述字数和目标融资额作为刻画项目质量信号的度量指标；选取点赞人数、评论次数、支持人次作为刻画投资者参与情况的度量指标；选取项目更新次数、项目回报种类作为不确定性的度量指标，各关键因素描述如表8-1所示。

表 8-1 融资绩效的影响因素说明

度量指标	符号	取值说明
融资进度	融资绩效	PERFORM	实际融资额与目标融资额的比值（百分比形式）
项目质量信号	项目描述字数	DES_LENS	项目文字介绍的字数（字）
	目标融资额	TARGET	项目的目标融资额（万元）
投资者参与情况	点赞人数	HEART	投资者浏览页面时的被点赞次数（次）
	评论次数	TOPPIC	众筹项目的评论人次（次）
	支持人次	SUPPORT	众筹项目的支持人次（次）
不确定性	项目更新次数	RENEW	项目发起人对众筹项目的更新次数（次）
	项目回报种类	TYPE_NUM	项目的回报种类设置（种）

8.2 奖励众筹融资绩效与关键影响因素实证分析

8.2.1 样本选择及变量相关性分析

众筹网于2013年2月正式上线，是中国最具影响力的众筹平台之一。该平台详细记录了众筹项目中投资者的投资及评论时间、投资金额、评论内容等可用于刻画投资者活动动态变化的基础数据，符合研究的需要。此外，由于本章主要研究奖励众筹融资绩效的影响因素，因而选取的数据样本均为已经融资成功的项目。本章选取众筹网2014年1月至2018年4月融资成功的项目数据作为研究对象，利用Python进行网页数据抓取，剔除属性缺失以及异常值，最终得到1542个项目数据。

为了验证选取的指标能否有效刻画项目融资绩效，下面对选取的指标进行相关性分析，筛选出能够充分反映项目融资绩效的指标。表8-2给出了变量的相关系数。

表 8-2 变量的相关系数

变量	PERFORM	DES_LENS	TARGET	HEART	TOPPIC	SUPPORT	RENEW
DES_LENS	−0.222***						
TARGET	−0.280***	0.047					
HEART	0.218***	−0.456***	0.131***				
TOPPIC	0.142***	0.036	0.256***	0.097***			
SUPPORT	0.070***	0.035	0.408***	0.205***	0.441***		
RENEW	0.077***	0.028	−0.002	−0.070***	0.124***	0.067***	
TYPE_NUM	−0.060**	−0.062***	0.193***	0.082***	0.094***	−0.007	0.084***

和*分别表示参数估计在显著性水平为5%和1%时显著

通过表 8-2 可以看出，因变量融资绩效和项目描述字数、目标融资额、点赞人数、评论次数以及支持人次等变量之间都存在一定程度的相关性，相关系数均在 5%的显著性水平下显著。而各解释变量之间的相关系数大多在 0 到 0.4 区间范围内，部分变量之间存在中等程度的相关性，因而需要进一步对变量是否存在多重共线性进行诊断。

通过表 8-2 的相关系数可以发现，虽然大部分自变量之间存在较低的相关性，但是仍有极个别变量存在中等程度的相关性，如点赞人数与项目描述字数的相关系数为-0.456。为防止变量间存在多重共线性而影响研究结果，下面进一步通过 SPSS 对样本变量进行多重共线性分析，结果见表 8-3。通过分析发现所有变量的容差均大于 0.1，说明变量之间不存在多重共线性，可以进一步进行多元回归建模。

表 8-3　多重共线性结果

变量名称	容差	方差膨胀因子
DES_LENS	0.793	1.261
TARGET	0.798	1.254
HEART	0.765	1.307
TOPPIC	0.735	1.360
SUPPORT	0.640	1.563
RENEW	0.974	1.027
TYPE_NUM	0.910	1.099

8.2.2　奖励众筹融资绩效多元回归分析

选取项目融资绩效作为因变量，以从项目质量信号、投资者参与情况以及不确定性三个方面选取的因素变量作为自变量。构建奖励众筹融资绩效影响因素的多元回归模型为

$$\ln PERFORM_i = a_0 + a_1 \ln DES\_LENS_i + a_2 \ln TARGET_i + a_3 \ln HEART_i \\ + a_4 \ln TOPPIC_i + a_5 \ln SUPPORT_i + a_6 \ln RENEW_i \\ + a_7 \ln TYPE\_NUM_i + e_i \quad (8-1)$$

通过 SPSS 对对数化后的变量数据进行回归分析，得到的回归结果如表 8-4 所示。

表 8-4　样本总体回归结果

变量	参数估计	t 值	标准误
lnDES_LENS	0.016	1.02	0.015
lnTARGET	-0.174***	-18.56	0.009
lnHEART	0.059***	6.80	0.009

续表

变量	参数估计	t 值	标准误
lnTOPPIC	0.110***	6.95	0.016
lnSUPPORT	0.112***	6.45	0.017
lnRENEW	0.058**	2.05	0.028
lnTYPE_NUM	−0.017***	−4.49	0.004

和*分别表示参数估计在显著性水平为5%和1%时显著

由表 8-4 的回归结果可以看出，通过对样本总体进行定量分析可以得出以下结论。

1. 项目描述字数的参数估计不显著

这可能是项目发起人在对项目描述时提供了过于详细的背景信息描述，使得投资者难以在大篇幅字数中迅速获得有效信息，投资者面临"信息超载"的情形而产生反感心理，使得投资者的投资热情减弱。

2. 众筹项目的目标融资额与项目融资绩效之间呈负相关关系

目标融资金额的高低在一定程度上反映了投资者需要承担的风险情况，较高的目标融资额会向潜在投资者传递潜在风险较大的信息，一旦项目发起失败，投资者将面临融资期限内投资金额利息的损失，使投资者的投资意愿降低。

3. 点赞人数与项目融资绩效存在显著的正相关关系

该结果表明，投资者投资时存在羊群效应，表现出点赞人数越多，众筹项目获得融资的可能性越高。正如学者 Burtch 等（2013）研究发现，当投资者能够观测到之前投资者的行为时，有助于提升对潜在投资者的吸引力。由于众筹平台投资存在投资者和项目发起人之间的信息不对称，如果项目获得更多人的关注，更能反映项目的高质量，从而产生羊群效应。潜在投资者在羊群效应的影响下，投资动机随着点赞人数的增加而增加，进而推高了项目最终的融资绩效。

4. 投资者评论次数和支持人次与项目融资绩效呈正相关关系

这说明已支持的人数会对潜在投资者决策产生影响，潜在投资者通过观察已支持的投资者的行为，并追随他们的选择，从而产生羊群效应，在一定程度上提高了融资绩效。同时，由于市场主体之间存在信息不对称，潜在投资者对项目情况不了解，为了节约信息收集的时间和成本，倾向于模仿已支持的投资者的行为来做出投资决策。因此，投资者的评论越多越能反映项目的吸引程度，使得潜在投资者受从众心理的影响进行投资，从而提高了融资绩效。

5. 项目更新次数与项目融资绩效存在显著的正相关关系

项目更新次数是项目发起人在融资过程中发布项目进展报告的频率。及时的项目更新有利于向公众传递项目进展符合预期的信号，侧面反映了项目发起人的工作效率，有利于降低投资者对项目感知的不确定性。所以，在项目众筹截止日来临前，项目发起人对项目的更新次数越多，越能吸引投资者对项目进行投资。

6. 项目回报种类与项目融资绩效存在显著的负相关关系

这说明项目回报种类越多，越会增加项目发起人运营的分散程度，加大项目耗费的成本和时间，从而增加了项目实施的不确定性，使得投资者对项目的信任程度有所降低，减少了项目获得的融资金额。

8.3 奖励众筹融资绩效与投资者行为的动态变化关系

8.3.1 模型的构建

投资者投资和评论行为是奖励众筹活动中主要的动态行为，大量学者针对领投者的行为如何对后续投资者行为产生影响进行了研究（陈娟娟等，2017）。相较于横截面数据，面板数据既可以有效地控制个体间差异，也可以很好地探究因变量如何随时间变化而动态变化。因此，我们通过对面板数据进行建模分析，进一步探究众筹融资过程中已有投资者行为是如何对新投资者行为产生影响的。本章选取项目 i 在第 t 天的融资完成率 $perform\_day_{it}$ 来研究融资绩效的增量变化，自变量选取项目 i 在 $t-1$ 天的融资完成率 $perform\_for_{i,t-1}$、项目 i 在 $t-1$ 天的评论次数 $top\_for_{i,t-1}$、虚拟变量 $IntervalL_{it}$ 以及 $IntervalF_{it}$，变量具体说明见表 8-5。

表 8-5 变量说明

变量类型	变量名称	变量说明
因变量	$perform\_day_{it}$	项目 i 在第 t 天的融资完成率=当日融资额/目标融资额
自变量	$perform\_for_{i,t-1}$	项目 i 在 $t-1$ 天的融资完成率=前 $t-1$ 天的融资额/目标融资额
	$top\_for_{i,t-1}$	项目 i 在 $t-1$ 天的评论次数
	$IntervalF_{it}$	虚拟变量，项目在第 t 天时为项目融资期的前 10%
	$IntervalL_{it}$	虚拟变量，项目在第 t 天时为项目融资期的后 10%

对评论和投资记录选取累计量进行度量，是由于潜在投资者对项目进行投资时，通常会比较所有过往的评论来获得整体评论的导向情况，而对于投资记录则更多关注当前的投资进展情况（即融资绩效）。据此，构建的面板数据模型如下：

$$\text{perform\_day}_{it} = \beta_0 + \beta_1 \text{perform\_for}_{i,t-1} + \beta_2 \text{top\_for}_{i,t-1} + \sum_{t=1}^{T_1} \beta_{1T} \text{IntervalF}_{it} \\ + \sum_{t=T_2}^{T} \beta_{2T} \text{IntervalL}_{it} + \lambda_i + \varepsilon_{it} \quad (8\text{-}2)$$

其中，λ_i 为不随时间改变的变量，这类变量通常无法直接观测或进行量化，一般将这类变量称为个体效应。在奖励众筹融资绩效动态变化过程中，个体效应一般指国家的政策导向以及投资者个人偏好等因素。

8.3.2 实证结果分析

通过 Hausman 检验，构建固定效应模型，经过异方差稳健性估计后的回归结果如表 8-6 所示。

表 8-6 修正后固定效应模型回归结果

变量	参数估计	t 值	标准误
perform_for$_{i,t-1}$	−0.035***	−9.76	0.004
top_for$_{i,t-1}$	0.063***	19.37	0.005
IntervalF1	7.531***	15.36	0.490
IntervalF2	3.725***	9.72	0.383
IntervalF3	1.886***	6.45	0.292
IntervalF4	0.960***	3.87	0.248
IntervalF5	0.513**	2.27	0.226
IntervalL1	0.701***	4.81	0.146
IntervalL2	1.038***	6.97	0.149
IntervalL3	1.189***	7.48	0.172
IntervalL4	1.282***	7.45	0.159
IntervalL5	1.805***	9.13	0.198
常数项	5.603***	17.54	0.319

和*分别表示参数估计在显著性水平为 5%和 1%时显著

由表 8-6 修正后固定效应模型的回归结果可以看出，在项目融资阶段的前 10%中 IntervalF1～IntervalF5 的回归结果在置信度为 95%时显著为正，且数值依次递减，说明奖励众筹项目融资额在项目开始融资阶段增长较快，且增速逐渐放缓，随后奖励众筹融资额的变化不明显。而在项目融资阶段的后 10%中 IntervalL1～IntervalL5 的回归结果在置信度为 99%时显著为正，且数值依次递增，说明奖励众筹项目临近项目截止时，潜在投资者受到截止效应的影响，新增融资额存在小幅上涨，增速相比融资开始阶段较缓。总体而言，新增融资额在融资的前 10%阶段增速逐渐放缓，融资中间时段随时间变化不明显，而临近融资尾声时，新增融资额呈现小幅增长的趋势。$perform\_for_{i,t-1}$ 的系数在置信度为 99%时显著为负，说明先行投资者的投资行为对潜在投资者的投资行为存在挤出效应，潜在投资者观察到已实现的融资绩效越高，反而会降低他们投资所带来的边际价值，因而已实现的融资绩效越高，投资者新增投资行为越弱。$top\_for_{i,t-1}$ 的系数在置信度为 99%时显著为正，说明先行投资者的评论越多，越能反映出项目的真实情况，也表明了项目的受欢迎程度越高，从而吸引更多的潜在投资者进行投资，提高融资绩效。

8.4 奖励众筹融资绩效的动态预测模型

8.4.1 投资者投资和评论曲线特征提取方法

受投资者情绪和经济因素的影响，众筹投资和评论记录往往呈现非均匀分布，两次投资或评论记录之间的时间间隔差异较大，可能小到几秒，也可能大到几周，使得难以直接通过传统的时间序列方法（如移动平均法和差分指数平滑法等）对投资和评论数据进行处理。由于众筹投资和评论数据动态变化较大，融资不同时期表现出不同的价格动态特征（陈娟娟等，2017），本章考虑采用函数型数据分析对众筹投资和评论记录进行处理，深入研究众筹投资和时滞评论数据动态特性和过程演变。

函数型数据分析更多关注数据的内在结构，而非其显示形式。其基本原理是将观察到的数据视为连续过程的抽样，而不仅仅是作为单个观察的序列，研究挖掘数据函数化后的连续性特征，如加速度、频率等。实际中，观测到的数据通常是以离散的数据对形式存在的，因而为了进行函数型数据分析，首先需要将其进行函数化。

假设 t 时刻众筹项目的投资信息和评论信息分别以离散数据对 (t_i, y_i) 和 (t_j, z_j) 形式记录（$i=1,\cdots,n_1; j=1,\cdots,n_2$）。由于实际观测数据一般存在噪声成分，为了对融资过程中投资者行为动态特征进行研究，首先采用平滑技术对离散的记录点进行函数化，从而获得相应的投资曲线 $f(t)$ 和评论曲线 $g(t)$。

由于投资曲线 $f(t)$ 和评论曲线 $g(t)$ 随着时间的推进整体呈现增长趋势，其变化不具有周期性，因而选取适用于非周期性变化的基函数——B 样条基函数 $\iota_k(t)$ 和

$\varphi_m(t)(k=1,\cdots,K; m=1,\cdots,M)$，分别将投资曲线 $f(t)$ 和评论曲线 $g(t)$ 表示成关于基函数 $\iota_k(t)$ 和 $\varphi_m(t)$ 的线性组合，即 $f(t)=\sum_{k=1}^{K}a_k\iota_k(t)$ 和 $g(t)=\sum_{m=1}^{M}b_m\varphi_m(t)$。为了防止平滑过程中投资曲线 $f(t)$ 和评论曲线 $g(t)$ 拟合过度，导致函数波动过大，使其高阶不可导，故采用粗糙惩罚法，通过最小化残差平方和来获得投资曲线 $f(t)$ 和评论曲线 $g(t)$ 的估计函数 $\hat{f}(t)$ 和 $\hat{g}(t)$：

$$\text{PENSSE}_{\lambda_1}(f|y)=\sum_i\{y_i-f(t_i)\}^2+\lambda_1\times\text{PEN}_n(f) \qquad (8\text{-}3)$$

$$\text{PENSSE}_{\lambda_2}(g|z)=\sum_j\{z_j-g(t_j)\}^2+\lambda_2\times\text{PEN}_n(g) \qquad (8\text{-}4)$$

其中，$\text{PEN}_n(f)=\int\{D^nf(s)\}^n\mathrm{d}s=\|D^nf\|^n$ 和 $\text{PEN}_n(g)=\int\{D^ng(s)\}^n\mathrm{d}s=\|D^ng\|^n$ 为惩罚因子，用投资曲线和评论曲线的 n 阶导数来刻画曲线的波动程度；λ_i 为平滑参数，用来刻画函数拟合效果和波动程度的比重。λ_i 越大，波动程度对 $\text{PENSSE}_{\lambda_1}(f|y)$ 和 $\text{PENSSE}_{\lambda_2}(g|z)$ 的影响越大，曲线越平滑；反之，拟合效果对 $\text{PENSSE}_{\lambda_1}(f|y)$ 和 $\text{PENSSE}_{\lambda_2}(g|z)$ 的影响越大，曲线越不平滑。

融资过程中，投资者投资曲线和评论曲线呈现出不同形式的动态（如新增的融资金额、支持者个数、在线口碑情况等），这些可能会对融资绩效产生影响。随着投资者活跃程度的变化，新增的融资金额动态地随着时间的推移呈现出峰值和谷值（陈娟娟等，2017）。因此，项目最终获得的融资金额在时间 t 内不仅与平均投资金额 $\bar{c}(t)$ 相关，还受到投资者每笔投资金额 c 的动态影响。前面已通过粗糙惩罚法对离散的记录点进行函数化，获得了相应的投资曲线 $f_i(t)$ 和评论曲线 $g_i(t)$，为进一步研究曲线的基本形状和变化特征，下面采用 FPCA 方法对众筹项目投资者投资曲线以及评论曲线的特征进行提取。

FPCA 与传统多元统计分析中的主成分分析类似，与多元统计中主成分分析权重向量 ξ 相对应的为 FPCA 中的权重函数 $\xi(s)$，$s\in T$ 且 $\xi(s)$ 平方可积。假定众筹项目 i 从 $t=0$ 到 $t=T-x$ 投资函数 $\{f_i(s):s\in T\}$ 均方连续且二次可积，通过对投资函数进行主成分分析，即第 k 个函数主成分对应的权重函数 $\xi_k(s)$ 应满足（Ramsay and Silverman，2006）：

$$\begin{aligned}\max\quad & n^{-1}\sum_{i=1}^{n}z_{ik}^2=n^{-1}\sum_{i}^{n}\left[\int\xi_k(s)f_i(s)\mathrm{d}s^2\right]\\\text{s.t.}\quad & \int\xi_k(s)^2\mathrm{d}s=1\\& \int\xi_k(s)\xi_{k-m}(s)\mathrm{d}s=0,\ m=1,\cdots,k-1\end{aligned} \qquad (8\text{-}5)$$

求解特征方程 $\int v(s,t)\xi(t)\mathrm{d}t=\lambda\xi(s)$，令 $V\xi(s)=\int v(s,t)\xi(t)\mathrm{d}t$，则 $V\xi(s)=$

$\lambda\xi(s)$，进而得到投资函数的第 k 个主成分得分为

$$z_k = \int \xi_k(s) f_k(s) \mathrm{d}s \tag{8-6}$$

选择前 K 个主成分，使累计贡献率 $\sum_{k=1}^{K}\lambda_k \Big/ \sum_{i=1}^{N-1}\lambda_i$ 达到 80%以上，使用前 K 个主成分近似地替代原始投资曲线，从而实现在尽可能保留绝大部分信息的同时达到降维的效果。

最终利用前 K 个主成分生成反映项目投资动态变化特征的综合得分 PCScore_bid。

已有研究表明（Kuppuswamy and Bayus，2018），投资者在线评论的数量对众筹项目的融资绩效产生显著的影响。奖励众筹作为一种新型的互联网购物模式，与在线销售平台相类似（孟园等，2017），其评论对销量（筹资额）的影响在时间上存在滞后的作用。从实际上看，当期被评论影响的潜在投资者不会产生投资行为。因此，本章考虑评论对投资行为的滞后影响，假定众筹项目 i 从 $t=0$ 到 $t=T-t_l(t_l>x)$ 而非从 $t=0$ 到 $t=T-x$ 的评论函数 $\{g_i(s):s\in T\}$ 均方连续且二次可积，并采用与投资函数相似的处理方法对投资者评论函数进行主成分分析，求得评论函数的第 j 个主成分得分为

$$s_j = \int \eta_j(s) g_j(s) \mathrm{d}s \tag{8-7}$$

其中，$\eta_j(s)$ 为评论曲线进行主成分分析后提取的权重函数。选择前 J 个主成分，使累计贡献率 $\sum_{j=1}^{J}\lambda_j \Big/ \sum_{i=1}^{N-1}\lambda_i$ 达到 80%以上，使用前 J 个主成分近似地替代原始评论曲线，从而实现在尽可能保留绝大部分信息的同时达到降维的效果。

最终利用前 J 个主成分构建考虑时滞影响的反映项目评论动态变化特征的综合得分 PCScore_top。

8.4.2 融资成功项目与正在融资项目特征相关性分析

已有研究表明，投资者投资和评论行为在不同融资阶段可能存在相似性。本章选取了众筹网 2014 年 1 月至 2018 年 4 月融资成功项目的投资和评论数据进行进一步分析验证。首先，由于我国奖励众筹的融资期限通常为 1~3 个月，因而分别选取自 2015 年 1 月至 2016 年 12 月 31 日间的每一个月为时间切割点，将数据集分为融资成功项目和正在融资项目两类。若时间切割点晚于项目融资截止日视作该项目已完成，若时间切割点处于项目融资期限内视作项目正在融资。其次，通过上文介绍的粗糙惩罚法对融资成功项目及正在融资项目的离散记录点进

行函数化从而获得相应的投资曲线 $f(t)$ 和评论曲线 $g(t)$。最后，采用 FPCA 方法分别对融资成功项目及正在融资项目进行特征提取，接着对提取的特征成分进行相关性分析，以检验融资成功项目及正在融资项目的投资和评论行为在不同融资阶段是否具有相似性。以每一个月为时间切割点时，两类项目投资及评论曲线特征的方差解释度和相关系数如表 8-7 所示。

表 8-7 主成分相关系数表

项目	2015年1月	2015年2月	2015年3月	2015年4月	2015年5月	2015年6月	2015年7月	2015年8月
主成分1_bid_fi 方差解释度	93.93	93.74	93.72	94.34	94.21	94.08	93.67	93.27
主成分1_bid_un 方差解释度	95.98	96.55	98.15	93.57	94.06	94.64	90.21	88.80
bid 相关系数	97.03	95.16	99.57	97.89	97.92	95.76	89.10	99.70
主成分1_top_fi 方差解释度	96.80	95.91	96.08	96.16	94.66	93.01	91.19	90.30
主成分1_top_un 方差解释度	98.12	97.86	93.06	82.79	81.69	88.99	94.18	92.52
top 相关系数	96.49	97.60	92.89	97.71	96.83	86.22	84.17	97.45

项目	2015年9月	2015年10月	2015年11月	2015年12月	2016年1月	2016年2月	2016年3月	2016年4月
主成分1_bid_fi 方差解释度	93.03	92.62	92.40	92.37	92.10	91.95	91.84	91.72
主成分1_bid_un 方差解释度	89.78	92.87	92.83	87.57	81.27	87.34	92.15	91.71
bid 相关系数	96.54	99.57	98.60	97.64	88.06	97.90	91.56	89.80
主成分1_top_fi 方差解释度	90.27	90.21	90.44	91.05	91.07	91.11	90.91	90.93
主成分1_top_un 方差解释度	92.84	91.93	97.57	90.88	94.52	95.64	91.77	98.00
top 相关系数	97.27	99.69	83.70	99.69	95.96	91.33	99.12	98.67

项目	2016年5月	2016年6月	2016年7月	2016年8月	2016年9月	2016年10月	2016年11月	2016年12月
主成分1_bid_fi 方差解释度	91.43	91.27	91.14	91.09	90.96	90.62	90.59	90.74
主成分1_bid_un 方差解释度	84.92	91.45	91.17	90.56	91.85	95.75	91.98	85.70
bid 相关系数	90.03	91.77	91.12	91.14	95.61	85.05	98.52	94.87
主成分1_top_fi 方差解释度	91.76	91.85	92.01	91.59	91.61	91.48	91.69	91.67
主成分1_top_un 方差解释度	94.25	92.92	81.61	87.70	95.24	90.52	91.32	90.28
top 相关系数	95.46	95.38	98.62	99.09	99.10	99.10	98.75	98.76

观察表 8-7 中的相关系数可以发现，两类项目投资曲线及评论曲线的第一个主成分即可实现累计贡献率达到 80%。主成分特征提取后正在融资项目的投资者投资曲线及时滞评论曲线特征与融资成功项目的投资者投资曲线及时滞评论曲线特征存在着很强的相关性。

8.4.3 众筹融资绩效的动态预测模型

黄健青等（2017）在实证结果的基础上构建神经网络预测模型，对众筹项目融资结果进行预测。基于前面奖励众筹融资绩效影响因素实证研究的结果及融资成功项目与正在融资项目特征的相似性，本章将获得的投资者投资活动特征综合得分以及时滞评论活动特征综合得分作为刻画投资者情绪特征的变量，结合项目特征变量构建奖励众筹融资绩效的动态预测模型。

Specht（1991）提出了 GRNN，它是径向基神经网络的一种，具有较强的非线性映射能力和高容错性，即使在小样本时也能很好地进行非线性建模和预测，广泛应用于金融工程等数据不服从正态分布或贫数据的领域（Li et al., 2014）。考虑到众筹融资前期投资和评论记录较少会使预测产生较大的误差，下面将 GRNN 模型引入奖励众筹的融资动态预测中，以期发挥 GRNN 模型在小样本数据处理时的优势。

FPCA-GRNN 动态预测模型首先通过 FPCA 构建投资者投资和时滞评论曲线特征综合得分模型，并根据该模型求得项目 i 的投资和考虑时滞的评论综合得分，分别为 PCScore_bid 和 PCScore_top。进一步将刻画融资过程中投资者行为动态特征的变量 PCScore_bid、PCScore_top 以及刻画项目特征的变量 TARGET、TYPE_NUM 作为预测变量 X，项目融资绩效作为响应变量 Y，进行 GRNN 训练，并根据最大概率原则求得项目融资绩效的预测值 $\hat{Y}(X)$：

$$\hat{Y}(X) = \frac{\sum_{i=1}^{n} Y_i \exp\left[-\frac{(X-X_i)^{\mathrm{T}}(X-X_i)}{2\sigma^2}\right]}{\sum_{i=1}^{n} \exp\left[-\frac{(X-X_i)^{\mathrm{T}}(X-X_i)}{2\sigma^2}\right]} \quad (8\text{-}8)$$

其中，X_i、Y_i 分别为预测变量 X 以及响应变量 Y 的样本观测值；n 为融资成功的样本数量；σ 为光滑因子，是 GRNN 中唯一需要人为确定的参数，其最优值可以通过交叉验证的方法得到。基于 FPCA-GRNN 的奖励众筹融资绩效动态预测具体步骤如下。

（1）离散数据函数化。采用粗糙惩罚法处理项目自 $t=0$ 到 $t=T-x$ 时刻的投资者投资数据和评论数据，生成从 $t=0$ 到 $t=T-x$ 的投资者投资曲线 $f(t)$ 和投资者评论曲线 $g(t)$。

（2）通过 FPCA 提取融资成功项目从 $t=0$ 到 $t=T-x$ 投资曲线 $f(t)$ 的前 K 个主成分（累计贡献率达到 80%以上），构建投资特征综合得分模型；考虑投资者评论数据的时滞影响，提取从 $t=0$ 到 $t=T-t_l(t_l>x)$ 的投资者评论曲线 $g(t)$ 的

前 J 个主成分，构建时滞评论特征综合得分模型。根据该模型，求得正在融资项目在 $t=T-x$ 时刻投资曲线及时滞评论曲线特征的综合得分 PCScore_bid 和 PCScore_top。

（3）构建 GRNN，将融资成功项目的 PCScore_bid 和 PCScore_top 作为投资者情绪特征，TARGET 和 TYPE_NUM 项目特征作为预测变量，融资绩效作为响应变量，通过交叉验证确定最佳参数，进行模型训练。

（4）调用训练后的模型，预测正在融资项目在 $t=T$ 时刻的融资绩效 PERFORM，将预测数据与真实值进行误差分析。

8.5 实验结果以及讨论

为了验证所构建的 FPCA-GRNN 动态预测模型的有效性，选取众筹网 2014 年 1 月至 2018 年 4 月融资成功的项目数据进行分析。剔除属性缺失以及异常值项目后，随机选取 1233 个项目（项目数据的 80%）作为训练样本，其余 309 个项目（项目数据的 20%）作为预测样本，每个项目的数据均包含目标融资额、项目回报种类、投资时点和投资笔数等 8 类指标数据。

由于不同项目的开始和截止时间不同，将每个项目的投资记录以及评论记录按照项目的开始和截止时间进行归一化，使得各项目的投资和评论记录均可以在同一坐标轴上对齐。此外，由于不同项目的投资时限不同，同一项目投资者的投资时点和评论时点不同，本章等距选取 50 个观测点对投资者投资和评论数据进行抽样，分别计算观测点 t 上的累计融资比例和累计评论次数。

观测点 t 上的累计融资比例 bid_percent_{it} =截止到时间 t 的投资额÷目标投资额
$$\times 100\%$$

观测点 t 上的累计评论次数 top_count_{it} =截止到时间 t 的评论次数

下面进行投资及时滞评论的特征提取。将每个项目的累计融资比例 $\text{bid\_percent}_{i,t}$ 和累计评论次数 $\text{top\_count}_{i,t}$ 数据看作对应函数产生的一组观测值，以避免曲线过拟合而出现局部变化剧烈的情况，本章选取曲线的二阶导 $\text{PEN}_2(f)=\int\{D^2f(s)\}^2\mathrm{d}s=\left\|D^2f\right\|^2$ 作为惩罚因子，并通过广义交叉验证分别选取使得投资曲线和评论曲线拟合误差最小的平滑参数作为输入参数，即 $\lambda_1=\lambda_2=0.0562$。最终得到每个项目的融资绩效及评论次数变化的整体均值曲线[图 8-1（a）和图 8-2（a）]、整体一阶导数均值曲线[图 8-1（b）和图 8-2（b）]、整体二阶导数均值曲线[图 8-1（c）和图 8-2（c）]。

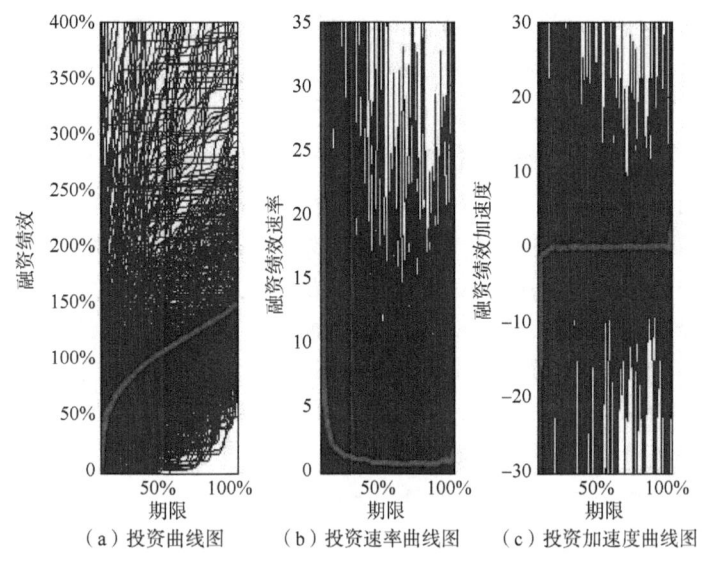

(a)投资曲线图　(b)投资速率曲线图　(c)投资加速度曲线图

图 8-1　融资绩效的变化曲线

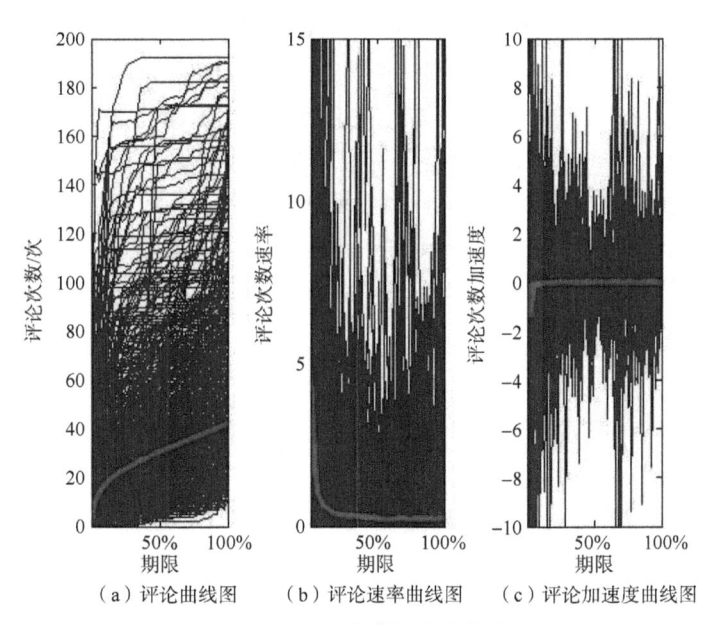

(a)评论曲线图　(b)评论速率曲线图　(c)评论加速度曲线图

图 8-2　评论次数的变化曲线

由图 8-1（a）、图 8-1（b）的均值曲线可以看出，随着时间的变化，融资绩效整体呈现上升态势，融资开始时，行业绩效整体高速增长，融资期限的 25% 之前即达到了目标融资额。随后，项目融资绩效增速放缓，直至融资期限截止日的到来，整体融资绩效约为 150%。由图 8-2（a）、图 8-2（b）的均值曲线可以看出，投资者评论曲线与投资曲线变化相似，变化幅度不及投资曲线，表现为融资开始时，投资者评论活跃，对众筹项目的参与度高。随着项目融资额逐步达到融资目标，投资者开始出现旁观者行为，对项目的投资热情减弱并开始寻求新的项目进行投资。这与 Kuppuswamy 和 Bayus（2018）对美国众筹平台 Kickstarter 的研究结果相似，随着融资截止日的到来，大量潜在的投资者没有选择已经获得大量融资额的项目进行投资。

为了更好地对均值曲线的变化特征进行观察，本节分别绘制了图 8-1 和图 8-2 中均值曲线的箱形图。由图 8-3（a）、图 8-3（b）以及图 8-4（a）、图 8-4（b）可以看出，投资曲线和它的速率曲线、评论曲线和它的速率曲线随着时间的变化有着明显的变化，而融资绩效加速度和评论次数加速度的值几乎为 0，说明它们随着融资进程的推进整体没有太大的差异。为了进一步刻画投资者投资特征以及评论特征，选取投资者投资曲线、投资速率曲线以及投资者评论曲线、评论速率曲线作为刻画投资者活动的特征变量。考虑到投资者的评论主要对潜在投资者产生影响而非当期的投资者，因而采用时滞评论曲线和评论速率曲线进行刻画，分别进行 FPCA，提取累计贡献率大于 80%的主成分。最终构建关于投资曲线、投资速率曲线以及时滞评论曲线、时滞评论速率曲线的特征综合得分模型。结果显示投资曲线第一个主成分即可实现累计贡献率达到 80%，时滞评论曲线第一个主成分的累计贡献率达到 80%；而投资速率曲线则需要多个主成分一起刻画才可实现累计贡献率达到 80%以上，时滞评论速率曲线也需要多个主成分达到 80%。本章提取的曲线主成分个数及其累计贡献率如表 8-8 所示，分别利用提取的主成分构建对应主成分综合得分模型，进而求得每个项目的综合得分 PCScore_bid、PCScore_dbid、PCScore_top、PCScore_dtop。

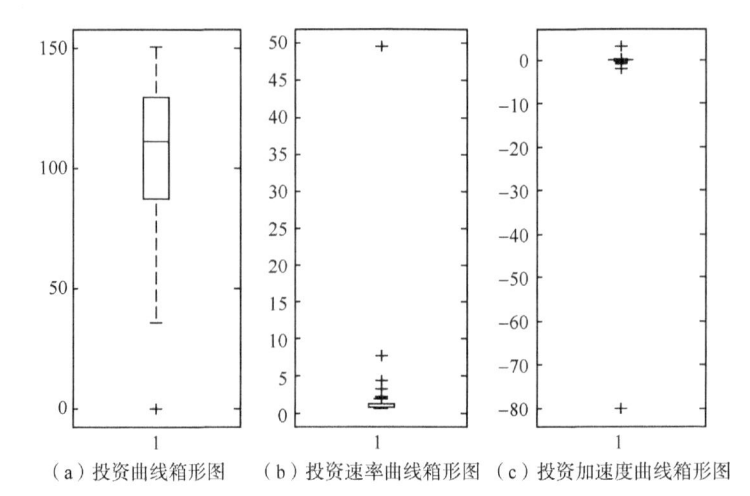

（a）投资曲线箱形图　（b）投资速率曲线箱形图　（c）投资加速度曲线箱形图

图 8-3　融资绩效的变化曲线箱形图

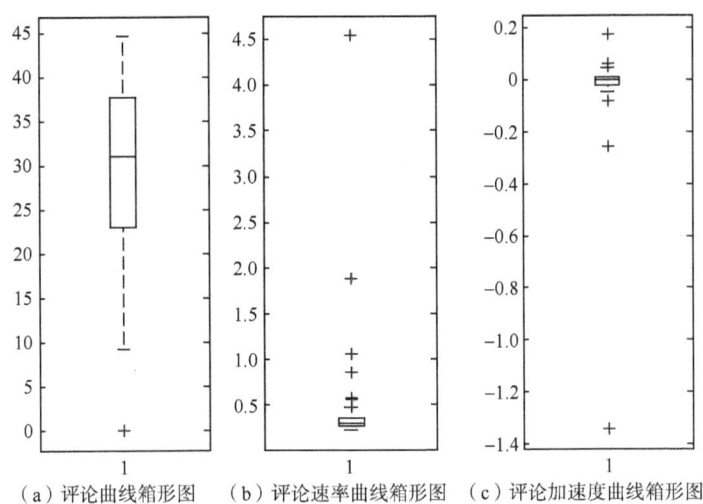

(a)评论曲线箱形图　(b)评论速率曲线箱形图　(c)评论加速度曲线箱形图

图 8-4　评论次数的变化曲线箱形图

表 8-8　提取的主成分个数及其累计贡献率

分位数	bid	dbid	top	dtop
前 10%	1（93.24%）	2（85.26%）	1（92.69%）	2（88.67%）
前 30%	1（90.72%）	5（83.29%）	1（93.12%）	4（87.28%）
前 50%	1（89.16%）	8（80.55%）	1（93.87%）	4（81.67%）
前 70%	1（89.30%）	9（80.40%）	1（93.66%）	5（83.20%）
前 90%	1（89.79%）	10（80.03%）	1（93.32%）	6（81.93%）

进一步分析融资绩效模型预测结果，将样本数据划分为 80%的训练样本和 20%的测试样本，由图 8-3（a）、图 8-3（b）及其曲线变化趋势分析，构建如式（8-9）所示的模型 FPCA-Nonlin（nonlinear，非线性）对曲线进行预测估计。

$$\text{PERFORM}_i = \beta_0 + \sin(\omega_p \text{Dynamics}_p) + \cos(\omega_p \text{Dynamics}_p) + \beta_j \text{Item}_j \quad (8\text{-}9)$$

其中，Dynamics_p 为通过 FPCA 提取的从 $t=0$ 到 $t=T-t_l(t_l>x)$ 的时滞评论得分（PCScore_top、PCScore_dtop）和从 $t=0$ 到 $t=T-x$ 提取的投资得分（PCScore_bid、PCScore_dbid）；Item_j 为项目特征变量（TARGET_j 和 TYPE_NUM_j）。选择 FPCA-Lin（linear，线性）模型作为 FPCA-Nonlin 的对比模型，利用 MATLAB 进行模型估计。其中，FPCA-Lin 模型为

$$\text{PERFORM}_i = \gamma_0 + \gamma_p \text{Dynamics}_p + \gamma_j \text{Item}_j \quad (8\text{-}10)$$

本章选取总融资期限的 10%、30%、50%、70%以及 90%作为测量点，估计 FPCA-Lin 和 FPCA-Nonlin 的预测性能，利用平均绝对百分比误差（mean absolute percentage error，MAPE）对模型拟合情况进行评价，模型拟合优度结果及误差分析如图 8-5 和图 8-6 所示。

$$\text{MAPE}(T-x) = \frac{1}{n}\sum_{i=1}^{n}\frac{\left|\text{PERFOME}_{i,T-x} - \widehat{\text{PERFORM}}_{i,T-x}\right|}{\left|\text{PERFORM}_{i,T-x}\right|} \quad (8\text{-}11)$$

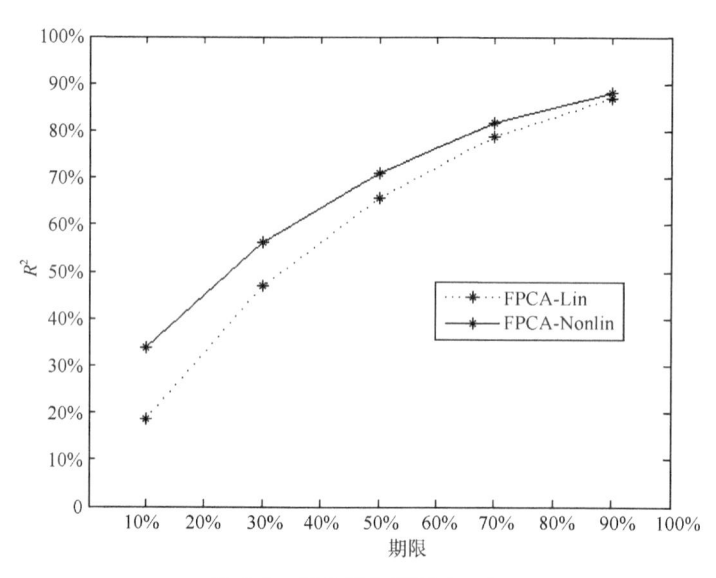

图 8-5 模型拟合优度（一）

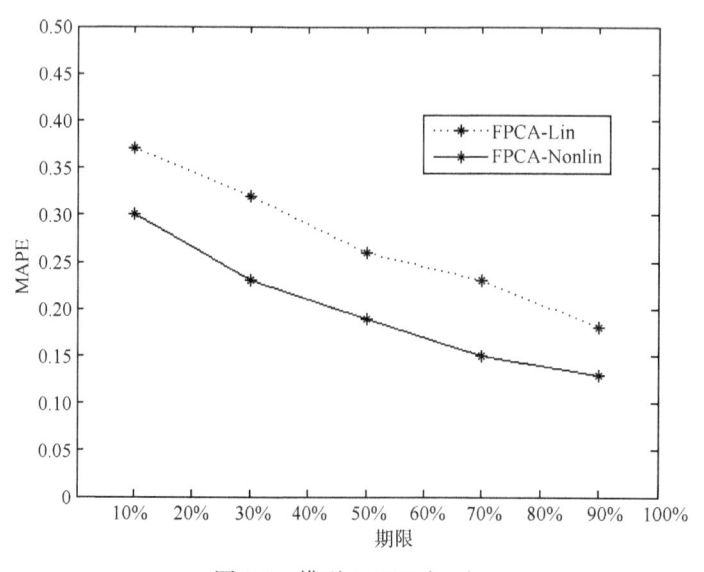

图 8-6 模型 MAPE（一）

由图 8-5 和图 8-6 可以发现，在融资初期投资以及评论数据较少时，模型的预测精度较差，随着融资进程的推进，数据量逐渐增加，线性模型和非线性模型的预测性能越来越接近。为了更好地在项目初期对项目融资绩效进行预测，考虑引入 GRNN 算法进行预测，以提高模型的预测准确性。通过 MATLAB 编写 FPCA-BP、FPCA-GRNN 算法，并将计算出的观测点 t 时项目 i 的投资者投资特征综合得分 PCScore_bid$_{i,t}$、投资速率特征综合得分 PCScore_dbid$_{i,t}$、时滞评论特征综合得分 PCScore_top$_{i,t}$ 和时滞评论速率特征综合得分 PCScore_dtop$_{i,t}$，以及项目 i 的目标融资额 TARGET$_i$、项目回报种类 TYPE_NUM$_i$ 作为神经网络算法的输入变量，融资绩效 PERFORM$_i$ 作为神经网络算法的输出变量，分别构建 FPCA-GRNN 和 FPCA-BP 神经网络。此外，构建 GRNN 模型作为对比模型。融资前期由于样本数据有限，为了扩大样本容量，通过 K 重交叉验证的方法对 GRNN 训练，寻找均方误差最小的网络对应的光滑因子作为最佳的输入参数，构建最优 GRNN 和 FPCA-GRNN。

同样地，选取总融资期限的 10%、30%、50%、70%以及 90%作为测量点，检测 FPCA-GRNN 模型以及对比模型 GRNN 和 FPCA-BP 的预测性能，利用 MAPE 对模型拟合情况进行评价，经过反复训练取平均值，各网络的性能均达到预期要求，模型的拟合优度和 MAPE 如图 8-7 和图 8-8 所示。

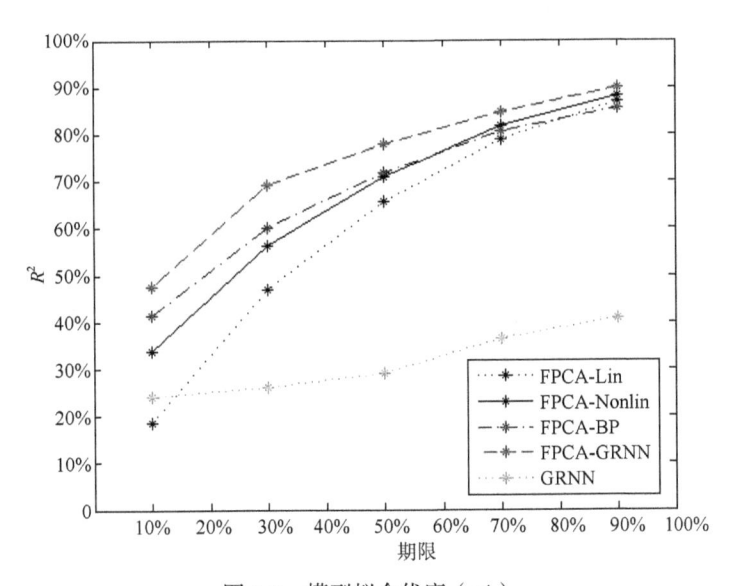

图 8-7 模型拟合优度（二）

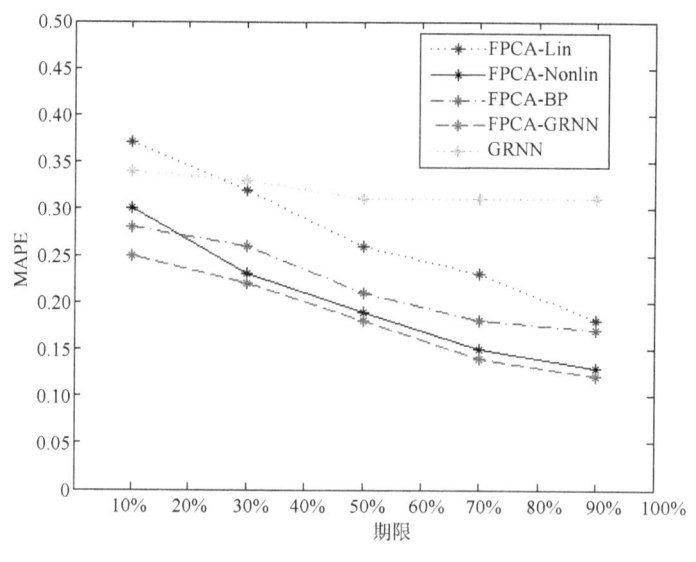

图 8-8　模型 MAPE（二）

由表 8-9 可以看出，基于 FPCA-GRNN 的模型性能优于 FPCA-Nonlin 和 FPCA-BP 两个模型：在融资期限的 10%时，动态模型的预测误差约为 0.2549；融资期限的 90%时，众筹融资绩效的预测误差则下降到 0.1223。与此同时，FPCA-GRNN 模型与 FPCA-Nonlin 模型相比，在融资初期能具有更好的预测精度，且其整体预测能力比 FPCA-Nonlin 模型更优。通过 FPCA-GRNN 与 GRNN 模型的对比可以发现，本章构建的 FPCA-GRNN 模型预测效果显著优于 GRNN 模型，因而先通过 FPCA 方法提取众筹项目投资者投资曲线和时滞评论曲线特征再进行预测的方法能够有效地降低数据观测误差带来的影响，更全面地刻画投资者活动。这可能得益于 FPCA-GRNN 模型包含众筹中投资和评论活动的动态信息（如变化轨迹以及速率轨迹），能够尽可能包含观测点前投资者活动变化的情况，而不仅仅是观测点处的投资者活动表现。而与 FPCA-BP 模型对比发现，FPCA-GRNN 模型在融资期限前 10%时的预测误差比 FPCA-BP 低 0.0254，这得益于 GRNN 在小样本数量时也能很好地进行非线性建模和预测，即使在众筹融资的早期阶段也能达到较好的预测效果。此外，FPCA-GRNN 模型自融资期限 10%至 90%预测误差降低了约 52%，FPCA-BP 模型预测误差降低了约 39%，随着融资期限截止日的到来，预测精度显著提升。

表 8-9　模型平均绝对百分比误差

分位数	GRNN	FPCA-Lin	FPCA-Nonlin	FPCA-BP	FPCA-GRNN
前 10%	0.3400	0.3679	0.3027	0.2803	0.2549
前 30%	0.3271	0.3150	0.2327	0.2576	0.2213

续表

百分比	GRNN	FPCA-Lin	FPCA-Nonlin	FPCA-BP	FPCA-GRNN
前50%	0.3145	0.2649	0.1872	0.2102	0.1750
前70%	0.3120	0.2272	0.1477	0.1774	0.1417
前90%	0.3130	0.1794	0.1309	0.1719	0.1223

8.6 奖励众筹融资的风险分析

前面研究了我国众筹市场上奖励众筹项目融资绩效的关键影响因素，分析了融资绩效与投资者投资和评论活动的动态变化关系，构建了用于实时预测众筹项目融资绩效的 FPCA-GRNN 模型，众筹网的真实交易数据的实证分析结果表明：奖励众筹项目融资绩效与点赞人数、评论次数、支持人次、项目更新次数显著正相关，奖励众筹项目融资绩效与目标融资额、项目回报种类等显著负相关。

投资者参与奖励众筹项目的回报是在众筹项目融资达到目标后获得项目融资者承诺提供的产品或者服务，在参与奖励众筹项目的过程中投资者也面临风险。投资者的风险由两阶段构成，第一阶段风险来自融资阶段的风险。投资者为了确保获得项目融资者承诺提供的产品或者服务，需要在项目融资期限内和融资额尚未完成前及时提供资金支持。如果投资者没有及时在项目融资期限内和融资额尚未完成前提供资金支持，那么投资者不能获得项目融资者承诺提供的产品或者服务。因此，投资者需要掌握奖励众筹项目融资绩效的动态变化情况，及时做出投资决策。当投资者做出资金支持决策时，面临从资金提供时刻到融资结束时刻的机会成本（如银行存款利息等）。如果奖励众筹项目在规定的融资期限内没有完成目标融资额，那么投资者承受从资金提供时刻到融资结束时刻的损失（如银行存款利息等）。第二阶段风险来自融资额完成后项目实施阶段的风险。众筹项目在实施过程中由于不确定因素影响导致未能达到项目预期，目标没有实现，甚至众筹融资项目失败，融资者不能完全兑现或者无法兑现承诺的产品或者服务，此时，投资者就要承担相关损失，包括融资阶段支持的资金损失和承诺的产品或服务损失。

因此，为了避免和有效控制奖励众筹融资项目的风险，投资者需要在项目融资阶段全面掌握奖励众筹融资项目情况，关注点赞人数、评论次数、支持人次、项目更新次数、目标融资额、项目回报种类等影响项目融资绩效的关键因素，做好项目实施的系统分析和发展前景预测等，根据回报需求和风险状况进行科学决策。

8.7 本章小结

本章深入研究了我国众筹市场上奖励众筹项目融资绩效的关键影响因素，包括来自众筹项目自身的特征、项目发起人的特征以及投资者的投资行为和评论特征，并且分析了融资绩效与投资者投资和评论活动的动态变化关系。在此基础上，构建了用于实时预测众筹项目融资绩效的 FPCA-GRNN 模型，其中：FPCA 主要用于提取投资者投资和时滞评论特征的综合得分，来反映投资者投资活动的动态特征。

本章选取了众筹网的真实交易数据进行模型的有效性验证。结果表明：奖励众筹项目融资绩效与点赞人数、评论次数、支持人次、项目更新次数显著正相关，奖励众筹项目融资绩效与目标融资额、项目回报种类等显著负相关；融资额在项目开始融资阶段增长较快，但增速逐渐放缓，而在项目融资临近截止日时，潜在投资者受到截止效应的影响，新增融资额增速逐渐提升。先行投资者的投资行为对潜在投资者投资行为存在挤出效应，当已实现的融资绩效越高，投资者新增投资行为越弱。先行投资者的评论越多，越能吸引更多的潜在投资者进行投资，从而提高融资绩效。提出的模型充分发挥了 GRNN 模型的容错性高、逼近能力强、训练速度快的特性，并结合了 FPCA，能够刻画众筹过程中投资者活动变化轨迹以及速率轨迹的特点。即使在众筹融资的早期阶段以及未来项目数量迅速增长的情况下也能做到高精确度的预测。此外，该模型相比线性回归、非线性回归和反向传播神经网络有更准确的预测效果。虽然本章实验仅针对融资期限 10%、30%、50%、70%以及 90%的观测点做了预测，但该模型可适用于在任意点处对融资结果进行预测，同样也适用于预测未来任何时间点的结果。

本章分析了投资者参与奖励众筹项目在融资阶段和融资额完成后项目实施阶段的风险来源及构成情况，为投资者有效防范和控制风险提供了决策分析方法。

本章的研究对未来众筹项目发起人在融资进程中实施积极、有效的管理提供了指导意见。为了确保融资成功，项目发起人应当用简洁的语言对项目基本情况进行适当描述，过长字数的项目摘要描述会对投资者投资决策产生相反的影响；根据项目的实际资金需求，确定合理的目标融资额，避免潜在投资者担心项目风险较大和顾虑融资期限内投资金额利息损失，而使投资意愿降低；投资者投资时存在羊群效应，表现出点赞人数越多，众筹项目获得融资的可能性越高，进而推高项目最终的融资绩效；投资者的评论越多越能反映项目的吸引程度，使得潜在投资者受从众心理的影响进行投资，从而提高融资绩效。项目发起人及时地进行项目更新有利于向公众传递项目进展符合预期的信号,在项目众筹截止日来临前,对项目的更新次数越多,越能吸引投资者对项目进行投资;项目回报种类不宜过多,越多越会分散项目发起人运营的精力,也加大了项目耗费的成本和时间,从而增加了项目实施的不确定性,使得投资者对项目的信任程度有所降低,将会减少项目获得的融资金额。项目发起人在众筹过程中及时对融资结果进行评估,提高与投资者的互动,能够提升融资成功的可能性。在未来的研究中,可以尝试对项目融资期限进行分类处理以进一步提高模型预测的准确性。此外,参数的选择方面可以考虑引入遗传算法等智能算法对模型进行改进。模型应用方面,结合项目融资的表现,针对投资者对项目风险(融资前期成功或融资后期成功)的不同偏好进行精准推荐,提升众筹项目投资者的参与积极性。

第 9 章 互联网保险活期理财产品收益率影响因素及风险度量研究

有别于余额宝类型的互联网理财产品，互联网保险理财产品发展相对较晚，缺乏同类可比口径的历史投资业绩，个人投资者短期难以对保险机构的投资管理能力客观评价。已有研究缺乏针对互联网保险理财产品的理论和应用研究。本章提出分析互联网保险活期理财产品收益率影响因素的 EEMD-QR 模型，选取具有代表性的互联网保险活期理财产品国寿嘉年天天盈进行实证分析。通过研究发现影响互联网保险活期理财产品收益率的主要因素，在此基础上提出互联网保险活期理财产品投资风险度量方法。

9.1 互联网保险活期理财产品基本情况

对于互联网保险理财产品来说，2015 年之前保险理财市场以中短期的万能险、投连险为主，但受监管要求，万能险和投连险几乎从互联网金融理财渠道消失，现在取而代之的是个人养老保障管理产品。融 360 调查发现，截至 2018 年 7 月末主流的互联网保险理财销售渠道，由中国银行保险监督管理委员会批准设立的养老保险公司发行的个人养老保障管理产品占到九成以上。

目前通过互联网渠道发行的保险活期理财产品主要在腾讯理财通平台上，并设置专门的理财专区进行销售。理财通作为一个用户数超 1 亿人、总成交量超 2 万亿元的理财平台，能够为用户提供多样化的理财服务，主要包括货币基金类产品、保险理财等，使投资者可以灵活理财、随时存取。腾讯理财通平台上的国寿嘉年天天盈等保险活期理财产品更是一直处于平台畅销榜中，因产品风险低、收益稳健，受到了广大投资者的喜爱。在售的理财通保险活期理财产品如表 9-1 所示。

表 9-1 理财通保险活期理财产品情况（截至 2018 年 11 月末）

对比项目	国寿嘉年天天盈	平安养老富盈 5 号	太平养老颐养天天
起投金额	1000 元起		
申购赎回	随时申购、T+1 起息、赎回到账		
交易规模	6021 万笔	920 万笔	822 万笔

续表

对比项目	国寿嘉年天天盈	平安养老富盈 5 号	太平养老颐养天天
近三月年化收益率	3.73%	3.25%	3.82%
投资范围	流动性资产：5%～100% 固收：0～190% 不动产、其他：0～20%	流动性资产：5%～100% 固收：0～135% 不动产、其他：0～75%	流动性资产：5%～100% 固收：0～80% 不动产、其他：0～20%

总体来看，互联网保险活期理财产品通过精选期限适中、风险较低、收益较高的项目，力求在满足安全性、流动性需要的基础上实现更高的收益率。具有"资金稳健、投资范围广、高流动性、低门槛性"的特点，比较适合稳健类投资者以及习惯在互联网渠道购买理财的年轻人。

9.2 EEMD-QR 模型构建

EEMD 模型是在 EMD 算法的基础上改进发展的。EMD 模型是将原始时间序列根据其内在特征进行多尺度分解提取，从而得到一组频率特征不同的分量，即本征模函数（intrinsic mode function，IMF），适用于处理互联网保险活期理财产品收益率这样的非线性、非平稳时间序列，最终可以将互联网保险活期理财产品收益率原始序列 $s(t)$ 分解为 IMF 函数和一个趋势项 $r_n(t)$，即

$$s(t) = \sum_{i=1}^{n} \mathrm{imf}_i(t) + r_n(t) \tag{9-1}$$

EEMD 的具体步骤如下。

（1）互联网保险活期理财产品收益率原始序列 $s(t)$ 中多次加入均值为 0、标准差为常数的白噪声，即

$$s_i(t) = s(t) + w_i(t) \tag{9-2}$$

其中，$s_i(t)$ 为第 i 次加入白噪声后的序列；$w_i(t)$ 为第 i 次加入的白噪声。

（2）对新组成的时间序列 $s_i(t)$ 分别进行 EMD，得到各自的 IMF 记为 $c_{ij}(t)$，与一个余项式 $r_i(t)$，其中 $c_{ij}(t)$ 为第 i 次加入白噪声后分解得到的第 j 个 IMF。

（3）根据白噪声足够多次试验可相互抵消的特性，将上述分解中对应的 IMF 进行总体平均计算就可得到经验分解后的最终 IMF，即

$$c_j(t) = \frac{1}{N} \sum_{i=1}^{n} c_{ij}(t) \tag{9-3}$$

其中，N 为加入白噪声的次数，$c_j(t)$ 为原始序列 EEMD 后得出的第 j 个 IMF。

然后按照以下的步骤对各 IMF 进行集成，生成高频 IMF 和低频 IMF。

（1）计算本征模函数 $\mathrm{imf}_1(t)$ 到 $\mathrm{imf}_n(t)$ 的算术平均。

（2）对本征模函数 $\mathrm{imf}_i(t)$ 的平均值进行不等于 0 的 t 检验。

（3）将本征模函数 $\mathrm{imf}_1(t),\cdots,\mathrm{imf}_{i-1}(t)$ 加总构成频率较高的成分，即高频分量；将 $\mathrm{imf}_i(t),\cdots,\mathrm{imf}_n(t)$ 加总构成频率较低的成分，即低频分量。

EEMD 模型分解互联网保险活期理财产品收益率得到的各分量进行组合所得到的高频/低频 IMF 分量以及趋势项都具有自己独特的属性和比较强的经济学意义。趋势项的时间序列能够代表原始序列中的内在运行轨迹，客观准确地提取出趋势项序列具有非常重要的经济学意义和实际意义（Huang et al., 1998）；其沿着原始序列的长期均值缓慢变化，可视作互联网保险活期理财产品收益率变化的潜在趋势。低频分量的突发性的上升或者下降一般和一些重要的事件对应，代表这些重大事件的影响。高频分量一般振幅较小，主要代表互联网保险活期理财产品的随机波动。进一步分析并量化互联网保险活期理财产品收益率的影响因素，并通过相关分析来检验这些影响因素与对应分量之间是否存在显著相关关系。

最后通过 QR 模型来分析显著影响因素与互联网保险活期理财产品收益率之间的关系。通过考察解释变量对响应量在不同分位点处的异质影响，能够挖掘到更加丰富的信息，进而给出收益率整个条件分布特征的描述。

综上，EEMD-QR 模型构建见图 9-1。

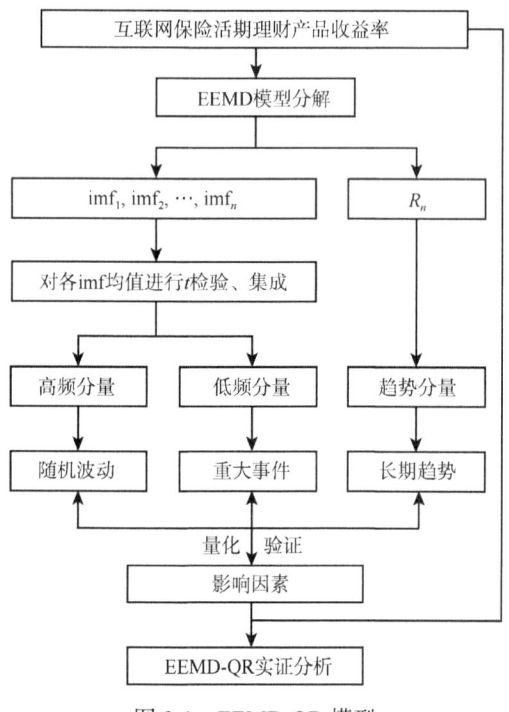

图 9-1 EEMD-QR 模型

9.3 收益率 EEMD 模型分解

9.3.1 数据与描述

本章选取腾讯理财通平台上保险理财产品中的国寿嘉年天天盈产品作为代表来研究互联网保险活期理财产品的收益率。一方面是因为该产品在本书研究实施期间处于理财通平台保险活期理财板块显示的首位；另一方面，经理财通平台披露，截至 2018 年 11 月末，国寿嘉年天天盈产品已累计成交 6021 万笔，其累计成交笔数远远超过平台同类产品之和，因此具有比较高的代表性。同时选取国寿嘉年天天盈的万份收益来代表本产品的收益率。因理财通平台只披露近 2 个月的数据，通过本章研究期间对理财通平台数据的跟踪，选取从 2017 年 7 月 31 日到 2019 年 2 月 28 日共 578 个日度数据。国寿嘉年天天盈收益率分布如图 9-2 所示。

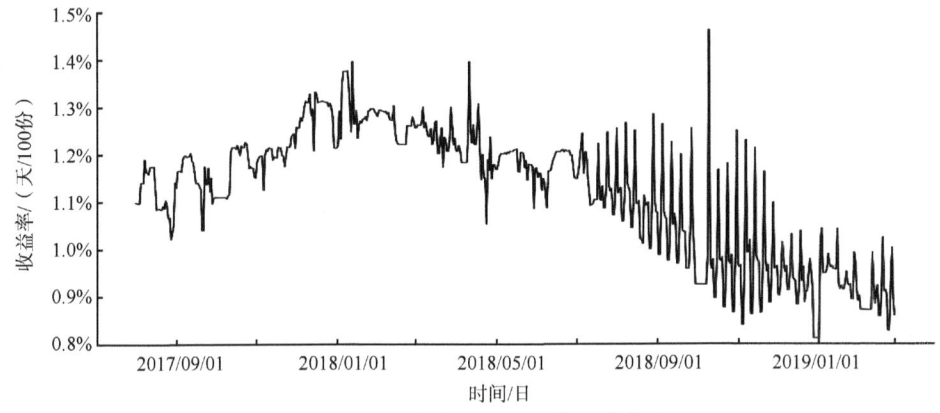

图 9-2 国寿嘉年天天盈的收益率分布

首先，对国寿嘉年天天盈收益率序列（记为 GS）进行 ADF 平稳性检验[①]，如表 9-2 所示，p 值大于 10%，不能拒绝原假设，即认为国寿嘉年天天盈收益率序列是非平稳的，然后对其一阶差分序列（记为 DGS）进行平稳性检验，发现不拒绝原假设，即一阶差分序列是平稳的。所以选取 EEMD 可以很好地从多尺度分解分析其收益率的内涵特征。

表 9-2 国寿嘉年天天盈的收益率（GS）和一阶差分序列（DGS）的 ADF 平稳性检验结果

序列	t 检验	p 值
GS	−1.9818	0.9291
DGS	−14.0092	0.0000

---

① ADF 检验，全称为 augmented Dickey-Fuller test，增广迪基–富勒检验，是 Dickey-Fuller（DF）检验的扩展，常用于检验时间序列的平稳性。

9.3.2 IMF 分量及其分析

在 MATLAB 平台上编程实现 EEMD，最终可以将研究期间共计 578 天的原始的国寿嘉年天天盈的收益率序列分解得到 7 条具有不同特征的 IMF 分量和 1 个趋势项 R，分别如图 9-3 所示。可以看到，随着所有被分解出的 IMF 分量从高频逐渐向低频移动，其振幅基本上逐渐变大，且最后一项 R 是一个单调的可以反映理财收益率的长期趋势。

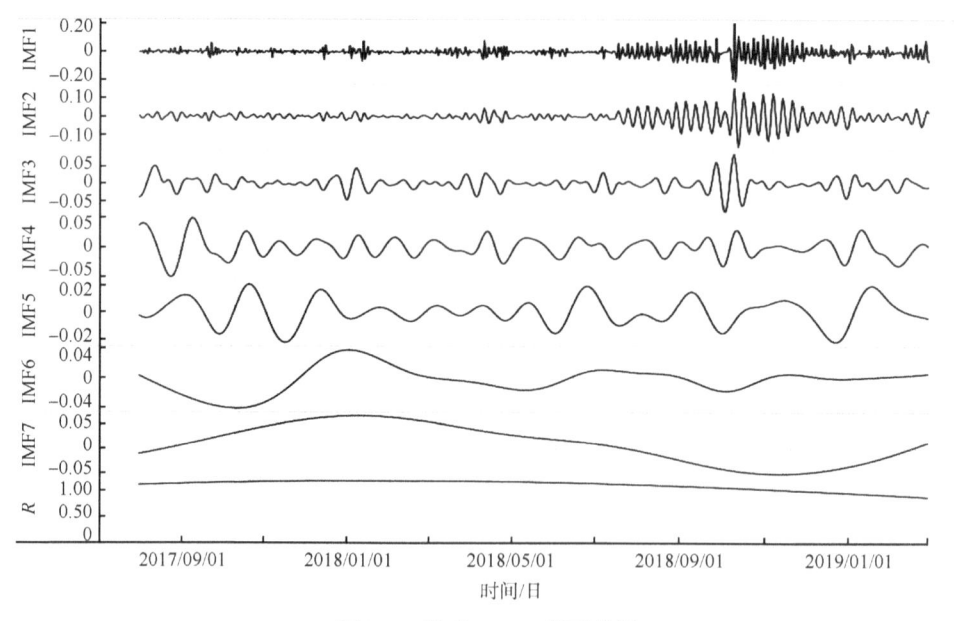

图 9-3 基于 EEMD 模型分解

本章从 IMF 的平均周期、和原始序列的相关系数、方差占比这几个指标来分析，见表 9-3。可发现与原始序列相关程度最高的是趋势项，其相关系数为 0.87，远高于其他 IMF 与原始序列的相关程度。通过 EEMD 后最高频的 IMF 分量的平均周期短，波动与原始时间序列有一定的相似度使其与原始序列的相关性较高。继续分解后得到的处于中间频率水平的 IMF 分量的周期与相关系数也有很大的关系，这些 IMF 分量的相关系数相对较低，可能是因为随着 IMF 分量频率的逐渐降低，其波动相对而言会逐渐减缓，此时当原始的收益率序列仍按照一定的趋势在运转时，这部分 IMF 分量也会按照趋势进行延展，导致出现了一定的滞后反应，从而出现与原始序列相左的情况。而低频的 IMF 分量因为影响互联网保险活期理财产品收益率的重大波动，与原始序列的相关程度较高。

表 9-3　EEMD 模型分解后各分量特征

分量	平均周期/日	和原始序列的相关系数	方差占比（分解前）	方差占比（分解后）
IMF1	3.01	0.29***	6.40%	9.60%
IMF2	6.64	0.29***	6.20%	9.30%
IMF3	12.57	0.19***	1.78%	2.67%
IMF4	27.52	0.22***	1.44%	2.16%
IMF5	48.17	0.08**	0.49%	0.73%
IMF6	144.50	0.15***	1.61%	2.41%
IMF7	289.00	0.81***	7.84%	11.77%
R		0.87***	40.88%	61.36%

和*分别表示 5%和 1%的显著性水平

通过方差分析发现，趋势项占原始序列方差的比例为 40.88%，占分解后各分量方差之和的比例高达 61.36%。IMF7 占原始序列方差的比例为 7.84%，占分解后各分量方差之和的比例为 11.77%，仅次于趋势项对于原始序列方差的占比，说明当受到重大事件的冲击的时候，低频 IMF 分量和趋势项对于国寿嘉年天天盈收益率的贡献程度很大。同时，因为国寿嘉年天天盈的收益率的日间随机波动比较大，也对国寿嘉年天天盈的波动具有一定贡献。

9.3.3　结构特征分析

计算各 IMF 的均值如图 9-4 所示。

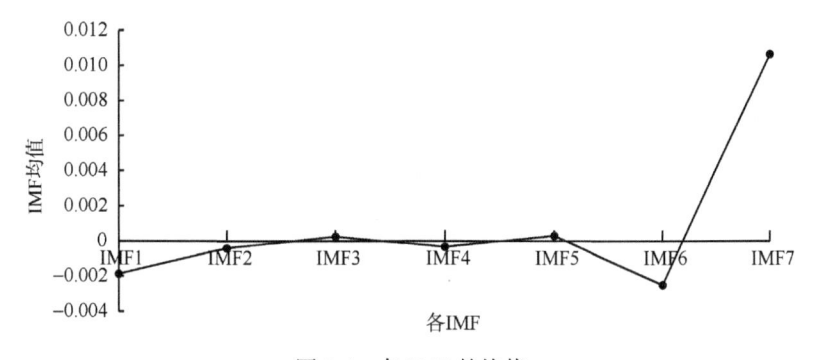

图 9-4　各 IMF 的均值

对各 IMF 进行集成，生成高频 IMF 和低频 IMF。根据前文可得：IMF1 到 IMF5 为高频部分，加和作为高频分量；IMF6 至 IMF7 归为低频部分，加和作为低频分量，趋势项作为独立的分量。通过 EEMD 模型分解互联网保险活期理财产品得到的各分量进行组合后的高频 IMF 分量、低频 IMF 分量以及趋势项的特征如表 9-4 所示。

表 9-4 高频 IMF 分量、低频 IMF 分量以及趋势项的特征

分量	和原始序列的相关系数	方差占比（分解前）	方差占比（分解后）
高频 IMF	0.47***	18.71%	26.69%
低频 IMF	0.75***	10.53%	15.02%
R	0.87***	40.88%	58.30%

注：方差占比（分解后）总计不为100%是四舍五入修约所致

***表示 1%的显著性水平

1. 趋势项特征——内在发展趋势

趋势项和原始序列的相关系数达 0.87，趋势项占原始序列方差的 40.88%，占 EEMD 模型分解后方差的 58.30%。趋势项和原始序列的相关系数，以及趋势项方差占比在分解前后的波动均比其他 IMF 分量高，说明趋势项是互联网保险活期理财产品的重要组成成分，基本可以反映本互联网保险活期理财产品的发展趋势。

国寿嘉年天天盈由中国人寿养老保险股份有限公司和嘉实基金共同作为投资管理人，其中嘉实基金主要负责资产配置和存款、债券等证券化金融产品管理，而不动产类金融资产和其他金融资产的配置则由中国人寿养老保险股份有限公司负责。其投资比例比较高的主要是流动性资产以及固定收益类资产，互联网保险活期理财产品的收益率与投资管理人的投资能力、投资的较高流动性标的息息相关。这说明互联网保险活期理财产品的收益率从长期来看与国内同业市场的资金面的松紧程度以及固定收益市场的收益情况有关系。

2. 低频分量特征——重大事件影响

趋势项对于收益率的影响是缓慢的且稳定在一定的水平上，因此国寿嘉年天天盈收益率的大幅波动是重大事件对于互联网保险活期理财产品的收益率的冲击造成的。低频分量与原始序列的相关系数为 0.75，远高于高频分量与原始序列的相关系数 0.47。低频分量占 EEMD 后的方差的比例为 15.02%，这与一直以来互联网保险活期理财产品的收益率因风险不高整体上收益率波动没有像其他常见的理财产品的波动那么大，受重大事件的影响但是敏感程度不高有关。国寿嘉年天天盈的收益率主要受资管新规、货币政策以及国内外金融市场环境的影响。

随着资管新规的落地实施，要求打破刚兑明显地冲击了之前的理财市场。短期来看，互联网保险活期理财产品面临一定转型和调整压力，对投资标的的限制将可能使产品收益率下降。而自从 2018 年 3 月发生"钱荒"以来，国内先后经

历了全国降准、定向降准、MLF（medium-term lending facility，中期借贷便利）大规模净投放等多次降准举措，实行稳健中性的货币政策，流动性的合理充裕使得理财产品呈现收益下滑的趋势。

同时，因为在中美贸易摩擦的影响下，整个国际金融市场处于极大的波动和不稳定状态，投资者对于金融资产的风险偏好降低，并传导到国内金融市场，使得国内投资理财市场受到了很大的影响。由此造成的股市行情持续低迷会加剧投资者向低风险、高流动性的理财产品投资，引起互联网金融理财产品市场收益率进一步下跌。

因此，通过 EEMD 可以分析这些事件对互联网保险活期理财产品的影响及结果。既可以帮助我们评判重要事件带来的影响程度，也可为以后的投资者进行决策提供参考。

3. 高频分量特征——随机波动影响

互联网保险活期理财产品收益率的影响因素包含其潜在的趋势因素和重大事件的影响，高频分量的变化特征主要代表着市场随机波动带来的影响。对国寿嘉年天天盈的收益率的影响主要体现在 IMF1 到 IMF5 组成的低频分量上，低频分量与原始序列的相关关系达 0.47，相关程度最小。因为互联网保险活期理财产品可投资标的品种和范围较"宝宝类"产品的大，日间波动也相对较大，这也是互联网保险活期理财产品的独特之处，其频繁的波动会对理财收益率造成影响，对于短期的预测来说，高频分量不可或缺。但是从较长期的角度来看，可以忽略高频分量的影响。图 9-5 为国寿嘉年天天盈收益率及各分量曲线图。

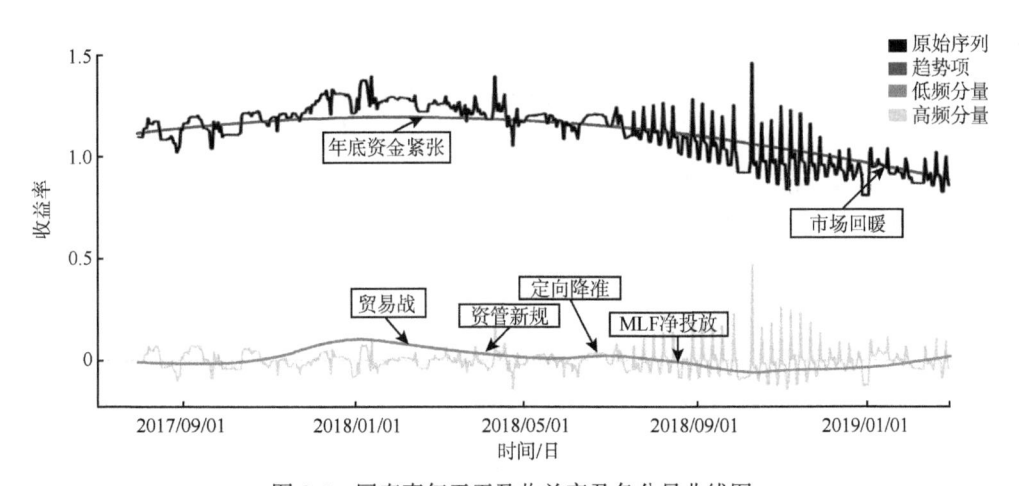

图 9-5　国寿嘉年天天盈收益率及各分量曲线图

综上所述，趋势项代表了理财收益率的内在趋势，与管理人的投资能力与投资标的相关，可以基本反映收益率的发展走势。低频分量代表了重大事件的影响作用，重大事件的出现会对收益率造成较大的波动，观测期内资管新规落地、各项降准举措以及中美贸易摩擦带来的理财市场的低迷，都引起了理财收益率的不断下行。最后，高频分量的频繁波动代表了产品本身随机波动的影响，与收益率相关性最小。

9.4 基于QR模型实证分析

由前面分析可知，互联网保险活期理财的趋势项和低频分量对于收益率的解释性更强。因此研究二者的影响因素能够帮助我们更好地认识和投资互联网保险活期理财产品。进一步根据这些因素的特点以及结合我国金融市场发展的具体情况，选择出互联网保险活期理财产品收益率的影响因素的量化指标如下。

9.4.1 趋势项因素的量化指标

1. 银行间同业拆借利率

在我国金融市场上，银行的存款利率通常能够反映出当前资金面的松紧水平。李东荣（2011）指出Shibor作为货币市场基准利率整体上能够较好地反映资金成本、市场供求和货币政策预期的变化。因此本章也选取Shibor作为判断市场利率的基准，来表现资金面的需求关系。

2. 债券市场行情

国寿嘉年天天盈投资短期固定收益资产的比例为0~190%，占比相当高，因此债券市场的行情也会影响互联网保险活期理财产品的收益情况。参考闫红蕾和张自力（2018）的研究，国债的利率期限结构决定基准无风险利率。本章选取一年期国债收益率来代表短期债券市场的行情。

3. 保险机构实力

互联网保险活期理财产品的管理人主要是保险资管机构，而理财投资管理人的主动管理能力是关系到投资风格及收益的一个很关键的要素，这也是互联网保险活期理财产品区别于其他理财产品的一个重要的原因，因此研判保险机构的实力也十分重要。本章选取的Wind保险Ⅱ指数可以在一定程度上代表保险行业及机构的实力，从而研究其对于收益率的影响。

9.4.2 重大事件因素的量化指标

1. 汇率

随着中国逐渐走向世界，国际环境的不确定性给中国的金融市场带来了极大的冲击，特别是 2018 年以来开启的中美贸易战更是一个"黑天鹅"事件，至 2019 年又逐渐缓和，国际趋势的变化深刻地影响了国内外资金的流通。正是因为人民币汇率的波动冲击着国内外资金的流动，影响着各种金融工具的价格，不断影响着我国金融市场的资金面，互联网保险活期理财产品的收益自然也深受影响。王胜和周上尧（2018）实证描述了汇率的动态传递效应。因此本章选取美元对人民币的中间价作为汇率数据，来研究汇率的变动对互联网保险活期理财产品收益率的影响。

2. 证券二级市场行情

证券市场反映了理财市场中的人们对于风险资金的偏好程度，证券市场低迷会吸引大量资金投入非证券市场，互联网保险活期理财产品也包括在内。参考赵雪瑾和张卫国（2017）采用上证综指和深证成指来构建和描述股票市场的资产收益率回报，本章选取上证综指来研究证券二级市场对于收益率的影响。

考虑到数据的可得性与一致性，将国寿嘉年天天盈自 2017 年 7 月 31 日至 2019 年 2 月 28 日的收益率（GS）作为被解释变量，然后选取对应时间的上海银行间同业拆放利率隔夜利率（Shibor）、一年期国债收益率（GZ）、Wind 保险Ⅱ指数（BX）、汇率（LV）、上证综指（SZ）作为解释变量，并以日为单位。以上数据均来自 Wind 经济数据库。考虑到周末以及节假日等因素，部分数据存在缺失的状况，可能无法匹配，所以在以日为计算周期的基础上，休息日的数据采用平均插值法计算得来。

首先验证各影响因素与对应分量之间的关系，结果如表 9-5 和表 9-6 所示。可以发现各影响因素与对应收益率分量是显著相关的。

表 9-5 影响因素与对应分量之间的关系（一）

	Shibor	GZ	BX
趋势项	−0.63***	0.90***	0.35***

***表示 1%的显著性水平

表 9-6 影响因素与对应分量之间的关系（二）

	LV	SZ
低频 IMF	−0.71***	−0.69***

***表示 1%的显著性水平

然后对所研究的变量取对数，使得其对应的时间序列保持平稳，同时减少共线性和异方差出现的概率。表 9-7 为变量的描述性统计。可以发现国寿嘉年天天盈产品收益率的波动水平比较高，这也与其日间频繁的随机波动有关。同时国寿嘉年天天盈的收益率的偏度小于 0、峰度小于 3，表现出负偏平坦峰的分布形态。然后根据 JB（Jarque-Bera）[①]统计量的结果可以看出各变量的时序数据的分布特征都是显著的非正态分布。因此，通过 QR 模型可以更全面地描述互联网保险活期理财产品收益率及其影响因素之间的相关关系。

表 9-7 描述性统计

变量	均值	中位数	标准差	偏度	峰度	JB 统计量
lnGS	0.11	0.15	0.13	−0.62	−0.64	47.46***
lnShibor	0.91	0.94	0.12	−1.87	4.12	735.20***
lnGZ	1.13	1.17	0.13	−0.58	−0.71	45.18***
lnBX	7.51	7.49	0.09	0.44	−0.55	39.95***
lnLV	1.89	1.89	0.03	−0.20	−1.23	59.40***
lnSZ	8.01	8.04	0.11	−0.25	−1.49	26.30***

***表示 1%的显著性水平

采用 QR 模型来分析不同分布状态下的国寿嘉年天天盈收益率与其影响因素的相关性。为了详细观察不同分位数下，国寿嘉年天天盈收益率的波动与各影响因素之间的相关性，本章选取 $\tau=0.1$ 至 $\tau=0.9$，研究共 9 个分位数下 QR 的情况，结果如表 9-8 所示。

表 9-8 QR 结果

变量	$\tau=0.1$	$\tau=0.2$	$\tau=0.3$	$\tau=0.4$	$\tau=0.5$
C（常数项）	0.7858	2.9975***	2.5333***	2.9390***	3.1262***
lnShibor	0.0162**	−0.1833*	−0.1897***	−0.1887***	−0.1781***
lnGZ	0.5106***	0.7986***	0.7411***	0.7436***	0.7392***
lnBX	0.1001***	0.0860**	0.1001***	0.0704***	0.0660**
lnLV	−2.0846***	−1.8163***	−1.6766***	−1.6434***	−1.5930***
lnSZ	0.2301	−0.1094	−0.0868	−0.1164**	−0.1466**
变量	$\tau=0.6$	$\tau=0.7$	$\tau=0.8$	$\tau=0.9$	OLS
C（常数项）	2.7299***	2.6078***	3.1838***	3.3342***	2.6234***
lnShibor	−0.1491***	−0.1469***	−0.2316***	−0.1325***	−0.1452***

---

① JB 检验由卡洛斯·哈尔克和阿尼·K.贝拉提出。

续表

变量	$\tau=0.6$	$\tau=0.7$	$\tau=0.8$	$\tau=0.9$	OLS
lnGZ	0.7132***	0.7227***	0.7393***	0.6870***	0.7188***
lnBX	0.0914***	0.0913***	0.0535*	0.1240***	0.0673**
lnLV	−1.4411***	−1.3251***	−1.2956***	−1.0851***	−1.4650***
lnSZ	−0.1551***	−0.1676***	−0.2013**	−0.3368***	−0.1162*

*、**和***分别表示10%、5%和1%的显著性水平

从表9-7的回归结果来看，上海银行间同业拆放利率隔夜利率对国寿嘉年天天盈收益率的影响大体上是反向的，在其他条件保持不变的情况下，上海银行间同业拆放利率隔夜利率的增加会让收益率随之降低。汇率对国寿嘉年天天盈收益率的影响一样是反向的，在其他条件保持不变的情况下，汇率的上升会让收益率随之降低。在分位数水平为0.4~0.9的时候，上证综指对国寿嘉年天天盈收益率的影响是显著的，在其他条件保持不变的情况下，上证综指的增加会让收益率随之降低。一年期国债收益率和Wind保险Ⅱ指数对于国寿嘉年天天盈收益率的影响是正向的，在其他条件保持不变的情况下，其增加会让收益率随之升高。

在此基础上，通过QR描述理财通平台上各保险活期理财产品与其影响因素之间的关系（图9-6），可以发现与国寿嘉年天天盈是一致的。上海银行间同业拆放利率隔夜利率对收益率的影响绕均值波动，但总体上呈下降趋势，在高分位数水平时的负向影响更大。一年期国债收益率对于收益率的影响呈波动趋势，但总体上保持在一个稳定的水平上。Wind保险Ⅱ指数对于国寿嘉年天天盈收益率的影响则相反，呈现倒"U"形，但总体上绕均值波动，对收益率的影响呈现正向的趋势。汇率对收益率的影响呈现上升的趋势，随着分位数的增高，汇率对于收益率的负向影响程度越来越弱。上证综指对于收益率的影响呈现"U"形，在达到最低点后逐渐上升。

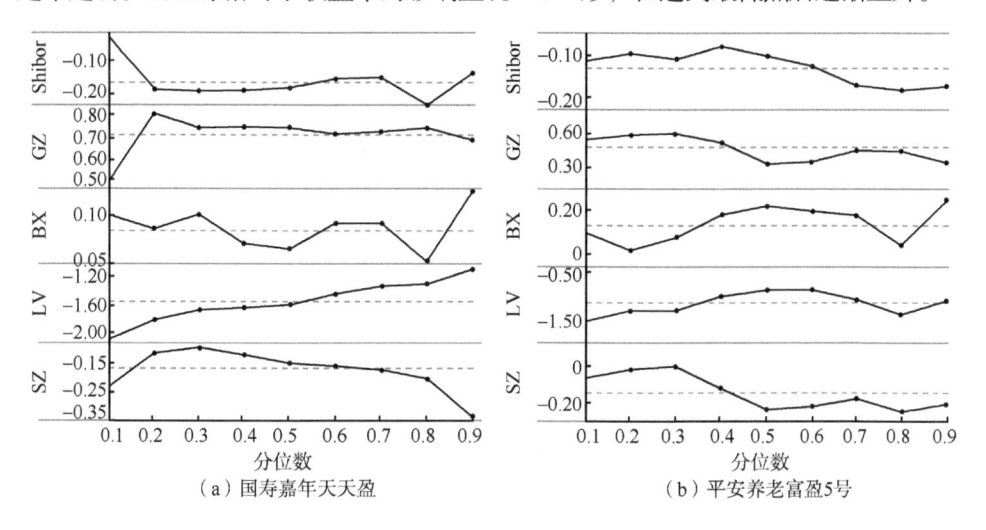

（a）国寿嘉年天天盈

（b）平安养老富盈5号

(c) 太平养老颐养天天

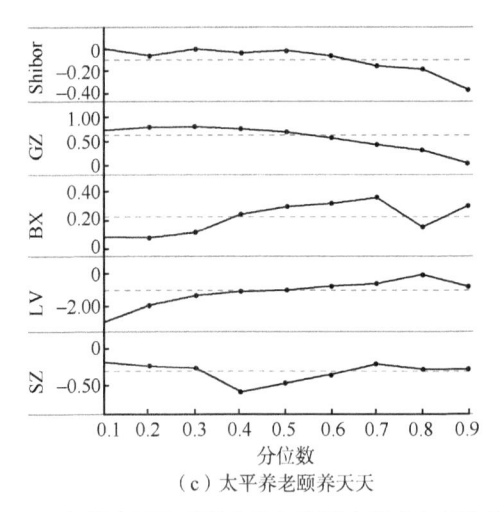

图 9-6　各保险活期理财产品与其影响因素之间的关系

9.5　风　险　度　量

通过 EEMD 可知，互联网保险活期理财产品国寿嘉年天天盈的收益率主要是由代表着产品内在发展趋势的趋势项和代表着重大事件影响的低频分量决定的，趋势项因素的量化指标包括银行间同业拆借利率、债券市场行情、保险机构实力，重大事件因素的量化指标包括汇率以及证券二级市场行情，而且这五大因素对收益率的影响的程度和冲击从高到低。因此，互联网保险活期理财产品国寿嘉年天天盈的风险主要由这五大因素的变化产生。

由于上海银行间同业拆放利率隔夜利率、汇率和上证综指对于互联网保险活期理财产品国寿嘉年天天盈收益率具有负向的显著影响作用，所以当上海银行间同业拆放利率隔夜利率、汇率和上证综指分别上升的时候，在其他条件不变的情况下，会导致投资国寿嘉年天天盈产品的风险增加；同时，由于一年期国债收益率和 Wind 保险Ⅱ指数对于国寿嘉年天天盈收益率具有正向的显著影响作用，当一年期国债收益率和 Wind 保险Ⅱ指数分别下降的时候，在其他条件不变的情况下，会导致投资国寿嘉年天天盈产品的风险增加。

通过表 9-8 可以在不同的分位数水平分别度量各影响因素变化导致投资国寿嘉年天天盈的风险程度变化。具体做法如下，对于每个分位数水平，根据表 9-8 的 QR 结果，建立国寿嘉年天天盈收益率与上海银行间同业拆放利率隔夜利率、汇率、上证综指、一年期国债收益率和 Wind 保险Ⅱ指数的回归模型，即

$$\ln GS = C + \beta_1 \ln Shibor + \beta_2 \ln GZ + \beta_3 \ln BX + \beta_4 \ln LV + \beta_5 \ln SZ$$

当上海银行间同业拆放利率隔夜利率 Shibor、汇率 LV 和上证综指 SZ 分别上升到 Shibor_t、LV_t 和 SZ_t 时，在其他条件不变的情况下，导致投资国寿嘉年天天盈产品增加的风险分别为

$$\ln\frac{\text{GS}}{\text{GS}_t}=\beta_1\ln\frac{\text{Shibor}}{\text{Shibor}_t}$$

$$\ln\frac{\text{GS}}{\text{GS}_t}=\beta_4\ln\frac{\text{LV}}{\text{LV}_t}$$

$$\ln\frac{\text{GS}}{\text{GS}_t}=\beta_5\ln\frac{\text{SZ}}{\text{SZ}_t}$$

当一年期国债收益率 GZ 和 Wind 保险 Ⅱ 指数 BX 分别下降到 GZ_t 和 BX_t 时，在其他条件不变的情况下，导致投资国寿嘉年天天盈产品增加的风险分别为

$$\ln\frac{\text{GS}}{\text{GS}_t}=\beta_2\ln\frac{\text{GZ}}{\text{GZ}_t}$$

$$\ln\frac{\text{GS}}{\text{GS}_t}=\beta_3\ln\frac{\text{BX}}{\text{BX}_t}$$

9.6 本章小结

本章通过 EEMD 对互联网保险活期理财产品收益率进行多尺度分解，得到一组具有不同频率的分量，并分析各分量的特征，从定量和定性的角度分析出其主要影响因素。然后通过 QR 模型，分析各影响因素与收益率在不同分位数水平下的动态关系。最后给出了互联网保险活期理财产品的风险度量。本章的主要结论如下：

（1）通过 EEMD 可知，互联网保险活期理财产品收益率主要是由代表着产品内在发展趋势的趋势项和代表着重大事件影响的低频分量决定的，而且其对收益率影响的程度和冲击从高到低。然后量化并验证相关因素，包括银行间同业拆借利率、债券市场行情、保险机构实力、汇率以及证券二级市场行情五大因素。

（2）通过 EEMD-QR 实证分析模型可以发现：①互联网保险活期理财国寿嘉年天天盈产品与各个指标在各分位数水平下基本上是显著相关的，除了上证综指在低分位数水平下影响不显著外。②上海银行间同业拆放利率隔夜利率、汇率和上证综指对于收益率具有负向的显著影响作用，且当收益率处于较高水平的时候，上海银行间同业拆放利率隔夜利率下降会导致收益率更加显著的上涨；收益

率处于低分位数水平的时候，汇率则会对收益率造成更明显的负向影响；上证指数则是在收益率中间分位数水平对收益率的影响程度最为显著。③一年期国债收益率和 Wind 保险Ⅱ指数对于收益率具有正向的显著影响作用。收益率在不同分位数水平下受到一年期国债收益率的影响都比较稳健，保持着比较稳定的正向影响作用；Wind 保险Ⅱ指数对收益率的影响呈现倒"U"形，在中间分位数水平下对收益率具有更显著的影响。

（3）当上海银行间同业拆放利率隔夜利率、汇率和上证综指分别上升的时候，在其他条件不变的情况下，投资国寿嘉年天天盈产生风险；同时，当一年期国债收益率和 Wind 保险Ⅱ指数分别下降的时候，在其他条件不变的情况下，会导致投资国寿嘉年天天盈产生风险，并且给出了各个因素单独变化时互联网保险活期理财产品的风险度量方法。

第 10 章　互联网结构性理财产品市场风险度量研究

互联网结构性理财产品被界定为一种由商业银行或其他金融机构通过互联网平台实现直接触达投资者的一种低门槛的结构性理财产品。互联网结构性理财产品的市场风险是指由其市场因子（如汇率、利率、股价和商品价格等）的不利波动而导致产品收益的不确定性或损失的可能性。与此同时，互联网结构性理财产品也具有一些互联网所带来的新的风险特征，如广泛的外溢性以及快速的传播性等。本章先介绍互联网金融主要的结构性理财产品，指出其主要的市场风险因子，随后对互联网结构性理财产品与传统结构性理财产品进行分析比较，识别其市场风险的特性，最后联合 GARCH 模型和 EVT 提出结构性理财产品市场风险度量方法。

10.1　互联网结构性理财产品介绍

互联网结构性理财产品由固定收益部分和浮动收益部分组成。固定收益部分往往实现刚性兑付，实际操作中一般不存在收益变动，即理财产品的市场风险主要来源于浮动收益部分，而浮动收益部分的市场风险主要来源于不同的挂钩标的。互联网结构性理财产品按其挂钩标的可划分为挂钩利率、挂钩汇率、挂钩商品以及挂钩股票四种类型。

10.1.1　挂钩利率型结构性理财产品

挂钩利率型结构性理财产品是把到期收益与某一利率指标挂钩的产品，最常见的为挂钩伦敦银行同业拆借利率（London interbank offered rate，Libor）、Shibor 和美国国债收益率，如懒财主平台上的"懒定制"系列产品的预期收益挂钩 Shibor。平台投资者 90%的资金存放于其平台下的"懒活期"，剩余投资到挂钩 Shibor 的衍生品。投资者产品持有到期时，投资者可获得固定保底收益与投资于利率衍生品的浮动收益。固定收益部分以 8.5%的年化收益率保底，浮动收益部分最高可达 9.5%的年化收益率，即用户预期最高年化收益率为 18%。但该平台并未披露其具体挂钩的利率型产品,在此以中国工商银行在其网上发布销售的挂钩美国 10 年期固定期限互换利率的结构性理财产品为例(表 10-1),介绍此类互联网金融环境下的挂钩利率型结构性理财产品。

表 10-1 挂钩利率型结构性理财产品

项目	内容
产品名称	挂钩美国 10 年期固定期限互换利率结构性理财产品 2015 年第 2 期(193 天)
产品代码	QUAN1505
期限	193 天
产品类型	非保本浮动收益类
计划发行量	5 亿元
募集期	2015 年 3 月 10 日~2015 年 3 月 12 日
起始日	2015 年 3 月 13 日
到期日	2015 年 9 月 21 日
预期收益率测算	产品总收益:产品以境内投资的部分收益进行境外结构性交易投资,挂钩标的为美国 10 年期固定期限互换利率。如果所投资的境内人民币资产按时收回全额本金和收益,且境外结构性交易到期价格高于交易的执行价格,则客户可获得的预期最高年化收益率约 5.5%;如果所投资的境内人民币资产按时收回全额本金和收益,但境外结构性交易到期价格不高于交易的执行价格,则客户可获得的预期最高年化收益率约 4.5%。(境外结构性交易的执行价格参照产品成立日的美国 10 年期固定期限互换利率,与交易对手方于产品成立日确定,并按照说明书第七条约定进行信息披露;境外结构性交易到期价格为交易观察期最后一日纽约时间上午 11 点,路透 ISDAFIX1 页面"USD 11:00 AM"显示的互换利率。)测算收益不等于实际收益,投资需谨慎。在资产组合投资达到预期收益率的情况下,中国工商银行扣除销售费、托管费、结构性互换成本和支付客户的资产投资收益后,将超过部分作为投资管理费收取
认购起点金额	10 万元起购,认购金额以 1000 元的整数倍递增
提前终止或提前赎回	为保护客户利益,中国工商银行可根据市场变化情况提前终止本产品。除说明书第七条约定的可提前赎回的情形外,客户不得提前终止本产品
收益计算方法	预期收益=投资本金×预期年化收益率/365×实际存续天数

10.1.2 挂钩汇率型结构性理财产品

挂钩汇率型结构性理财产品是把到期收益率与某一汇率挂钩的产品,最常见的是以美元对人民币中间价为挂钩标的。如 2015 年 9 月互联网金融平台拍拍贷推出业内首款与汇率挂钩的结构性理财产品"汇富宝"(表 10-2),该产品将投资者购买产品的预期收益与美元对人民币的汇率挂钩。平台对该产品的固定收益部分实行 6%保底收益率刚性兑付，浮动收益部分与美元人民币现汇汇率挂钩，最高可获取 9%的年化收益率。

表 10-2 挂钩汇率型结构性理财产品

项目	内容
产品说明	汇富宝是拍拍贷紧跟投资热点，精心设计的一款美元人民币汇率挂钩结构化产品，锁定期为 30 天
产品结构	如果最终观察日 USDCNY 收盘水平≥初始观察日 USDCNY 收盘水平，即美元升值，人民币贬值，客户的年化收益率=5×(最终观察日 USDCNY 收盘水平-初始观察日 USDCNY 收盘水平)/初始观察日 USDCNY 收盘水平×100%，以年化收益率 9%封顶，年化收益率至少 6%；如果最终观察日 USDCNY 收盘水平＜初始观察日 USDCNY 收盘水平，即美元贬值，人民币升值，客户的年化收益率为 6%
产品期限	30 天
收益方式	到期还本付息
投资门槛	0.00 元起投，上限 100 000.00 元
产品发售日期	2015 年 10 月 27 日
初始观察日	产品发售日+1 个工作日
起息日	产品发售日+1 天
最终观察日	产品发售日+30 天，若为非工作日则提前为上一个工作日
到期日	产品发售日+30 天
本息偿付日	到期日+2 个工作日
收益计算公式	收益=投资本金×年化投资收益率/360×30
费用	购买汇富宝不收取任何手续费、服务费

10.1.3 挂钩商品型结构性理财产品

挂钩商品型结构性理财产品是把到期收益率与某一商品进行挂钩，最常见的挂钩标的为贵金属黄金、白银以及 WTI（West Texas intermediate，西得克萨斯中质）原油。如互联网金融平台钱升钱推出的"鲨鱼计划"是一系列保底+浮动收益的结构化理财产品，这款产品的浮动收益部分挂钩贵金属黄金，投资者除了可以获得年化 5%的保底收益外，还能通过挂钩黄金获取浮动收益，最高年化收益率为 36%。又如真融宝平台上的"变形金猪"系列产品，该产品的浮动收益部分挂钩上海期货交易所（Shanghai Futures Exchange，SHFE）的黄金期货价格，浮动收益与黄金期货当日收盘价相关，投资者能够获取最低 5%、最高 20%的浮动收益。表 10-3 以真融宝平台下第 39 期看跌型的变形金猪产品为例，详细介绍互联网金融环境下挂钩商品型的结构性理财产品。

表 10-3　挂钩商品型结构性理财产品

项目	内容
产品说明	变形金猪是真融宝金融团队推出的一款黄金挂钩型理财产品，锁定期为一个月
收益	挂钩 SHFE 黄金收盘价，最低 5%、最高 20%的浮动收益，浮动收益与 SHFE 黄金的当日收盘价（简称黄金收盘价）相关，详细如下（以下以看涨为例，如本期看跌则计算方向相反）。情况一：若到期日与开始日相比黄金收盘价上涨，则年化收益率为 5%+首末两日涨幅×1.5，最低 5%，最高 20%。（若首末两日涨幅超过 10%，则年化收益率恒为 20%）也就是说，同样金价上涨时，您所获得的浮动收益将是金猪的 1.5 倍。情况二：若到期日与开始日相比黄金收盘价下跌，则年化收益率为 5%
挂钩标的	SHFE 黄金收盘价
产品期限	25 天
保障方式	投资安全机制+浮动收益
投资门槛	500 元起投，认购上限：100 万元/人
投资资产组合	大部分资金配置为真融宝 30 天定期，以保障投资者近似于 30 天定期的收益；小部分资金配置为黄金衍生品，以获得较大概率的超额收益
赎回方式	到期赎回，赎回后可申请提现，将资金转回您的银行卡内，购买后至到期日前不能提前赎回
费用	购买、赎回变形金猪不收取任何手续费、服务费。但当您将账户内的资金提现时需要 2 元的手续费。注册满一周后，每天享有两次提现免手续费
收益计算规则	该产品开始日为 2017 年 3 月 29 日，到期日为 2017 年 4 月 27 日。购买后到开始日之前不会计息。购买后至到期日前不可提前赎回，本息资金于到期日的第二个工作日即 2017 年 4 月 28 日一次性支付到您的账户，您可以申请提现至您的银行卡。由于不同券商计算期限的方式不同，不同产品间的期限天数计算方式可能有不一致的情形，实际以券商提供的期限天数为主

10.1.4　挂钩股票型结构性理财产品

挂钩股票型结构性理财产品是把到期收益率与某一股票型资产进行挂钩，最常见的是挂钩 A 股或港股股票以及挂钩沪深 300 指数、上证综指等。以真融宝平台下的"涨涨牛"和"跌跌熊"（即"牛熊斗"）为例（表 10-4），该系列产品的挂钩标的均为沪深 300 指数，固定收益部分实行年化 5%的刚性兑付，浮动收益部分与沪深 300 指数的收盘价挂钩。

表 10-4　挂钩股票型结构性理财产品

项目	内容
产品说明	涨涨牛和跌跌熊是真融宝推出的指数挂钩理财产品，锁定期为一个月
收益	如果到期日和开始日两日相比，沪深 300 指数收盘价下跌，则年化收益率为 5%+跌幅 x%，按股市跌幅 15%封顶
	如果到期日和开始日两日相比，沪深 300 指数收盘价上涨，或者开始日和到期日中间有任何一天沪深 300 指数收盘价下跌超过 15%，则最终年化收益率为 5%

续表

项目	内容
挂钩标的	沪深 300 指数收盘价
产品期限	33 天
保障方式	投资安全机制+浮动收益
投资门槛	500 元起投，认购上限：100 万元/人
投资资产组合	大部分资金配置为真融宝 30 天定期，以保障投资者近似于 30 天定期的收益；小部分资金配置为股指期权，以获得较大概率的超额收益
赎回方式	到期赎回，赎回后可申请提现，将资金转回您的银行卡内，购买后至到期日前不能提前赎回
费用	购买、赎回涨涨牛+26 期和跌跌熊+26 期不收取任何手续费、服务费。但当您将账户内的资金提现时需要 2 元的手续费。注册满一周后，每天享有两次提现免手续费
收益计算规则	该产品开始日为 2017 年 3 月 22 日，到期日为 2017 年 4 月 24 日。购买后到开始日之前不会计息。购买后至到期日前不可提前赎回；本期按照 30 天计息，本息资金于到期日的第二个工作日即 2017 年 4 月 25 日一次性支付到您的账户，您可以申请提现至您的银行卡。由于不同券商计算期限的方式不同，不同产品间的期限天数计算方式可能有不一致的情形，实际以券商提供的期限天数为主

10.2 互联网结构性理财产品市场风险特征

互联网结构性理财产品与传统结构性理财产品的区别主要体现在交易模式、监管机制、信息透明度、投资门槛以及投资者情绪传染方面。

在交易模式上，传统结构性理财产品需要在线下办理，进行交易，且需要在银行等机构的上班时间进行，时间固定，对于投资者来说购买所花费的时间成本、精力成本较高；而互联网结构性理财产品可以通过线上交易，且目前大部分的互联网金融理财是通过手机 24 小时全天候办理，交易方便快捷，时间成本、精力成本大大降低。

在监管机制上，传统结构性理财产品有明确的监管机构，如银行由金融监督管理局进行监管，券商、基金由中国证券监督管理委员会进行监管，均有明确的监管机构，监管机制较为完善。而除了银行线上销售结构性理财产品外，许多互联网金融平台也通过线上平台为投资者提供此产品，这些互联网金融平台并无明确的监管机构，粗放式的发展使其处在蛮荒阶段，很容易成为风险的聚集地。

在信息透明度上，传统的结构性理财产品由于监管原因，信息披露程度高，有完善的披露机制。但绝大部分的互联网金融平台信息披露积极性低，平台信息不透明，如懒投资群星计划中的结构性理财产品在披露上就十分不完善，产品介绍中除了一些描述性的内容外，在资产配置比例、固定收益如何实现、浮动利益相关细节上并未做出详细的说明。互联网结构性理财产品与传统结构性理财产品的区别见表 10-5。

表 10-5 互联网结构性理财产品与传统结构性理财产品的区别

对比项目	传统结构性理财产品	互联网结构性理财产品
交易模式	线下交易，时间固定且成本高	线上交易，交易便捷且成本低
监管机制	有明确的监管机构，监管完善	无明确的监管机构，容易成为风险集聚地
信息透明度	信息披露程度高，有完善的披露机制	信息披露积极性低，平台信息不透明，容易造成信息不对称，风险隐蔽性强
投资门槛	门槛较高，一般的结构性理财产品起投金额为 5 万元或以上	门槛极低，大部分互联网结构性理财产品起投金额在 100 元或以下
投资者情绪传染	投资者之间相对隔离，投资者情绪不易传染	互联网平台上信息更易于传播，投资者情绪更容易传染，更容易出现挤兑现象

在投资门槛上，传统结构性理财产品门槛较高，其起投金额往往为 5 万元或以上，甚至有些是提供给专业人士或 VIP 客户的特殊产品；而互联网结构性理财产品门槛极低，绝大部分由互联网金融平台提供的结构性理财产品起投金额在 100 元或以下。

在投资者情绪传染方面，由于地理及时间上的差异，投资者之间相对隔离，信息传递较少，投资者情绪不易传染。但互联网结构性理财产品由于互联网的属性，信息在互联网平台上更易于传播，投资者情绪更容易传染，一旦出现收益风险，也更容易发生挤兑现象。

正是由于以上的种种区别，互联网金融环境下的结构性理财产品具有一些新的风险特征。一个特征主要表现为投资者进行投资时的成本大大降低，互联网金融平台的边际成本也很小，新增加一个用户所引起的成本变化几乎为零，同时互联网结构性理财的准入门槛大大降低，使得互联网结构性理财产品能触达更多的用户，使参与者更广泛，形成显著的"长尾效应"，这就导致了互联网结构性理财产品存在广泛外溢性，其市场风险将带来更加广泛的影响。另一特征是"开放""即刻传播"，在这种特征下，互联网金融的市场风险还表现出高度传染性和快速转化性。在这种新的特征下，风险会被成倍地放大，极端风险带来的影响将比过往更加猛烈。而传统的市场风险度量方法缺乏对尾部的刻画能力，因此需要引入 EVT 对其进行研究分析才能准确地刻画市场风险。

10.3 基于 GARCH-EVT 模型的市场风险度量

互联网结构性理财产品市场风险主要来源于其挂钩标的。挂钩利率型产品的市场风险来源于其挂钩利率标的，如 Shibor、Libor、美国国债收益率等；挂钩汇率型产品的市场风险来源于其挂钩汇率标的，如美元对人民币中间价等；挂钩商品型产品的市场风险来源于其挂钩商品标的，如贵金属黄金、白银、WTI 原油价格等；挂钩股票型产品的市场风险来源于其挂钩股票标的，如 A 股、港股股票、沪深 300 指数、上证综指收盘价等。互联网结构性理财产品具有新的风险特征，由于广泛的外溢性以及风险的快速传染性，其对极端风险更为敏感，因而引入 GARCH 模型和 EVT 模型相结合的 GARCH-EVT 模型对市场风险进行度量。

GARCH-EVT 模型的基本的研究思路是：先用 GARCH 模型处理收益率数据，然后用使用 EVT 的广义帕累托分布（generalized Pareto distribution，GPD）对由 GARCH 模型得到的残差序列 $\{z_t\}$ 拟合。接着利用收益率序列与残差序列的关系获得损失的 VaR 值和 CVaR 值，再用 EVT 模型对其市场风险进行刻度。

EVT 的重要性质是：某一分布，对于超过阈值的样本，通过标准化后的渐进分布仍然是它自身。然而，如何确定这个阈值对模型的有效性至关重要。若是阈值确定得过高，则超阈值数据的个数减少，虽然估计出的参数偏差相对较低，然而方差却过大；相反，如果阈值选取太小，会使用于分析的数据过多，可能导致超限分布不再收敛，从而形成有偏估计。因此，选择合适的阈值是模型的关键。

阈值选取常采用 BMM（block maxima method，块最大值法）模型和 POT 模型两种方法。但由于采用 BMM 模型时，一些有价值的数据可能会因区间取极值的问题而被忽略掉，从而影响对数据变化的分析；而极值理论 POT 模型是一种专门研究尾部分布的方法，能够有效利用尾部数据对互联网金融风险做出预测。实践证明，POT 模型比 BMM 模型更优。

设 $x = (x_1, x_2, \cdots, x_N)$ 是一组独立同分布的随机变量，总体分布为 $F(x)$。假设阈值为 u，其中 u 小于 F 的支撑集的右端点，即

$$u < \omega(F) = \sup\{x : F(x) < 1\} \quad (10\text{-}1)$$

若 $x_i > u$，则称为超阈值，$y_i = x_i - u$ 为超越量，称超越量的分布为条件超额分布函数，即

$$F_u(y) = P(x - u \leqslant y \mid x > u) \quad (10\text{-}2)$$

展开为

$$F_u(y) = [F(u+y) - F(u)]/[1 - F(u)]$$
$$= [F(x) - F(u)]/[1 - F(u)] \quad (10\text{-}3)$$

$$F(x) = F_u(y)[1 - F(u)] + F(u) \quad (10\text{-}4)$$

若要计算出 $F_u(y)$，则需要已知 $F(x)$ 及 $F(u)$。假设 n 代表样本总个数，N_u 代表超阈值个数，如果选取的阈值较高，则 $F(u)$ 可表示为

$$F(u) = \frac{n - N_u}{n} \quad (10\text{-}5)$$

然而在实际情况中，总体分布 $F(x)$ 一般都是未知的，常利用 EVT 先求出总体分布函数 $F(x)$ 的渐近分布，再采用对超阈值数据建模的思想计算条件超额分布函数，最后通过计算的条件超额分布函数推导出 $F(x)$。

当阈值 u 充分大时，条件超额分布函数 $F_u(y)$ 收敛于某一 GPD，即

$$F_u(y) \approx G_{\xi,\beta} = \begin{cases} 1 - (1 + \frac{\xi}{\beta} y)^{-\frac{1}{\xi}}, & \xi \neq 0 \\ 1 - e^{-\frac{y}{\beta}}, & \xi = 0 \end{cases} \quad (10\text{-}6)$$

其中，ξ 为形状参数；β 为尺度参数。若 $\xi \geq 0$ 时，则 $0 \leq y < \infty$；若 $\xi < 0$，则 $0 \leq y \leq -\frac{\beta}{\xi}$，$\beta > 0$。

根据式（10-4）～式（10-6）得到总体分布函数 $F(x)$：

$$F(x) \approx \begin{cases} \frac{N_u}{n}\left\{1 - \left[1 + \frac{\xi}{\beta}(x-u)\right]^{-\frac{1}{\xi}}\right\} + (1 - \frac{N_u}{n}) \\ \frac{N_u}{n}(1 - e^{-\frac{x-u}{\beta}}) + (1 - \frac{N_u}{n}) \end{cases}$$

$$= \begin{cases} 1 - \frac{N_u}{n}[1 + \frac{\xi}{\beta}(x-u)]^{-\frac{1}{\xi}}, & \xi \neq 0 \\ 1 - \frac{N_u}{n} e^{-\frac{x-u}{\beta}}, & \xi = 0 \end{cases} \quad (10\text{-}7)$$

如何选取合适的阈值 u，至今学界没有就采用哪种方法选取阈值结果最优达成一致，可以采用四种阈值的选取方法：均值超限函数（mean excesses function，MEF）法、Hill（希尔）图法、经验法（选取 10% 作为超阈值比例）、峰度法。

10.4 实 证 分 析

10.4.1 数据选取及统计分析

数据选取为商品市场中 SHFE 黄金、汇率市场中人民币对美元中间价、股票市场中上证综指以及利率市场中 Shibor 隔夜利率自 2007 年 1 月 1 日至 2016 年 12 月 30 日的收盘价，每列数据有 2432 个观测值，数据来源均为 Wind 金融终端。

为便于直观观察资产收益率的波动情况，首先做出 SHFE 黄金、Shibor 隔夜利率、上证综指、人民币对美元中间价四种资产的日对数收益率图（图 10-1）。

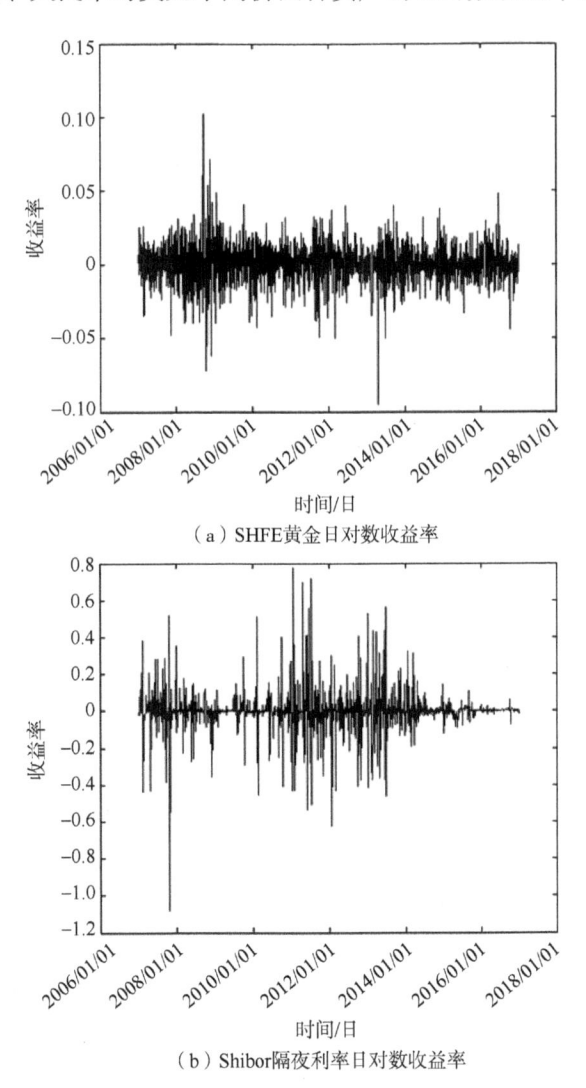

（a）SHFE黄金日对数收益率

（b）Shibor隔夜利率日对数收益率

(c)上证综指日对数收益率

(d)人民币对美元中间价日对数收益率

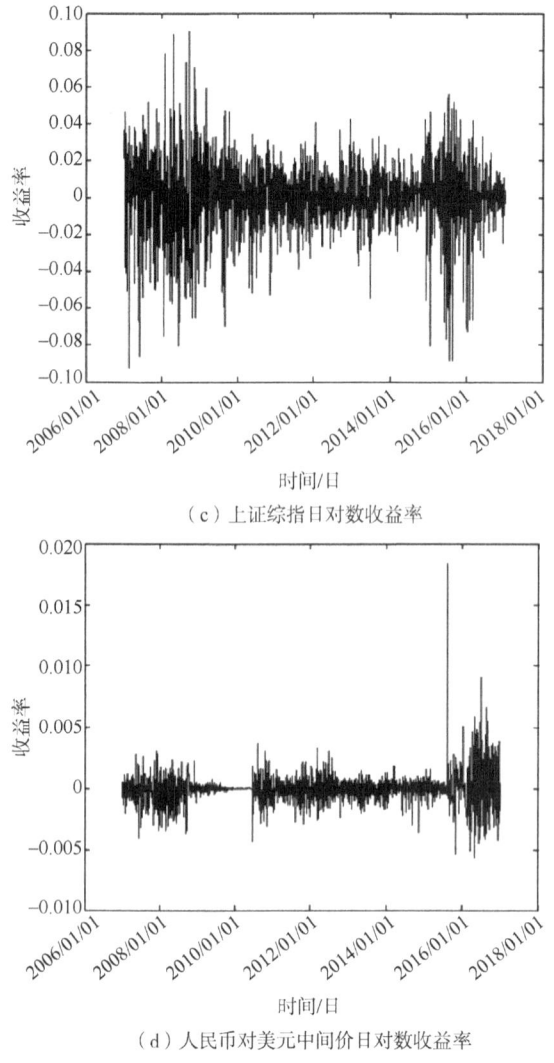

图 10-1　四种资产的日对数收益率图

从图 10-1 可以看到，四种资产的收益率序列存在明显的波动聚集效应，为此对样本数据建立 GARCH 模型进行过滤。以人民币对美元中间价的收益率序列为例，该序列平方自相关图如图 10-2 所示，经过 GARCH 过滤后的新息序列接近于独立同分布，更适合于后续的尾部估计。

采用 QQ（quantile-quantile，分位数–分位数）图对 SHFE 黄金、人民币对美元中间价、上证综指、Shibor 隔夜利率四组残差数据序列进行检验，发现这四组序列的尾部比正态分布的尾部厚，样本存在厚尾分布现象。

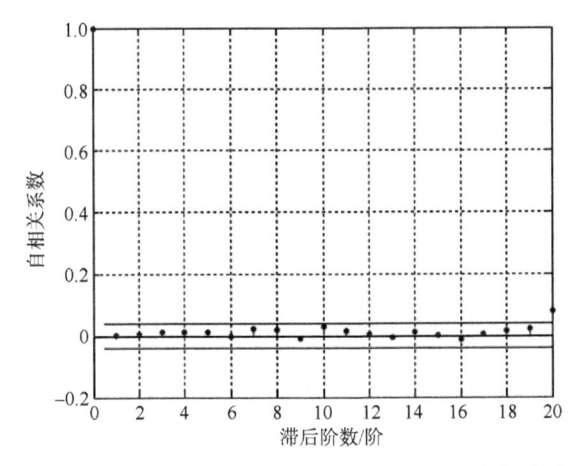

图 10-2　人民币对美元中间价新息序列平方自相关图

10.4.2　阈值选取

采用四种阈值确定方法 MEF 法、Hill 图法、经验法（10%）以及峰度法分别对挂钩四个不同市场资产的互联网结构性理财产品的收益率残差序列进行阈值确定，并以此来拟合 EVT 模型。通过不同的阈值对 EVT 模型的参数进行估计，得到形状参数和尺度参数。接着采用 KS 检验法对不同的阈值进行拟合优度检验，从而确定最优的阈值。最后根据最优的阈值作超限分布的 GPD 估计图和尾部估计图，检验下尾拟合程度。

通过观察 MEF 图直接确定阈值，SHFE 黄金残差序列的阈值为 2.8，人民币对美元中间价残差序列的阈值为 2.2，上证综指残差序列的阈值为 2.7，Shibor 隔夜利率残差序列的阈值为 0。通过观察 Hill 图确定阈值，SHFE 黄金残差序列的阈值为 1.7099，人民币对美元中间价残差序列的阈值为 1.5178，上证综指残差序列的阈值为 1.7517，Shibor 隔夜利率残差序列的阈值为 3.7643。通过经验法（10%）确定阈值，SHFE 黄金残差序列的阈值为 1.1301，人民币对美元中间价残差序列的阈值为 0.8610，上证综指残差序列的阈值为 1.1230，Shibor 隔夜利率残差序列的阈值为 1.3035。

采用峰度法确定上述四种残差序列的阈值，结果如表 10-6 所示。

表 10-6　峰度法计算阈值

序列	阈值 u	峰度系数	Nu/个	Nu/N
SHFE 黄金	2.2231	2.9962	28	0.0115
人民币对美元中间价	1.7544	2.9980	57	0.0234

续表

序列	阈值 u	峰度系数	Nu/个	Nu/N
上证综指	2.2530	2.9991	24	0.0099
Shibor 隔夜利率	1.1031	2.9981	285	0.1172

注：Nu 为超阈值个数；N 为样本总数；Nu/N 为超阈值比例

10.4.3 EVT 模型的参数估计

采用最大似然估计法，对 SHFE 黄金、人民币对美元中间价、上证综指、Shibor 隔夜利率四组残差序列的 GPD 参数进行估计，不同的阈值求解出的形状参数 ξ 和尺度参数 β 不同，所得的结果如表 10-7 所示。

表 10-7 不同方法确定形状参数 ξ 与尺度参数 β

序列	方法	阈值	Nu/个	ξ	β
SHFE 黄金	MEF 法	2.8000	15	0.0854	0.7336
	Hill 图法	1.7099	76	0.7267	0.3811
	经验法（10%）	1.1301	243	0.0870	0.3441
	峰度法	2.2231	28	0.5898	0.5110
人民币对美元中间价	MEF 法	2.2000	29	0.1995	0.5125
	Hill 图法	1.5178	82	0.6494	0.3565
	经验法（10%）	0.8610	243	−0.1473	0.4536
	峰度法	1.7544	57	0.5071	0.5110
上证综指	MEF 法	2.7000	13	0.1325	0.4741
	Hill 图法	1.7517	69	0.2551	0.4874
	经验法（10%）	1.1230	243	−0.0173	0.5031
	峰度法	2.2530	24	0.5490	1.3781
Shibor 隔夜利率	MEF 法	0.0000	1171	0.0264	0.8194
	Hill 图法	3.7643	73	0.3988	0.5196
	经验法（10%）	1.3035	243	−0.2976	0.6813
	峰度法	1.1031	285	0.5610	1.2385

从表 10-7 可以看出，采用四种不同阈值选取方法得出的阈值有明显差异，这直接导致超阈值个数相去甚远，如对 SHFE 黄金而言，采用 MEF 法得到的阈值为 2.8，超阈值个数为 15 个；Hill 图法得到的阈值为 1.7099，超阈值个数为 76 个；经验法（10%）得到的阈值为 1.1301，超阈值个数为 243 个；峰度法得到的阈值为 2.2231，超阈值个数为 28 个。EVT 是对样本尾部进行建模研究，尾部随

阈值的确定而确定，因而选择不同的阈值对 EVT 的应用至关重要，不同方法选择的阈值以及超阈值个数相差较大，而过往学者在研究时并未对这一点有充分认识，往往不加分析讨论地选择以经验法（10%）来确定阈值进行研究。

10.4.4 最优阈值确定

下面将对采用不同方法计算得到的阈值进一步分析讨论，以确定最优阈值。

通过 KS 拟合优度检验法检验各阈值下得到的超阈值样本数据拟合 GPD 的情况。采用 MATLAB 编程实现 KS 检验函数，函数返回两个值：H 值和 P 值。若 H 值为 0，则说明通过检验，数据符合某种分布，反之，则不通过。p 值表示拟合程度，如果 p 值越大，说明越不能拒绝原假设，拟合优度越高，也就是在更大程度上接受该阈值。

当阈值为 u 时，对超过该阈值的样本 $x_1, x_2, \cdots, x_m$，构造新样本数列 $x_1 - u, x_2 - u, \cdots, x_m - u$，利用 KS 统计量对该新序列进行 GPD 检验，结果如表 10-8 所示。

表 10-8 四种不同方法确定阈值后的 KS 检验

序列	方法	H 值	p 值
SHFE 黄金	MEF 法	0	0.8050
	Hill 图法	0	0.8730
	经验法（10%）	0	0.8874
	峰度法	0	0.9763
人民币对美元中间价	MEF 法	0	0.9830
	Hill 图法	0	0.5988
	经验法（10%）	0	0.6822
	峰度法	0	0.4407
上证综指	MEF 法	0	0.4759
	Hill 图法	0	0.6029
	经验法（10%）	0	0.7182
	峰度法	0	0.9807
Shibor 隔夜利率	MEF 法	0	0.9314
	Hill 图法	0	0.9880
	经验法（10%）	0	0.8475
	峰度法	0	0.8460

由表 10-8 可知，不管采用哪种方法确定阈值，得到的 H 值都为 0，表明数据均能通过 KS 检验，但不同的方法得到的 p 值不同。对于 SHFE 黄金序列而言，采

用峰度法确定阈值时，得到的 p 值为 0.9763，大于 MEF 法的 0.8050、Hill 图法的 0.8730、经验法（10%）的 0.8874，说明通过峰度法确定的阈值使 SHFE 黄金的超额分布与 GPD 的拟合效果最好。而对于人民币对美元中间价序列，采用 MEF 法得到的 p 值为 0.9830，明显高于其他三种方法所得到的 p 值。同理，对于上证综指序列峰度法得到的 p 值为 0.9807，高于其他三种方法；对于 Shibor 隔夜利率，通过 Hill 图法确定阈值获得的 p 值为 0.9880，高于其他三种方法。

从以上结果可以看到，对于上述四组不同的残差序列，最优阈值是由不同的方法确定的。为了建立更合适、更准确的 EVT 模型，在后续的研究中，选取每组数据的最优阈值作为最终的阈值，即 SHFE 黄金和上证综指序列采用峰度法，人民币对美元中间价序列采用 MEF 法，Shibor 隔夜利率采用 Hill 图法。由此确定的阈值分别为：SHFE 黄金 2.2231、人民币对美元中间价 2.2、上证综指 2.2530、Shibor 隔夜利率 3.7643。下面对选取最优阈值后所确定的模型作 GPD 拟合效果检验。

10.4.5　GPD 拟合效果检验

采用每组数据的最优阈值确定 EVT 模型的参数，通过 GPD 计算出序列尾部的超分布 $F_u(x-u)$，另外，通过超分布对尾部进行估计，从而对拟合的模型进行检验。对于 SHFE 黄金、人民币对美元中间价、上证综指、Shibor 隔夜利率四组残差序列数据，下尾的超限分布 GPD 图和尾部估计图分别如图 10-3 至图 10-6 所示。超限分布 GPD 图中，横坐标为随机序列 x，采用对数形式，纵坐标为条件超额分布 $F_u(x-u)$；尾部估计图中，纵坐标为尾部估计 $1-F(x)$，横、纵坐标都采用对数形式。

（a）超限分布GPD图　　（b）尾部估计图

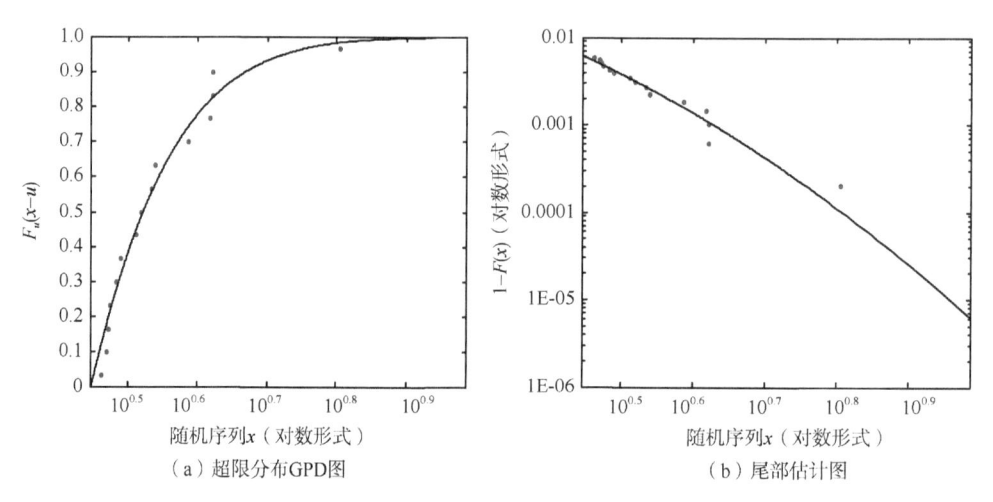

图 10-3　SHFE 黄金残差序列下尾超限分布 GPD 拟合尾部估计图

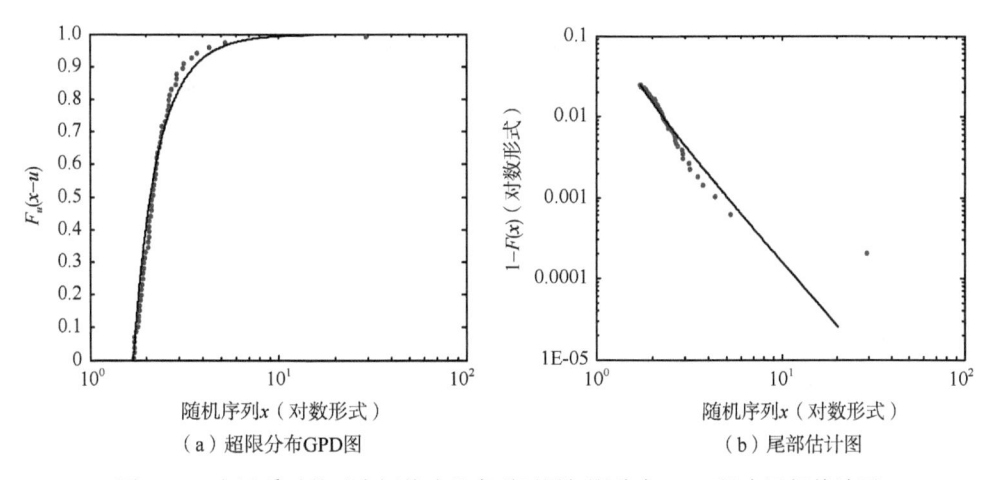

图 10-4　人民币对美元中间价残差序列下尾超限分布 GPD 拟合尾部估计图

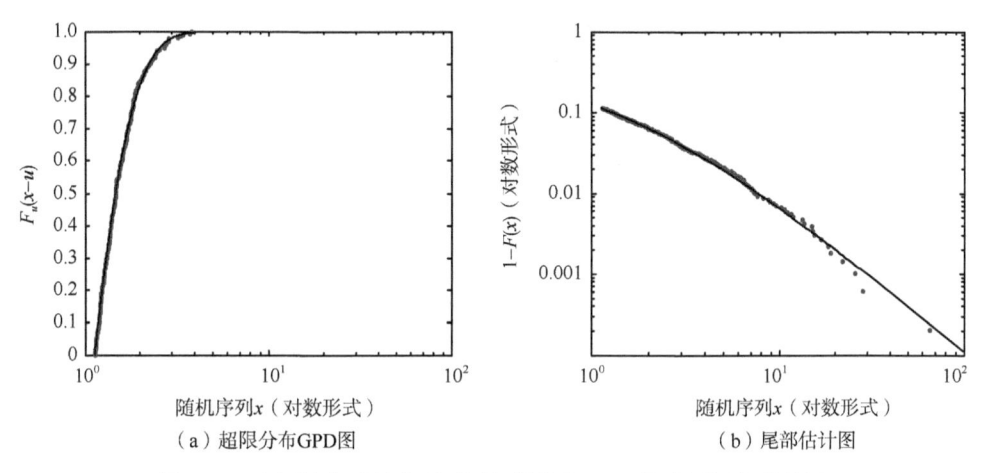

图 10-5　上证综指残差序列下尾超限分布 GPD 拟合图尾部估计图

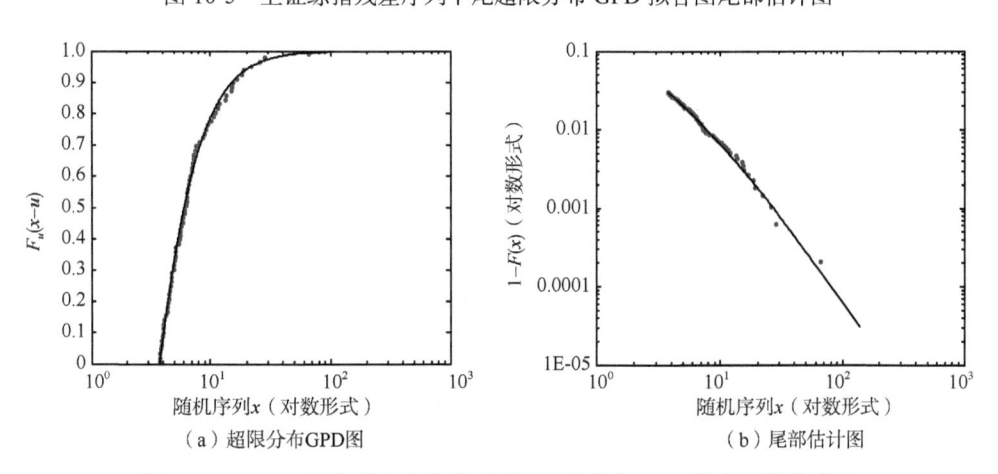

图 10-6　Shibor 隔夜利率残差序列下尾超限分布 GPD 拟合尾部估计图

从图 10-3~图 10-6 中的 GPD 拟合图可以看出，无论哪种残差序列，其超限分布 GPD 曲线与实际分布曲线拟合效果都较好，说明这四种序列的尾部都服从 GPD。从尾部估计图可以看出，散点也都紧密地围绕在参照线附近，表明模型适宜，说明阈值选取的有效性。

10.4.6 VaR 值与 CVaR 值

根据所求得的 GARCH 模型参数以及 EVT 模型的参数，可以得到残差序列的 VaR 和 CVaR 值。表 10-9 给出了在 90%、95%、99%、99.5%以及 99.9%五种置信度下的 SHFE 黄金、人民币对美元中间价、上证综指以及 Shibor 隔夜利率的 VaR 与 CVaR 值。

表 10-9　单一资产互联网结构性理财产品的 VaR 与 CVaR 值

置信度	VaR/CVaR	SHFE 黄金	人民币对美元中间价	上证综指	Shibor 隔夜利率
90%	VaR	1.4561%	0.9969%	1.6928%	1.5116%
	CVaR	1.9568%	1.8794%	2.0426%	1.7545%
95%	VaR	1.7019%	1.6565%	1.8493%	1.8165%
	CVaR	2.3540%	2.4651%	2.3271%	1.9545%
99%	VaR	2.5982%	2.9826%	2.4699%	2.6485%
	CVaR	3.8032%	3.6430%	3.4562%	3.2465%
99.5%	VaR	3.1893%	3.4758%	2.9108%	3.4266%
	CVaR	4.7585%	4.0814%	4.2578%	4.2458%
99.9%	VaR	5.3447%	4.4673%	4.6595%	4.5979%
	CVaR	8.2507%	4.9706%	7.4466%	5.1264%

分析表 10-9，可以得出如下结论。

（1）由 VaR 以及在其基础上的衍生模型 CVaR 的定义，以 99.5%的置信度为例，在接下来一天，挂钩标的为 SHFE 黄金、人民币对美元中间价、上证综指以及 Shibor 隔夜利率的互联网结构性理财产品的收益率，有 99.5%的概率其损失不会超过 3.1893%、3.4758%、2.9108%、3.4266%。如果资产收益率的损失超过了上述界限，那么在 99.5%的概率下资产损失超过上述各值的期望值分别为 4.7585%、4.0814%、4.2578%与 4.2458%。同理，可以对不同置信度下的 VaR 与 CVaR 作分析。由于 VaR 以及 CVaR 能简洁、有效地表达出风险的价值，因此可以给互联网金融环境下结构性理财产品的投资者提供一些清晰、有效的信息，有利于他们选择适合自己的风险偏好的产品。

（2）通过数据比较分析，发现在 99.9%的高置信度下，SHFE 黄金的 VaR 最大，为 5.347%，高于其他三种挂钩标的，且一旦损失超过 VaR，其平均损失达到 8.2507%，也高于其他几种标的。这与认为黄金是一种相对稳定、波动率较小的投资产品有所偏差，其在低置信度水平下的在险价值的确相对较小，这与预期一致；但当发生极端风险时，其造成的损失甚至比资本市场中的资产更大。

（3）在给定的五种置信度下，并没有一种产品的在险价值总是小于另一种产品。因此，投资者需要辩证地分析风险与价值，在选择产品时要充分考虑自身的风险承受能力。

10.5 本章小结

互联网结构性理财产品由于广泛的外溢性与传染性，对市场风险更为敏感，极端的市场风险将会带来更加严重的影响。本章分别对单一资产的结构性理财产品市场风险进行度量与实证分析。

采用 GARCH-EVT 模型来度量互联网金融环境下单一结构性理财产品的市场风险，首先讨论了基于 GPD 的阈值选取方法，介绍了阈值模型的确定；其次介绍了 POT 模型参数的估计方法及 KS 拟合优度检验法，并对挂钩标的为 SHFE 黄金、人民币对美元中间价、上证综指、Shibor 隔夜利率四款典型的结构性理财产品数据的残差序列样本进行实证研究，比较了不同方法阈值的确定情况。采用每组样本的最优阈值确定模型，通过绘制每组样本序列的超限分布 GPD 图和尾部估计图来证明阈值选取的合理性，结果表明对于 SHFE 黄金和上证综指两组残差序列，采用峰度法确定阈值的 GPD 拟合效果最好；而人民币对美元中间残差价序列，采用 MEF 法确定的阈值明显优于其他方法；对于 Shibor 隔夜利率，通过 Hill 图法确定阈值优于其他三种方法。在确定 EVT 阈值后，构建 GARCH-EVT 模型度量单一结构性理财产品的市场风险，得到了五种置信度下的 VaR 和 CVaR 值，通过比较这些结果，发现在低置信度下 SHFE 黄金的 VaR 与 CVaR 与其他三种产品相差不大，但在高置信度下高于其他三种产品，说明黄金 SHFE 在一般情况下，风险收益相对稳定，波动较小，但一旦发生极端风险，其损失可能较其他产品更大。总体来说，GARCH-EVT 模型能较好地度量互联网金融环境下结构性理财产品的市场风险。

目前创新产品层出不穷，互联网金融平台上结构性理财产品所涉及的挂钩标的也愈加广泛，投资人往往也会同时选择几个产品进行资产配置，在这种情况下，亟须对组合资产的市场风险进行集成度量。第 11 章引入 copula 函数并建立 GARCH-EVT-copula 模型对产品组合的市场风险进行度量。

第 11 章 互联网结构性理财产品组合市场风险度量研究

在第 10 章的基础上,本章继续引入 copula 函数对产品组合的市场风险进行集成测度,建立 GARCH-EVT-copula 模型,并以真融宝平台上的两款结构性理财产品"牛熊斗"和"变形金猪"为例,度量其等权重产品组合的市场风险。

11.1 结构性理财产品组合介绍

两款结构性理财产品"牛熊斗"和"变形金猪"均由固定收益叠加浮动收益组成。固定收益部分为类债权资产,实行年化 5%的刚性兑付,浮动收益部分分别挂钩沪深 300 指数与 SHFE 黄金收盘价。表 10-4 与表 10-3 展示了两款产品说明书条款细则。

表 10-4 和表 10-3 直观地列出了两款结构性理财产品的基本信息,产品按照结构性产品的投资思路,将资金分别投资于低风险固定收益类产品(真融宝 30 天定期)和高风险金融衍生品(沪深 300 指数收盘价和 SHFE 黄金),前者占用了大部分的资金,而用于购买衍生品的资金为产品收益的一小部分,这是典型的结构性理财产品收益的构成形式,通过剖析同一平台上两款产品等权重组合的市场风险,起到以点带面的效果。

11.2 数据统计分析

为保证数据充足以反映较长时间内金融产品的风险暴露,选取沪深 300 指数与对应 SHFE 黄金收盘价数据,时间跨度从 2008 年 1 月 9 日至 2016 年 12 月 30 日,共 2185 组交易日数据,数据来源于 Wind 金融终端。对日收益率序列取对数 $r_t = \ln(P_t/P_{t-1})$,其中 P_t 为时刻 t 的收盘价。

11.2.1 正态性检验

从图 11-1 中可以看出沪深 300 指数与 SHFE 黄金收益率序列呈现明显的波动聚集现象。从表 11-1 可看出,沪深 300 指数、SHFE 黄金收益率序列的均值、偏度均为负数,峰度分别为 6.346 116 和 9.535 776,呈现出尖峰厚尾的形态,同时 JB 检验也拒绝原假设,即两者收益率序列均不服从正态分布。

第 11 章　互联网结构性理财产品组合市场风险度量研究　　·199·

（a）沪深300指数日对数收益率序列

（b）SHFE黄金日对数收益率序列

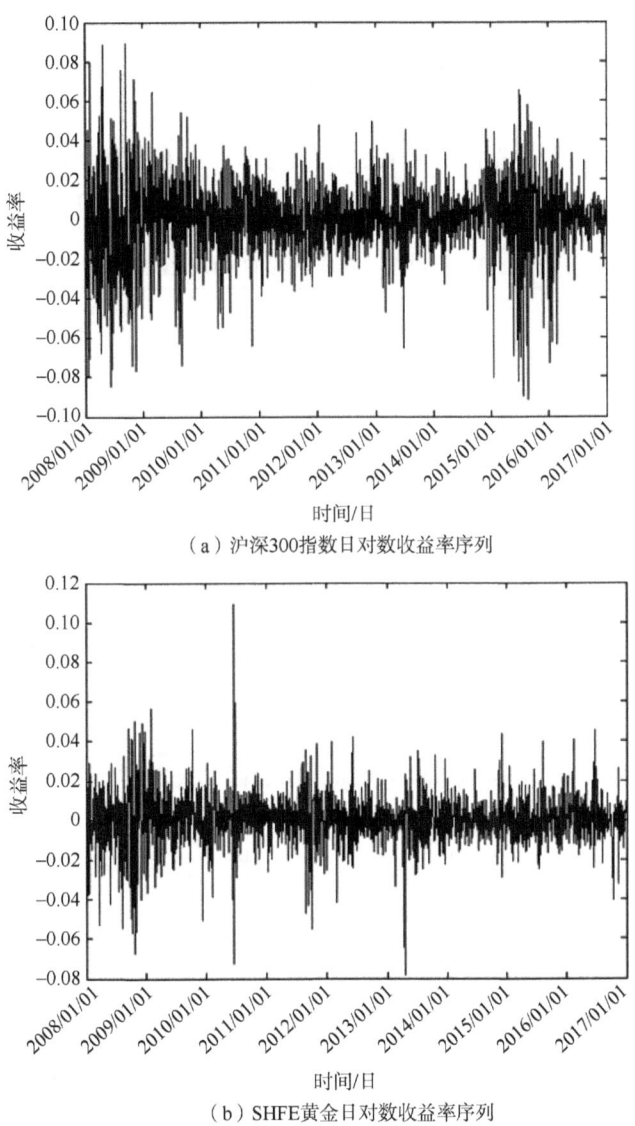

图 11-1　沪深 300 指数、SHFE 黄金日对数收益率序列

表 11-1　日对数收益率序列的描述性统计

统计参数	沪深 300 指数	SHFE 黄金
均值	−0.000 242	−0.078 433
最小值	−0.091 542	0.109 453
最大值	0.089 310	0.012 474
偏差	0.018 723	0.011 761
偏度	−0.464 076	−0.070 924
峰度	6.346 116	9.535 776

11.2.2 平稳性检验和自相关检验

在应用 GARCH 模型前,需要检验序列单位根的平稳性,ADF 检验结果见表 11-2,p 值为 0,即原假设不成立,说明序列中不存在单位根,为平稳序列。

表 11-2　日对数收益率序列的 ADF 检验结果

统计量	沪深 300 指数	SHFE 黄金
ADF	−44.8867	−48.2450
t	1.6266	−1.6948
p 值	1.0000×10^{-3}	1.0000×10^{-3}
C 值	−1.9416	−1.9416

对沪深 300 指数日对数收益率序列的自相关检验及其序列平方的自相关检验见图 11-2。日对数收益率序列的自相关图显示,在滞后 4 阶、6 阶、13 阶以及 14 阶处超出边界值,表明存在轻微程度的序列相关性;日对数收益率序列平方自相关图表明序列中存在明显的 ARCH（autoregressive conditional heteroskedasticity,自回归条件异方差）效应。

对 SHFE 黄金日对数收益率序列的自相关检验及其序列平方的自相关检验见图 11-3。日对数收益率序列的自相关图显示,在滞后 1 阶、4 阶、13 阶和 16 阶处超出边界值,表明存在轻微程度的序列相关性;日对数收益率序列平方自相关图表明序列中存在明显的 ARCH 效应。

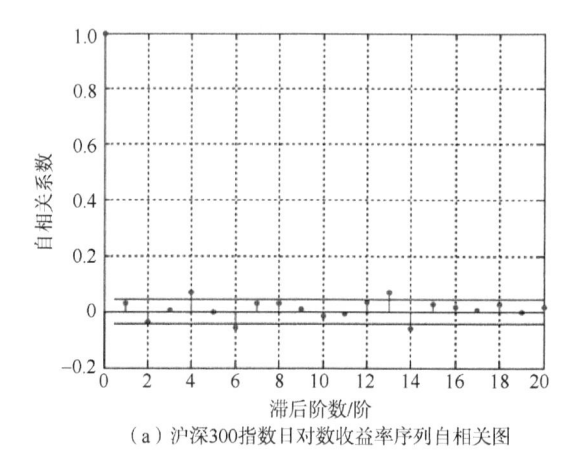

（a）沪深300指数日对数收益率序列自相关图

（b）沪深300指数日对数收益率序列平方自相关图

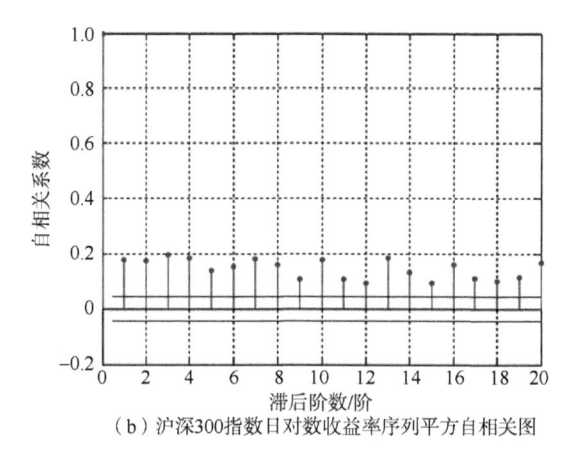

图 11-2　沪深 300 指数日对数收益率序列自相关图、平方自相关图

（a）SHFE黄金日对数收益率序列自相关图

（b）SHFE黄金日对数收益率序列平方自相关图

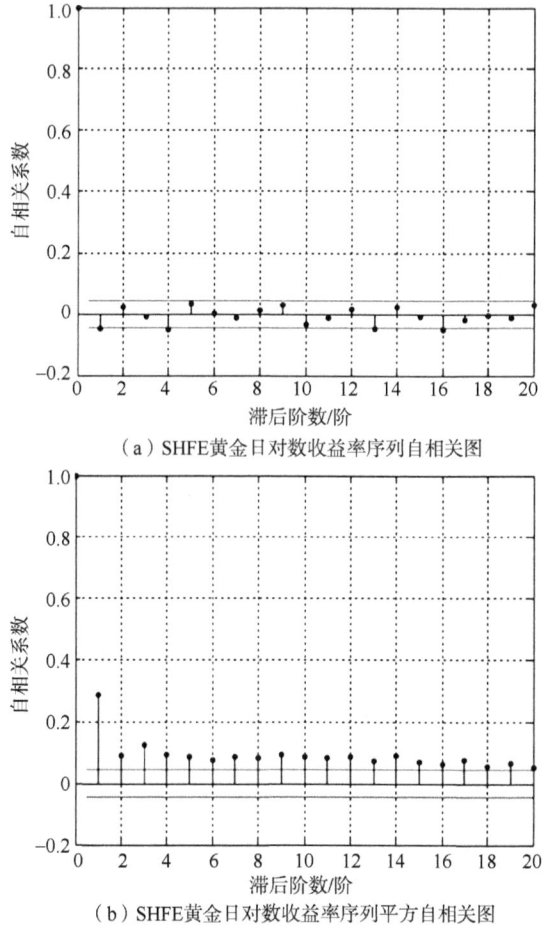

图 11-3　SHFE 黄金日对数收益率序列自相关图、平方自相关图

11.3 数 据 过 滤

以上结果表明：两个资产的收益率序列均为尖峰厚尾的偏态分布，ADF 检验表明序列满足平稳性要求，自相关检验表明存在序列相关性，存在明显的 ARCH 效应。

用 GARCH(1,1)模型过滤数据，生成新的新息序列，沪深 300 指数新息序列自相关图、平方自相关图见图 11-4，经过 GARCH 过滤后的残差和条件标准差见图 11-5。从过滤后的新息序列及序列平方的自相关图可以看出，GARCH(1,1)模型能很好地消除样本中的 ARCH 效应。以沪深 300 指数为例，通过比较图 11-2 与图 11-4，ARCH 效应基本被清除，因而与原始序列相比，过滤后的新息序列适用于后续的尾部估计。

（a）沪深300指数新息序列自相关图

（b）沪深300指数新息序列平方自相关图

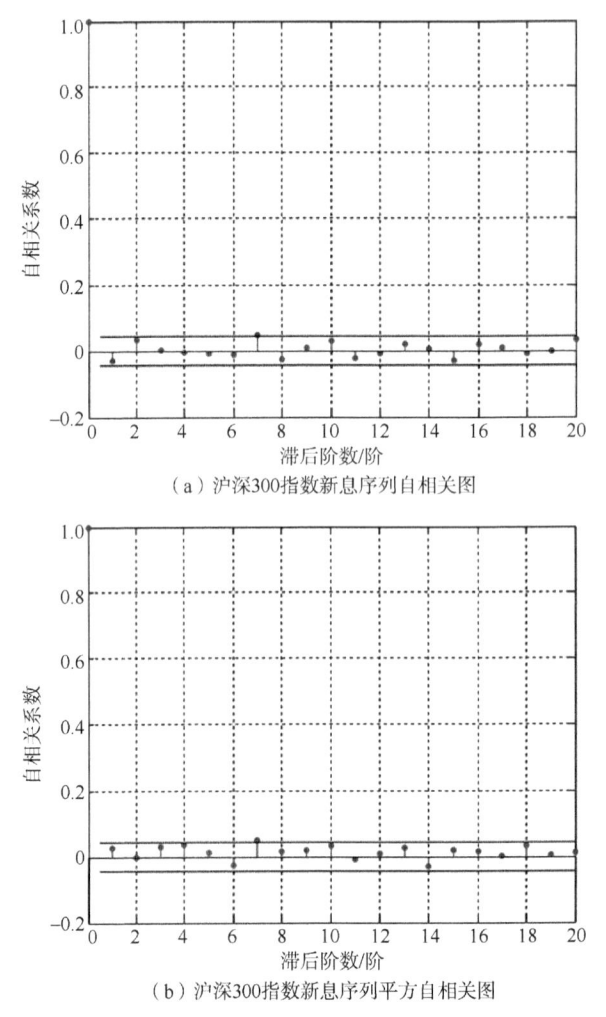

图 11-4　沪深 300 指数新息序列自相关图、平方自相关图

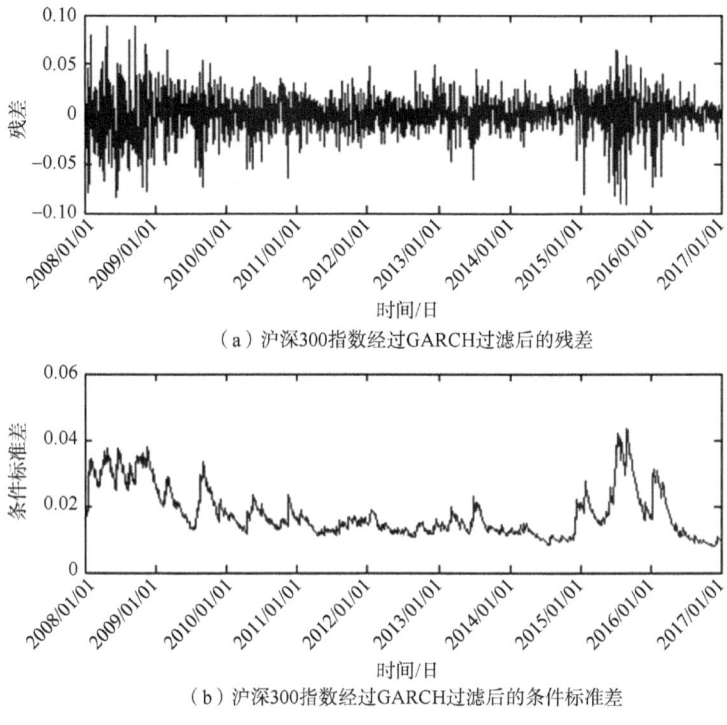

图 11-5　沪深 300 指数经过 GARCH 过滤后的残差和条件标准差

11.4　极值分布参数估计及拟合检验

11.4.1　阈值选取

在第 10 章中已经详细地讨论了不同阈值选取方式对 EVT 模型的影响，现在仍然采用 MEF 法、Hill 图法、经验法（10%）以及峰度法以确定 SHFE 黄金和沪深 300 指数两组残差数据最优的阈值。确定阈值后，再计算 GPD 模型中的形状参数 ξ 与尺度参数 β，所得的结果如表 11-3 所示。四种不同方法的 KS 检验如表 11-4 所示，对 SHFE 黄金与沪深 300 指数残差序列，四种方法 H 都为零，表明四种方法都适用，但对于 SHFE 黄金残差序列而言，峰度法的 p 值最高，MEF 法的 p 值最低，说明对此数据特征，四种方法中峰度法效果最优，MEF 法效果最差，故选用峰度法得到的阈值作为最终阈值。同理，对于沪深 300 指数残差序列而言，同样是峰度法效果优于其他三种方法，故选用峰度法作为最终阈值选取方法。

表 11-3　不同方法确定形状参数 ξ 与尺度参数 β

序列	方法	阈值	Nu/个	ξ	β
SHFE 黄金	MEF 法	2.4500	24	−0.2242	0.7222
	Hill 图法	2.3451	27	−0.2021	0.7204
	经验法（10%）	1.0531	218	0.0052	0.5993
	峰度法	2.0464	42	−0.1781	0.7521
沪深 300 指数	MEF 法	2.8000	11	−0.1472	0.4467
	Hill 图法	2.0491	42	−0.1072	0.5488
	经验法（10%）	1.1716	218	−0.0194	0.5256
	峰度法	2.3157	26	−0.1767	0.5641

表 11-4　四种不同方法的 KS 检验

序列	方法	H 值	p 值
SHFE 黄金	MEF 法	0	0.6276
	Hill 图法	0	0.7702
	经验法（10%）	0	0.8595
	峰度法	0	0.9645
沪深 300 指数	MEF 法	0	0.9018
	Hill 图法	0	0.5721
	经验法（10%）	0	0.8961
	峰度法	0	0.9807

11.4.2　参数估计与拟合检验

选定最优阈值后，运用最大似然估计拟合 GPD 函数，得到沪深 300 指数新息序列 GPD 的下尾分布参数：形状参数为−1.008 724，尺度参数为 0.100 872；得到 SHFE 黄金新息序列 GPD 的下尾分布参数：形状参数为−1.022 471，尺度参数为 0.102 247。结果如表 11-5 所示。

表 11-5　GPD 分布估计的参数

GPD	沪深 300 指数		SHFE 黄金	
	形状参数	尺度参数	形状参数	尺度参数
上尾分布	−1.963 768	1.963 037	−1.995 229	1.994 321
下尾分布	−1.008 724	0.100 872	−1.022 471	0.102 247

根据表 11-4，采用每组数据的最优阈值确定 EVT 模型的参数，通过 GPD 计算出序列尾部的超额分布 $F_u(x-u)$，另外，通过超额分布对尾部进行估计，从而对拟合的模型进行检验。以沪深 300 指数为例，对于沪深 300 指数的残差序列，超限分布 GPD 图和尾部估计图如图 11-6 所示。超限分布 GPD 图中，横坐标为随机序列 x，采用对数形式，纵坐标为条件超额分布 $F_u(x-u)$；尾部估计图中，纵坐标为尾部估计 $1-F(x)$，横、纵坐标都采用对数形式。

从图 11-6 沪深 300 指数残差序列的 GPD 拟合图可以看出，其超限分布 GPD 曲线与实际分布曲线拟合效果都较好，说明这两种序列的尾部都服从 GPD。从尾部估计图可以看出，散点也都紧密地围绕在参照线附近，表明 GPD 模型拟合效果较好。

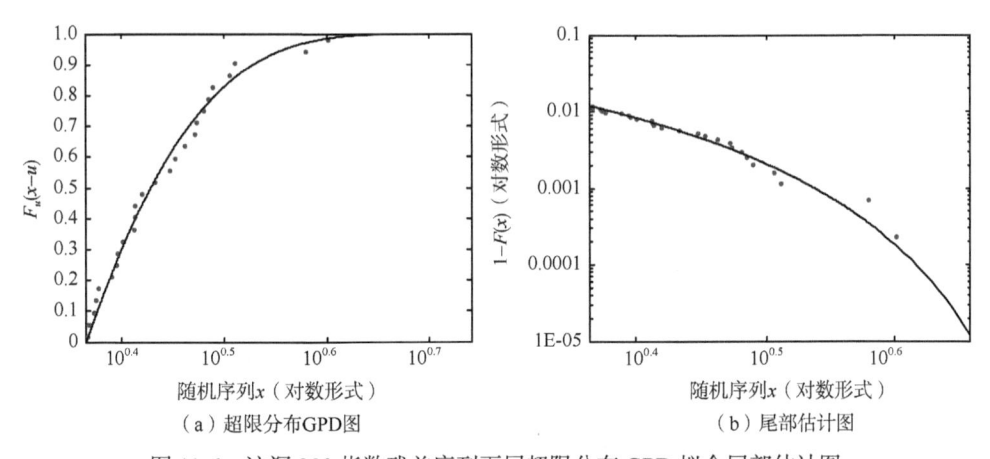

（a）超限分布GPD图

（b）尾部估计图

图 11-6　沪深 300 指数残差序列下尾超限分布 GPD 拟合尾部估计图

11.5　等权重投资组合 VaR 比较

上面通过 GARCH-EVT 模型作为 copula 函数的边缘分布，然后对沪深 300 指数和 SHFE 黄金序列作概率积分变换使其服从 copula 要求的均匀分布，最后对概率积分变换后的序列采用 Gaussian（高斯）-copula 函数来估计参数（表 11-6）。

表 11-6　copula 函数的相关系数矩阵

序列	沪深 300 指数	SHFE 黄金
沪深 300 指数	1	0.0709
SHFE 黄金	0.0709	1

首先，利用上一步估计得到的相关系数和自由度，用 Gaussian-copula 来模拟未来一天，模拟次数为 10 000 次，生成服从 $U(0,1)$ 均匀分布的残差序列，然

后对残差序列进行 GARCH(1,1)模拟,生成 10 000×4 模拟收益率序列。其次,在 95%、99%和 99.5%三种不同的置信度条件下,分别计算出沪深 300 指数和 SHFE 黄金等权重投资组合 VaR。最后,与历史模拟法、正态法进行比较(表 11-7)。

表 11-7 不同置信度的投资组合 VaR

置信度	历史模拟法	正态法	GARCH-EVT-copula
95%	2.585%	2.570%	5.759%
99%	5.220%	3.635%	8.630%
99.5%	6.080%	4.025%	9.370%

表 11-7 分析表明以下几点。

(1)在三种不同的置信度下,历史模拟法、正态法和 GARCH-EVT-copula 模型计算的 VaR 中,正态法计算出来的 VaR 均为最小值,且随着置信度的提高显著小于另外两种方法,从某个角度来说,正态法低估了 VaR 的值,从而低估了实际风险的可能性较大;这对互联网结构性理财产品的投资人来说是很不利的情况。

(2)当置信度从 95%提升到 99.5%时,对于历史模拟法和 GARCH-EVT-copula 方法,历史模拟法的 VaR 变动较大,表明随着置信度的提高,历史模拟法估计的 VaR 易受极端值的影响,稳定性差。而 GARCH-EVT-copula 模型估计的 VaR 变动小,稳定性好,因而其结果在进行互联网金融环境下结构性理财产品的市场风险度量时更具代表性。

(3)在不同的置信度下,GARCH-EVT-copula 计算出的 VaR 要显著地大于另外两种方法。特别地,在 99%的置信度下,历史模拟法和正态法计算出的 VaR 分别为 5.220%和 3.635%,远小于 GARCH-EVT-copula 方法计算出的 8.630%,表明前两种方法对"黑天鹅"事件,即极端风险事件发生存在严重低估风险的可能。而互联网金融环境下的市场风险具有广泛的外溢性以及快速的传染性,互联网环境对市场风险有一个放大的效应,而引入 EVT 后的模型能更好地测度极端风险。

(4)从上述计算结果来看,使用 GARCH-EVT-copula 模型来测度互联网金融环境下结构性理财产品的市场风险具有一定的优越性,但需要进一步通过返回检验环节来确定其是否满足要求。

为评估模型的效果,根据 2008 年 1 月 9 日至 2016 年 12 月 30 日共 2185 组数据预测等权重真融宝平台上结构性理财产品投资组合的 VaR,进行 Kupiec 检验。根据突破比率(violation rate,VR)规则:如果 VR 在 0.8 至 1.2 范围内,那么 VaR 是合适的。如表 11-8 所示,GARCH-EVT-copula 的 VR 值为 0.932,介于

0.8 至 1.2 之间，因而模型是适宜的，通过了返回检验。

表 11-8 返回检验（时间窗口 $W=2163$，全样本）

模型	理论突破个数	实际突破个数	VR
历史模拟法	16.1	19	1.180
正态法	16.1	13	0.807
GARCH-EVT-copula	16.1	15	0.932

11.6 本章小结

本章引入了 copula 函数，构建 GARCH-EVT-copula 模型对市场风险进行集成度量。并以真融宝平台上的结构性理财产品为例，对挂钩沪深 300 指数以及 SHFE 黄金的等权重投资组合风险进行了度量，测度了平台在等权重资产配比下的风险。在方法上，一是采用 GPD 作为计算新息序列的边际分布，代入 copula 函数得到联合分布函数，再用蒙特卡罗方法估计出等权重投资组合的 VaR。二是将历史模拟法、正态法两种传统方法与 GARCH-EVT-copula 模型方法度量的 VaR 进行了比较并做返回检验。

从三种方法 VaR 的返回检验比较来看：①三种方法对全样本时间窗口进行返回检验的突破次数均在适宜范围内，都能满足风险度量的基本要求。②三种方法中，在不同的置信度下，GARCH-EVT-copula 模型计算出的 VaR 要显著大于另外两种方法。例如，在 99% 的置信度下，历史模拟法和正态法计算出的 VaR 分别为 5.220% 和 3.635%，远小于 GARCH-EVT-copula 模型计算出的 8.630%。这表明加入 EVT 模型能更好地刻画极端风险，而历史模拟法和正态法存在低估实际风险的可能性。由于在互联网金融的环境下，产品的市场风险具有广泛的外溢性以及快速的传染性，对市场风险有一个放大的效应，对极端风险的度量和刻画显得至关重要。同时，GARCH-EVT-copula 模型可以对平台上来自不同市场的风险进行集成度量，也满足互联网金融产品日益丰富的要求。综合来讲，我们的研究有助于投资人清晰产品及平台所面临的市场风险，选择适合自己的结构性理财产品组合。

第 12 章 具有流动性风险标的资产双币种期权定价研究

随着全球金融市场一体化的深入发展,投资者不仅可以投资境内的互联网金融理财产品,也可以投资境外互联网金融理财产品。投资挂钩双币种期权的境外互联网金融理财产品是一种投资于境外风险资产的有效风险管理工具,探讨符合真实市场环境下互联网金融理财产品双币种期权的定价问题,帮助参与互联网金融理财产品双币种期权的投资者通过科学定价方法发现具有流动性风险的双币种期权定价的不合理程度,判断其收益率的不确定性程度,从而有效控制投资双币种期权带来的各种金融风险。

双币种期权,指投资于境内外证券所签订的期权合约,其标的资产价格以外币计价,而支付函数却以本币计价。显然,双币种期权的风险不仅依赖于境内外标的资产价格的波动,还受汇率及境内外利率波动的影响。Reiner(1992)首次介绍并给出 Black-Schoels 模型下的欧式双币种期权定价公式。随后,众多学者通过引入跳扩散过程、缓增稳定过程、随机波动率模型、GARCH 模型等更加符合真实市场变化的过程刻画境外标的资产价格和汇率的演化行为,进而给出双币种期权的定价公式(Dravid et al.,1993;Duan and Wei,1999;Huang and Hung,2005;Kim Y S et al.,2015)。目前已有的研究都是基于市场是完全流动的假设,通常忽略了市场流动性风险对境外标的资产价格的影响。因此,本章在市场并非完全流动的假设下,研究考虑流动性风险影响的互联网金融理财产品双币种期权定价问题。

12.1 模 型 假 定

首先,假设金融市场中的不确定性由带信息流的概率空间 $(\Omega, \mathbb{F}, \{\mathbb{F}_t\}_{t \geq 0}, P)$ 来表示,其中,Ω 表示所有可能状态的集合,$\mathbb{F}_t$ 表示直到 t 时刻的信息滤子,P 表示真实市场的客观概率测度。其次,考虑一个由三种可交易资产组成的市场:第一种是以外币计价的双币种期权标的资产境外股票 S_t,第二种是以外币计价的境外货币市场账户 D_t,第三种是以本币计价的境内货币市场账户 B_t。最后,假设标的境外股票并非完全流动,也就是说当市场存在供给不平衡(供给过剩、供给短缺）时不完全流动性就会出现。令 F_t 表示外币关于本币的汇率（一单位外币对本币的价值）；r_d 和 r_f 分别表示境内无风险利率与境外无风险利率。本章所提出具有流动性调整的 Black-Schoels 双币种模型（liquidity-adjusted Black-Schoels quanto，简记为 LBSQ 模型）可以表示为

$$\begin{cases} dB_t = r_f B_t \, dt, \quad B_0 = 1, 0 \leqslant t \leqslant T \\ dD_t = r_d D_t \, dt, \quad D_0 = 1, 0 \leqslant t \leqslant T \\ dS_t = \mu_S S_t \, dt + \sigma_S S_t dW_t^{I,P} + \beta v_t S_t dW_t^{L,P} \\ dF_t = \mu_F F_t dt + \sigma_F F_t dW_t^{F,P} \end{cases} \quad (12\text{-}1)$$

其中，μ_S 和 μ_F 分别为非完全流动标的境外股票和汇率的预期收益率；σ_S 和 σ_F 分别为非完全流动标的境外股票和汇率的波动率；β 为标的境外股票对境外股票市场流动性的敏感程度；v_t 为境外股票市场的流动性水平。后续推导中，假定其市场流动性水平 v_t 是关于时间 t 的时变函数；$W_t^{I,P}$、$W_t^{L,P}$ 及 $W_t^{F,P}$ 为客观概率测度 P 下的标准布朗运动，并且 $W_t^{L,P}$ 独立于 $W_t^{I,P}$ 和 $W_t^{F,P}$，而 $W_t^{I,P}$ 与 $W_t^{F,P}$ 具有相关性，即 $dW_t^{L,P} dW_t^{I,P} = 0 dt$，$dW_t^{L,P} dW_t^{F,P} = 0 dt$，$dW_t^{I,P} dW_t^{F,P} = \rho dt$。

当境外股票市场处于完全流动水平时，即 $v_t = 0$，则式（12-1）退化为经典的 Black-Schoels 双币种模型。

12.2 具有流动性风险的双币种期权定价

在本节中，基于提出的 LBSQ 模型，研究四种欧式双币种期权的定价问题。首先，考虑市场上三种资产（境外股票、境外货币市场账户及境内货币市场账户）以境内货币计量的价格并且按照境内利率贴现，进而通过境内风险中性测度 Q 将客观概率测度 P 下的 LBSQ 模型转换到风险中性世界，进而利用风险中性定价准则推导出欧式双币种期权的解析定价公式。

12.2.1 风险中性定价过程

对标准布朗运动 $W_t^{I,P}$，应用楚列斯基分解（Cholesky decomposition），则存在一个独立于 $W_t^{F,P}$ 的标准布朗运动 $W_t^{a,P}$，使得 $dW_t^{I,P} = \rho dW_t^{F,P} + \sqrt{1-\rho^2} dW_t^{a,P}$。记

$$W_t^{S,P} = \int_0^t \frac{\beta v_u}{\sqrt{\beta^2 v_u^2 + (1-\rho^2)\sigma_S^2}} dW_u^{L,P} + \int_0^t \frac{\sigma_S \sqrt{1-\rho^2}}{\sqrt{\beta^2 v_u^2 + (1-\rho^2)\sigma_S^2}} dW_u^{a,P}$$

根据 Lévy（列维）定理，$W_t^{S,P}$ 是客观概率测度 P 下的一个标准布朗运动。因此，境外股票价格动态过程可以表示为

$$\frac{\mathrm{d}S_t}{S_t} = \mu_S \mathrm{d}t + \sqrt{\beta^2 v_t^2 + (1-\rho^2)\sigma_S^2}\,\mathrm{d}W_t^{S,P} + \rho\sigma_S \mathrm{d}W_t^{F,P}$$

其中，布朗运动 $W_t^{S,P}$ 独立于 $W_t^{F,P}$，即 $\mathrm{d}W_t^{S,P}\mathrm{d}W_t^{F,P} = 0\mathrm{d}t$。

考虑境外股票和境外货币市场账户以境内货币计量的价格并且按照境内利率贴现，得到它们以境内货币市场账户计量的价格。在境内风险中性测度下，以境内货币市场账户计量的贴现价格过程 $Y_t = \mathrm{e}^{-rd^t}F_t S_t$ 和 $Z_t = \mathrm{e}^{-rd^t}F_t D_t$ 都是鞅过程。由分布积分准则可得

$$\mathrm{d}Y_t = Y_t\left[(\mu_S + \mu_F + \sigma_S\sigma_F\rho - r_d)\mathrm{d}t + \sqrt{\beta^2 v_t^2 + (1-\rho^2)\sigma_S^2}\,\mathrm{d}W_t^{S,P} + (\rho\sigma_S + \sigma_F)\mathrm{d}W_t^{F,P}\right]$$

$$\mathrm{d}Z_t = Z_t\left[(\mu_F + r_f - r_d)\mathrm{d}t + \sigma_F \mathrm{d}W_t^{F,P}\right]$$

基于以上事实并根据多维 Girsanov（吉尔萨诺夫）定理，定义风险中性测度 Q 与客观概率测度 P 之间进行测度变换的 Radon-Nikodym（拉东-尼科迪姆）导数为

$$\left.\frac{\mathrm{d}Q}{\mathrm{d}P}\right|_{\mathbb{F}_t} = \exp\left\{-\sum_{i=1}^{2}\left[\int_0^t \theta_i(u)\mathrm{d}W_{i,u} + \frac{1}{2}\int_0^t \theta_i^2(u)\mathrm{d}u\right]\right\}$$

其中，$W_{1,u} = W_u^{S,P}$，$W_{2,u} = W_u^{F,P}$；境外股票价格和汇率的风险市场价格 θ_1 和 θ_2 可以表示为

$$\begin{cases}\theta_1 = \dfrac{\mu_S + \mu_F + \sigma_S\sigma_F\rho - r_d - (\rho\sigma_S + \sigma_F)\theta_2}{\sqrt{\beta^2 v_u^2 + (1-\rho^2)\sigma_S^2}} \\ \theta_2 = \dfrac{\mu_F + r_f - r_d}{\sigma_F}\end{cases}$$

因此，在风险中性测度 Q 下，境外股票价格和汇率的过程转变为

$$\frac{\mathrm{d}S_t}{S_t} = (r_f - \sigma_S\sigma_F\rho)\mathrm{d}t + \sqrt{\beta^2 v_t^2 + (1-\rho^2)\sigma_S^2}\,\mathrm{d}W_t^{S,Q} + \rho\sigma_S \mathrm{d}W_t^{F,Q}$$

和

$$\frac{\mathrm{d}F_t}{F_t} = (r_d - r_f)\mathrm{d}t + \sigma_F \mathrm{d}W_t^{F,Q}$$

其中，$W_t^{S,Q}$ 和 $W_t^{F,Q}$ 为风险中性测度 Q 下相互独立的标准布朗运动。

12.2.2 定价公式

标准的双币种期权是一份标的资产以外币计价，而到期日的支付函数则通过汇率转变为本币计价的欧式期权合约。下面将利用风险定价准则求解欧式双币种

期权价格所满足的解析表达式。这里，只考虑四种常见的支付函数类型，这四种支付函数的双币种期权的定价问题在 Kwok（2008）中也都有探讨，其支付函数的具体表示形式以及相应的双币种期权定价公式如下。

1. 标的股票以外币计价的浮动汇率看涨期权

$$\text{支付函数} = F_T \max\{S_T - K_f, 0\}$$

其中，F_T 为汇率在期权合约到期日 T 时刻的价格；S_T 为境外标的股票在期权合约到期日 T 时刻的价格；K_f 为以外币计价的期权合约的交割价格。在这种情况下，投资者希望从境外股票市场得到一个正收益，其相应的期权价格以如下定理给出。

定理 12-1 如果境外股票价格 S_t 和汇率 F_t 服从式（12-1），那么一份交割价为 K_f、到期日为 T 的标的股票以外币计价的浮动汇率看涨期权在 t 时刻的价格 $C_1(t, S_t, F_t)$ 为

$$C_1(t, S_t, F_t) = F_t \left[S_t N(d_{1,1}) - K_f e^{-r_f(T-t)} N(d_{1,2}) \right] \quad (12\text{-}2)$$

其中，

$$d_{1,1} = \frac{\ln \frac{S_t}{K_f} + (r_f + \frac{1}{2}\sigma_S^2)(T-t) + \frac{1}{2}\beta^2 \int_t^T v_u^2 du}{\sqrt{\sigma_S^2(T-t) + \beta^2 \int_t^T v_u^2 du}}$$

$$d_{1,2} = d_{1,1} - \sqrt{\sigma_S^2(T-t) + \beta^2 \int_t^T v_u^2 du}$$

证明 由风险中性定价原理可知，

$$\begin{aligned} C_1(t, S_t, F_t) &= e^{-r_d(T-t)} E^Q \left[F_T (S_T - K_f)^+ \big| \mathbb{F}_t \right] \\ &= F_t e^{-r_f(T-t)} E^Q \left[e^{-\frac{1}{2}\sigma_F^2(T-t) + \sigma_F(W_T^{F,Q} - W_t^{F,Q})} (S_T - K_f)^+ \big| \mathbb{F}_t \right] \end{aligned} \quad (12\text{-}3)$$

为了计算式（12-3）第二个等号右端的条件期望，定义从测度 Q 到 $\tilde{Q}$ 的变换：

$$\left. \frac{d\tilde{Q}}{dQ} \right|_{\mathbb{F}_t} = e^{-\frac{1}{2}\sigma_F^2 t + \sigma_F W_t^{F,Q}}$$

根据 Girsanov 定理，有 $W_t^{F,\tilde{Q}} = W_t^{F,Q} - \sigma_F t$ 和 $W_t^{S,\tilde{Q}} = W_t^{S,Q}$，且 $W_t^{F,\tilde{Q}}$ 和 $W_t^{S,\tilde{Q}}$ 都是测度 $\tilde{Q}$ 下的标准布朗运动。此时，在测度 $\tilde{Q}$ 下，境外股票价格过程转变为

$$\frac{dS_t}{S_t} = r_f dt + \sqrt{\beta^2 v_t^2 + (1-\rho^2)\sigma_S^2} dW_t^{S,\tilde{Q}} + \rho \sigma_S dW_t^{F,\tilde{Q}} \quad (12\text{-}4)$$

令 $\sigma_1^2(t) = \beta^2 v_t^2 + \sigma_S^2$，$\{W_t^{\tilde{Q}}\}_{t \geq 0}$ 是测度 $\tilde{Q}$ 下的标准布朗运动，并且独立于 $W_t^{S,\tilde{Q}}$ 和 $W_t^{F,\tilde{Q}}$，则随机过程 $\{\sqrt{\beta^2 v_t^2 + (1-\rho^2)\sigma_S^2} W_t^{S,\tilde{Q}} + \rho \sigma_S W_t^{F,\tilde{Q}}\}_{t \geq 0}$ 等价于随机过

程 $\{\sigma_1(t)W_t^{\tilde{Q}}\}_{t\geq 0}$。随机微分方程式（12-4）的解可以表示为

$$S_t = S_0 e^{\int_0^t [r_f - \frac{1}{2}\sigma_1^2(u)]du + \int_0^t \sigma_1(u)dW_u^{\tilde{Q}}}$$

进一步，根据独立引理，式（12-3）可进一步计算为

$$\begin{aligned}
&C_1(t, S_t, F_t) \\
&= F_t e^{-r_f(T-t)} E^{\tilde{Q}}[(S_T - K_f)^+ | \mathbb{F}_t] \\
&= F_t e^{-r_f(T-t)} E^{\tilde{Q}}\left[(S_t e^{\int_t^T [r_f - \frac{1}{2}\sigma_1^2(u)]du + \int_t^T \sigma_1(u)dW_u^{\tilde{Q}}} - K_f)^+ \Big| \mathbb{F}_t\right] \\
&= F_t e^{-r_f(T-t)} E^{\tilde{Q}}\left[(x e^{\int_t^T [r_f - \frac{1}{2}\sigma_1^2(u)]du + \int_t^T \sigma_1(u)dW_u^{\tilde{Q}}} - K_f)^+ \Big| \mathbb{F}_t\right]_{x=S_t} \\
&= F_t e^{-r_f(T-t)} \int_{-\infty}^{+\infty} \left[S_t e^{\int_t^T [r_f - \frac{1}{2}\sigma_1^2(u)]du + \sqrt{\int_t^T \sigma_1^2(u)du}\,y} - K_f\right] 1_{\{y \geq d\}} \frac{1}{\sqrt{2\pi}} e^{-\frac{y^2}{2}} dy \\
&= F_t e^{-r_f(T-t)} \left[S_t e^{\int_t^T [r_f - \frac{1}{2}\sigma_1^2(u)]du} \frac{1}{\sqrt{2\pi}} \int_d^{+\infty} e^{\sqrt{\int_t^T \sigma_1^2(u)du}\,y - \frac{y^2}{2}} dy - K_f \frac{1}{\sqrt{2\pi}} \int_d^{+\infty} e^{-\frac{y^2}{2}} dy\right] \\
&= F_t \left[S_t \frac{1}{\sqrt{2\pi}} \int_{d-\sqrt{\int_t^T \sigma_1^2(u)du}}^{+\infty} e^{-\frac{z^2}{2}} dz - K_f e^{-r_f(T-t)} \frac{1}{\sqrt{2\pi}} \int_d^{+\infty} e^{-\frac{y^2}{2}} dy\right] \\
&= F_t \left[S_t \frac{1}{\sqrt{2\pi}} \int_{-\infty}^{-d+\sqrt{\int_t^T \sigma_1^2(u)du}} e^{-\frac{z^2}{2}} dz - K_f e^{-r_f(T-t)} \frac{1}{\sqrt{2\pi}} \int_{-\infty}^{-d} e^{-\frac{y^2}{2}} dy\right] \\
&= F_t \left[S_t N\left(-d + \sqrt{\int_t^T \sigma_1^2(u)du}\right) - K_f e^{-r_f(T-t)} N(-d)\right]
\end{aligned}$$

其中，

$$d = \frac{\ln \frac{K_f}{S_t} - \int_t^T \left[r_f - \frac{1}{2}\sigma_1^2(u)\right] du}{\sqrt{\int_t^T \sigma_1^2(u)du}}$$

证毕。

2. 标的股票以本币计价的浮动汇率看涨期权

$$\text{支付函数} = \max\{F_T S_T - K_d, 0\}$$

其中，K_d 为以本币计价的期权合约的交割价格。在这种情况下，投资者不仅希望从境外股票市场得到一个正收益，而且还要境外标的股票在到期日的价格转化

成本币计价，其相应的期权价格以如下定理给出。

定理 12-2 如果境外股票价格 S_t 和汇率 F_t 服从式（12-1），那么一份交割价为 K_d、到期日为 T 的标的股票以本币计价的浮动汇率看涨期权在 t 时刻的价格 $C_2(t, S_t, F_t)$ 为

$$C_2(t, S_t, F_t) = F_t S_t N(d_{2,1}) - K_d \mathrm{e}^{-r_d(T-t)} N(d_{2,2}) \quad (12\text{-}5)$$

其中，

$$d_{2,1} = \frac{\ln\frac{F_t S_t}{K_d} + [r_d + \frac{1}{2}(\sigma_S^2 + \sigma_F^2) + \rho\sigma_S\sigma_F](T-t) + \frac{1}{2}\beta^2\int_t^T v_u^2 \mathrm{d}u}{\sqrt{(\sigma_S^2 + 2\rho\sigma_S\sigma_F + \sigma_F^2)(T-t) + \beta^2\int_t^T v_u^2 \mathrm{d}u}}$$

$$d_{2,2} = d_{2,1} - \sqrt{(\sigma_S^2 + 2\rho\sigma_S\sigma_F + \sigma_F^2)(T-t) + \beta^2\int_t^T v_u^2 \mathrm{d}u}$$

证明 令 $\sigma_2^2(t) = \beta^2 v_t^2 + \sigma_S^2 + 2\rho\sigma_S\sigma_F + \sigma_F^2$，$\{W_t^Q\}_{t\geq 0}$ 是测度 Q 下的标准布朗运动，且独立于标准布朗运动 $W_t^{S,Q}$ 和 $W_t^{F,Q}$，则随机过程 $\{\sqrt{\beta^2 v_t^2 + (1-\rho^2)\sigma_S^2} W_t^{S,Q} + (\rho\sigma_S + \sigma_F) W_t^{F,Q}\}_{t\geq 0}$ 等价于随机过程 $\{\sigma_2(t) W_t^Q\}_{t\geq 0}$。因此，标的股票以本币计价的浮动汇率看涨期权在 t 时刻的价格 $C_2(t, S_t, F_t)$ 为

$$C_2(t, S_t, F_t)$$
$$= \mathrm{e}^{-r_d(T-t)} E^Q[(F_T S_T - K_d)^+ | \mathbb{F}_t]$$
$$= \mathrm{e}^{-r_d(T-t)} E^Q\left[(F_t S_t \mathrm{e}^{\int_t^T [r_d - \frac{1}{2}\sigma_2^2(u)]\mathrm{d}u + \int_t^T \sigma_2(u)\mathrm{d}W_u^Q} - K_d)^+ \Big| \mathbb{F}_t\right]$$
$$= \mathrm{e}^{-r_d(T-t)} E^Q\left[(x\mathrm{e}^{\int_t^T [r_d - \frac{1}{2}\sigma_2^2(u)]\mathrm{d}u + \int_t^T \sigma_2(u)\mathrm{d}W_u^Q} - K_d)^+ \Big| \mathbb{F}_t\right]_{x=F_t S_t}$$
$$= \mathrm{e}^{-r_d(T-t)} \int_{-\infty}^{+\infty} \left[F_t S_t \mathrm{e}^{\int_t^T [r_d - \frac{1}{2}\sigma_2^2(u)]\mathrm{d}u + \sqrt{\int_t^T \sigma_2^2(u)\mathrm{d}u}\, y} - K_d\right] 1_{\{y \geq d\}} \frac{1}{\sqrt{2\pi}} \mathrm{e}^{-\frac{y^2}{2}} \mathrm{d}y$$
$$= F_t S_t \mathrm{e}^{-\frac{1}{2}\int_t^T \sigma_2^2(u)\mathrm{d}u} \frac{1}{\sqrt{2\pi}} \int_d^{+\infty} \mathrm{e}^{\sqrt{\int_t^T \sigma_2^2(u)\mathrm{d}u}\, y - \frac{y^2}{2}} \mathrm{d}y - \mathrm{e}^{-r_d(T-t)} K_d \frac{1}{\sqrt{2\pi}} \int_d^{+\infty} \mathrm{e}^{-\frac{y^2}{2}} \mathrm{d}y$$
$$= F_t S_t \frac{1}{\sqrt{2\pi}} \int_{d-\sqrt{\int_t^T \sigma_2^2(u)\mathrm{d}u}}^{+\infty} \mathrm{e}^{-\frac{z^2}{2}} \mathrm{d}z - K_d \mathrm{e}^{-r_d(T-t)} \frac{1}{\sqrt{2\pi}} \int_d^{+\infty} \mathrm{e}^{-\frac{y^2}{2}} \mathrm{d}y$$
$$= F_t S_t \frac{1}{\sqrt{2\pi}} \int_{-\infty}^{-d+\sqrt{\int_t^T \sigma_2^2(u)\mathrm{d}u}} \mathrm{e}^{-\frac{z^2}{2}} \mathrm{d}z - K_d \mathrm{e}^{-r_d(T-t)} \frac{1}{\sqrt{2\pi}} \int_{-\infty}^{-d} \mathrm{e}^{-\frac{y^2}{2}} \mathrm{d}y$$
$$= F_t S_t N\left(-d + \sqrt{\int_t^T \sigma_2^2(u)\mathrm{d}u}\right) - K_d \mathrm{e}^{-r_d(T-t)} N(-d)$$

其中，

$$d = \frac{\ln\frac{K_d}{F_t S_t} - \int_t^T \left[r_d - \frac{1}{2}\sigma_2^2(u)\right]du}{\sqrt{\int_t^T \sigma_2^2(u)du}}$$

证毕。

3. 标的股票以外币计价的固定汇率看涨期权

$$\text{支付函数} = F_{\text{fix}} \max\{S_T - K_f, 0\}$$

其中，F_{fix} 为期权合约中事先规定好的某一固定汇率。在这种情况下，投资者不仅希望从境外股票市场的投资中得到一个正收益，而且还渴望能够通过提前预设的某一本币价格来规避汇率波动所引起的风险变化，其相应的期权价格以如下定理给出。

定理 12-3 如果境外股票价格 S_t 和汇率 F_t 服从式（12-1），那么一份交割价为 K_f、到期日为 T 的标的股票以外币计价的固定汇率看涨期权在 t 时刻的价格 $C_3(t, S_t)$ 为

$$C_3(t, S_t) = F_{\text{fix}}\left[S_t e^{(r_f - r_d - \sigma_S \sigma_F \rho)(T-t)} N(d_{3,1}) - K_f e^{-r_d(T-t)} N(d_{3,2})\right] \quad (12\text{-}6)$$

其中，

$$d_{3,1} = \frac{\ln\frac{S_t}{K_f} + \left(r_f - \rho\sigma_S\sigma_F + \frac{1}{2}\sigma_S^2\right)(T-t) + \frac{1}{2}\beta^2\int_t^T v_u^2 du}{\sqrt{(\sigma_S^2(T-t) + \beta^2\int_t^T v_u^2 du)}}$$

$$d_{3,2} = d_{3,1} - \sqrt{\sigma_S^2(T-t) + \beta^2\int_t^T v_u^2 du}$$

证明 令 $\sigma_3^2(t) = \beta^2 v_t^2 + \sigma_S^2$，$\{W_t^Q\}_{t \geq 0}$ 是测度 Q 下的标准布朗运动，且独立于标准布朗运动 $W_t^{S,Q}$ 和 $W_t^{F,Q}$，则随机过程 $\{\sqrt{\beta^2 v_t^2 + (1-\rho^2)\sigma_S^2} W_t^{S,Q} + \rho\sigma_S W_t^{F,Q}\}_{t \geq 0}$ 等价于随机过程 $\{\sigma_3(t)W_t^Q\}_{t \geq 0}$。因此，标的股票以外币计价的固定汇率看涨期权在 t 时刻的价格 $C_3(t, S_t)$ 为

$$C_3(t, S_t)$$
$$= e^{-r_d(T-t)} E^Q[F_{\text{fix}}(S_T - K_d)^+ | \mathbb{F}_t]$$
$$= F_{\text{fix}} e^{-r_d(T-t)} E^Q\left[(S_t e^{\int_t^T [r_f - \rho\sigma_S\sigma_F - \frac{1}{2}\sigma_3^2(u)]du + \int_t^T \sigma_3(u)dW_u^Q} - K_f)^+ | \mathbb{F}_t\right]$$
$$= F_{\text{fix}} e^{-r_d(T-t)} E^Q\left[(x e^{\int_t^T [r_f - \rho\sigma_S\sigma_F - \frac{1}{2}\sigma_3^2(u)]du + \int_t^T \sigma_3(u)dW_u^Q} - K_f)^+ \bigg| \mathbb{F}_t\right]_{x=S_t}$$

$$= F_{\text{fix}} e^{-r_d(T-t)} \int_{-\infty}^{+\infty} \left[S_t e^{\int_t^T [r_f - \rho \sigma_S \sigma_F - \frac{1}{2}\sigma_3^2(u)]du + \sqrt{\int_t^T \sigma_3^2(u)du} y} - K_f \right] 1_{\{y \geq d\}} \frac{1}{\sqrt{2\pi}} e^{-\frac{y^2}{2}} dy$$

$$= F_{\text{fix}} e^{-r_d(T-t)} \left[S_t e^{\int_t^T [r_f - \rho \sigma_S \sigma_F - \frac{1}{2}\sigma_3^2(u)]du} \frac{1}{\sqrt{2\pi}} \int_d^{+\infty} e^{\sqrt{\int_t^T \sigma_3^2(u)du} y - \frac{y^2}{2}} dy - K_f \frac{1}{\sqrt{2\pi}} \int_d^{+\infty} e^{-\frac{y^2}{2}} dy \right]$$

$$= F_{\text{fix}} e^{-r_d(T-t)} \left[S_t e^{(r_f - \rho \sigma_S \sigma_F)(T-t)} \frac{1}{\sqrt{2\pi}} \int_{d-\sqrt{\int_t^T \sigma_3^2(u)du}}^{+\infty} e^{-\frac{z^2}{2}} dz - K_f \frac{1}{\sqrt{2\pi}} \int_d^{+\infty} e^{-\frac{y^2}{2}} dy \right]$$

$$= F_{\text{fix}} \left[S_t e^{(r_f - r_d - \rho \sigma_S \sigma_F)(T-t)} \frac{1}{\sqrt{2\pi}} \int_{-\infty}^{-d+\sqrt{\int_t^T \sigma_3^2(u)du}} e^{-\frac{z^2}{2}} dz - K_f e^{-r_d(T-t)} \frac{1}{\sqrt{2\pi}} \int_{-\infty}^{-d} e^{-\frac{y^2}{2}} dy \right]$$

$$= F_{\text{fix}} \left[S_t e^{(r_f - r_d - \rho \sigma_S \sigma_F)(T-t)} N\left(-d + \sqrt{\int_t^T \sigma_3^2(u)du}\right) - K_f e^{-r_d(T-t)} N(-d) \right]$$

其中，

$$d = \frac{\ln \frac{K_f}{S_t} - \int_t^T \left[r_f - \rho \sigma_S \sigma_F - \frac{1}{2} \sigma_3^2(u) \right] du}{\sqrt{\int_t^T \sigma_3^2(u) du}}$$

证毕。

4. 股票联动的外汇看涨期权

$$\text{支付函数} = S_T \max\{F_T - K_F, 0\}$$

其中，K_F 为外汇期权合约的汇率交割价。在这种情况下，投资者希望持有一份境外标的股票，而其支付依赖于外汇看涨期权合约的支付函数，其相应的期权价格以如下定理给出。

定理 12-4 如果境外股票价格 S_t 和汇率 F_t 服从式（12-1），那么一份交割价为 K_F、到期日为 T 的标的股票以外币计价的固定汇率看涨期权在 t 时刻的价格 $C_4(t, S_t, F_t)$ 为

$$C_4(t, S_t, F_t) = S_t \left[F_t N(d_{4,1}) - K_F e^{(r_f - r_d - \rho \sigma_S \sigma_F)(T-t)} N(d_{4,2}) \right] \quad (12\text{-}7)$$

其中，

$$d_{4,1} = \frac{\ln \frac{F_t}{K_F} + \left(r_d - r_f + \rho \sigma_S \sigma_F + \frac{1}{2} \sigma_F^2 \right)(T-t)}{\sigma_F \sqrt{T-t}}$$

$$d_{4,2} = d_{4,1} - \sigma_F \sqrt{T-t}$$

证明 由风险中性定价原理可知，

$$C_4(t,S_t,F_t)$$
$$=\mathrm{e}^{-r_d(T-t)}E^Q[S_T(F_T-K_F)^+|F_t]$$
$$=S_t\mathrm{e}^{(r_f-r_d-\rho\sigma_S\sigma_F)(T-t)}E^Q\left[\exp\left\{-\frac{1}{2}\int_t^T(\beta^2v_u^2+\sigma_S^2)\mathrm{d}u\right.\right. \tag{12-8}$$
$$\left.\left.+\int_t^T\sqrt{\beta^2v_u^2+(1-\rho^2)\sigma_S^2}\mathrm{d}W_u^{S,Q}+\int_t^T\rho\sigma_S\mathrm{d}W_u^{F,Q}\right\}(F_T-K_F)^+\Big|F_t\right]$$

类似定理 12-1 的证明，为了计算式（12-8）第二个等号右端的条件期望，定义如下测度变换：

$$\left.\frac{d\overline{Q}}{dQ}\right|_{\mathbb{F}_t}=\mathrm{e}^{-\frac{1}{2}\int_t^T(\beta^2v_u^2+\sigma_S^2)\mathrm{d}u+\int_t^T\sqrt{\beta^2v_u^2+(1-\rho^2)\sigma_S^2}\mathrm{d}W_u^{S,Q}+\int_t^T\rho\sigma_S\mathrm{d}W_u^{F,Q}}$$

根据 Girsanov 定理可知，$\mathrm{d}W_t^{F,\overline{Q}}=\mathrm{d}W_t^{F,Q}-\rho\sigma_S\mathrm{d}t$ 和 $\mathrm{d}W_t^{S,\overline{Q}}=\mathrm{d}W_t^{S,Q}-\sqrt{\beta^2v_t^2+(1-\rho^2)\sigma_S^2}\mathrm{d}t$，且 $W_t^{F,\overline{Q}}$ 和 $W_t^{S,\overline{Q}}$ 是测度 $\overline{Q}$ 下相互独立的标准布朗运动。此时，在测度 $\overline{Q}$ 下，汇率 F_t 的演化过程为

$$\frac{\mathrm{d}F_t}{F_t}=(r_d-r_f+\rho\sigma_S\sigma_F)\mathrm{d}t+\sigma_F\mathrm{d}W_t^{F,\overline{Q}}$$

根据独立引理，式（12-8）可进一步求解为

$$C_4(t,S_t,F_t)$$
$$=S_t\mathrm{e}^{(r_f-r_d-\rho\sigma_S\sigma_F)(T-t)}E^{\overline{Q}}\left[(F_t\mathrm{e}^{(r_d-r_f+\rho\sigma_S\sigma_F-\frac{1}{2}\sigma_F^2)(T-t)+\sigma_F(W_T^{F,\overline{Q}}-W_t^{F,\overline{Q}})}-K_F)^+\Big|\mathbb{F}_t\right]$$
$$=S_t\mathrm{e}^{(r_f-r_d-\rho\sigma_S\sigma_F)(T-t)}E^{\overline{Q}}\left[(x\mathrm{e}^{(r_d-r_f+\rho\sigma_S\sigma_F-\frac{1}{2}\sigma_F^2)(T-t)+\sigma_F(W_T^{F,\overline{Q}}-W_t^{F,\overline{Q}})}-K_F)^+\Big|\mathbb{F}_t\right]_{x=F_t}$$
$$=S_t\mathrm{e}^{(r_f-r_d-\rho\sigma_S\sigma_F)(T-t)}\int_{-\infty}^{+\infty}(F_t\mathrm{e}^{(r_d-r_f+\rho\sigma_S\sigma_F-\frac{1}{2}\sigma_F^2)(T-t)+\sigma_F\sqrt{T-t}y}-K_F]\mathbf{1}_{\{y\geq d\}}\frac{1}{\sqrt{2\pi}}\mathrm{e}^{-\frac{y^2}{2}}\mathrm{d}y$$
$$=S_t\left[F_t\mathrm{e}^{-\frac{1}{2}\sigma_F^2(T-t)}\frac{1}{\sqrt{2\pi}}\int_d^{+\infty}\mathrm{e}^{\sigma_F\sqrt{T-t}y-\frac{y^2}{2}}\mathrm{d}y-K_F\mathrm{e}^{(r_f-r_d-\rho\sigma_S\sigma_F)(T-t)}\frac{1}{\sqrt{2\pi}}\int_d^{+\infty}\mathrm{e}^{-\frac{y^2}{2}}\mathrm{d}y\right]$$
$$=S_t\left[F_t\frac{1}{\sqrt{2\pi}}\int_{d-\sigma_F\sqrt{T-t}}^{+\infty}\mathrm{e}^{-\frac{z^2}{2}}\mathrm{d}z-K_F\mathrm{e}^{(r_f-r_d-\rho\sigma_S\sigma_F)(T-t)}\frac{1}{\sqrt{2\pi}}\int_d^{+\infty}\mathrm{e}^{-\frac{y^2}{2}}\mathrm{d}y\right]$$
$$=S_t\left[F_t\frac{1}{\sqrt{2\pi}}\int_{-\infty}^{-d+\sigma_F\sqrt{T-t}}\mathrm{e}^{-\frac{z^2}{2}}\mathrm{d}z-K_F\mathrm{e}^{(r_f-r_d-\rho\sigma_S\sigma_F)(T-t)}\frac{1}{\sqrt{2\pi}}\int_{-\infty}^{-d}\mathrm{e}^{-\frac{y^2}{2}}\mathrm{d}y\right]$$
$$=S_t\left[F_tN\left(-d+\sigma_F\sqrt{T-t}\right)-K_F\mathrm{e}^{(r_f-r_d-\rho\sigma_S\sigma_F)(T-t)}N(-d)\right]$$

其中，

$$d = \frac{\ln\dfrac{K_F}{F_t} - \left[r_d - r_f + \rho\sigma_S\sigma_F - \dfrac{1}{2}\sigma_F^2\right](T-t)}{\sigma_F\sqrt{T-t}}$$

证毕。

12.3 本章小结

本章主要研究了互联网金融理财产品标的资产非完全流动情形下双币种期权的定价问题。首先，假设标的境外股票价格过程服从流动性调整的 Black-Scholes 模型，进而提出一个流动性调整的双币种模型。其次，利用风险中性定价原理，推导出四种欧式双币种期权定价公式的解析解。参与互联网金融理财产品双币种期权的投资者能够通过本章提供的定价方法和定价公式发现具有流动性风险影响的双币种期权定价的不合理程度，判断收益率的不确定性程度，在此基础上采取有效措施控制投资带来的金融风险。

参 考 文 献

白洁，林礼连. 2014. 基于EMD-GARCH的余额宝收益率预测研究[J]. 管理现代化, (6)：117-119.

陈冬宇. 2014. 基于社会认知理论的P2P网络放贷交易信任研究[J]. 南开管理评论, 17(3)：40-48，73.

陈娟娟，张亚斌，尹筑嘉. 2017. 众筹市场投资者行为变化研究：基于众筹平台"众筹网"的经验证据[J]. 中国软科学，(9)：141-153.

陈荣达，周寒娴，余乐安，等. 2020. 基于互联网金融模式的结构性理财产品风险度量研究进展[J]. 中国管理科学，28(11)：23-34.

陈艺云. 2019. 基于信息披露文本的上市公司财务困境预测：以中文年报管理层讨论与分析为样本的研究[J]. 中国管理科学，27(7)：23-34.

迟国泰，潘明道，齐菲. 2014. 一个基于小样本的银行信用风险评级模型的设计及应用[J]. 数量经济技术经济研究，31(6)：102-116.

邓万江，李习栋，马士华. 2018. 预付款众筹模式下新产品定价与质量设计[J]. 系统工程理论与实践，38(7)：1768-1777.

丁杰，李悦雷，曾燕，等. 2018. P2P网贷中双向交易者的双重信息价值及信息传递[J]. 南开管理评论，21(2)：4-15.

冯博，叶绮文，陈冬宇. 2017. P2P网络借贷研究进展及中国问题研究展望[J]. 管理科学学报，20(4)：113-126.

高铭，江嘉骏，陈佳，等. 2017. 谁说女子不如儿郎？——P2P投资行为与过度自信[J]. 金融研究，(11)：96-111.

宫晓莉，熊熊. 2020. 波动溢出网络视角的金融风险传染研究[J]. 金融研究，(5)：39-58.

胡金焱，宋唯实. 2017. P2P借贷中投资者的理性意识与权衡行为：基于人人贷数据的实证分析[J]. 金融研究，(7)：86-104.

黄健青，陈欢，李大夜. 2015. 基于顾客价值视角的众筹项目成功影响因素研究[J]. 中国软科学，(6)：116-127.

黄健青，黄晓凤，殷国鹏. 2017. 众筹项目融资成功的影响因素及预测模型研究[J]. 中国软科学，(7)：91-100.

黄思达. 2012. 基于蒙特卡洛模拟法的股票挂钩结构性理财产品的收益探析[J]. 金融经济（下半月），(11)：100-102.

蒋翠清，王睿雅，丁勇. 2017. 融入软信息的P2P网络借贷违约预测方法[J]. 中国管理科学，25(11)：12-21.

李苍舒，沈艳. 2018. 风险传染的信息识别：基于网络借贷市场的实证[J]. 金融研究，(11)：98-118.

李东荣. 2011. 加强金融市场基准利率体系建设 稳步推进利率市场化改革：李东荣在2010年度

Shibor工作会议上的讲话[J]. 中国货币市场, (6): 4-8.

李继尊. 2015. 关于互联网金融的思考[J]. 管理世界, (7): 1-7, 16.

李克穆. 2016. 互联网金融的创新与风险[J]. 管理世界, (2): 1-2.

李太勇, 王会军, 吴江, 等. 2013. 基于稀疏贝叶斯学习的个人信用评估[J]. 计算机应用, 33(11): 3094-3096, 3148.

李晓溪, 杨国超, 饶品贵. 2019. 交易所问询函有监管作用吗?——基于并购重组报告书的文本分析[J]. 经济研究, 54(5): 181-198.

李焰, 高弋君, 李珍妮, 等. 2014. 借款人描述性信息对投资人决策的影响:基于P2P网络借贷平台的分析[J]. 经济研究, 49(S1): 143-155.

李悦雷, 郭阳, 张维. 2013. 中国P2P小额贷款市场借贷成功率影响因素分析[J]. 金融研究, (7): 126-138.

廖理, 吉霖, 张伟强. 2015a. 借贷市场能准确识别学历的价值吗?——来自P2P平台的经验证据[J]. 金融研究, (3): 150-163.

廖理, 吉霖, 张伟强. 2015b. 语言可信吗?借贷市场上语言的作用:来自P2P平台的证据[J]. 清华大学学报(自然科学版), 55(4): 413-421.

廖理, 李梦然, 王正位. 2014a. 中国互联网金融的地域歧视研究[J]. 数量经济技术经济研究, 31(5): 54-70.

廖理, 李梦然, 王正位. 2014b. 聪明的投资者:非完全市场化利率与风险识别:来自P2P网络借贷的证据[J]. 经济研究, 49(7): 125-137.

廖理, 向佳, 王正位. 2018. P2P借贷投资者的群体智慧[J]. 中国管理科学, 26(10): 30-40.

廖理, 张伟强. 2017. P2P网络借贷实证研究:一个文献综述[J]. 清华大学学报(哲学社会科学版), 32(2): 186-196, 199.

林文生, 张正扬. 2016. 互联网金融理财产品收益率的影响因素[J]. 金融论坛, 21(11): 52-60.

刘景卿, 车维汉, 夏方杰. 2021. 全球价值链贸易网络分析与国际风险传导应对[J]. 管理科学学报, 24(3): 1-17.

刘中元. 2015. 兴业银行"智盈宝"结构性理财产品分析[D]. 沈阳: 辽宁大学.

陆敬筠, 薛卓之, 周奇. 2015. 银行同业拆借利率对余额宝收益率影响的实证研究[J]. 征信, 33(11): 71-74.

孟园, 王洪伟, 王伟. 2017. 网络口碑对产品销量的影响:基于细粒度的情感分析方法[J]. 管理评论, 29(1): 144-154.

彭红枫, 林川. 2018. 言之有物:网络借贷中语言有用吗?——来自人人贷借款描述的经验证据[J]. 金融研究, (11): 133-152.

彭红枫, 赵海燕, 周洋. 2016. 借款陈述会影响借款成本和借款成功率吗?——基于网络借贷陈述的文本分析[J]. 金融研究, (4): 158-173.

阮连法, 包洪洁. 2012. 基于经验模态分解的房价周期波动实证分析[J]. 中国管理科学, 20(3): 41-46.

佘桃. 2017. 基于复杂网络结构的P2P平台内部信用风险传染研究:以"人人贷"平台为实例[D]. 成都: 电子科技大学.

隋聪, 王宪峰, 王宗尧. 2020. 银行间债务网络流动性差异对风险传染的影响[J]. 管理科学学报，23(3)：65-72.

孙春燕，马馨悦，刁海涛，等. 2018. 基于半参数可加模型的余额宝收益率影响因素分析[J]. 南京财经大学学报，(4)：62-71.

王春峰，万海晖，张维. 1999. 基于神经网络技术的商业银行信用风险评估[J]. 系统工程理论与实践，19(9)：24-32.

王会娟，廖理. 2014. 中国P2P网络借贷平台信用认证机制研究：来自"人人贷"的经验证据[J]. 中国工业经济，(4)：136-147.

王茂光，葛蕾蕾，赵江平. 2016. 基于C5.0算法的小额网贷平台的风险监控研究[J]. 中国管理科学，24(S1)：345-352.

王胜，周上尧. 2018. 零利率下限、汇率传递与货币政策[J]. 统计研究，35(12)：26-44.

王书平，胡爱梅，吴振信. 2014. 基于多尺度组合模型的铜价预测研究[J]. 中国管理科学，22(8)：21-28.

王伟，陈伟，祝效国，等. 2017. 众筹项目的个性化推荐：面向稀疏数据的二分图模型[J]. 系统工程理论与实践，37(4)：1011-1023.

王先甲，何奇龙，全吉. 2017. 基于复制动态的消费者众筹策略演化动态[J]. 系统工程理论与实践，37(11)：2812-2820.

王晓芳，王瑞君. 2012. 上证综指波动特征及收益率影响因素研究：基于EEMD和VAR模型分析[J]. 南开经济研究，(6)：82-99.

王馨. 2015. 互联网金融助解"长尾"小微企业融资难问题研究[J]. 金融研究，(9)：128-139.

王燕，戴春燕，范一鸣. 2015. 互联网保险理财产品在个人理财市场中的优势、定位及监管[J]. 市场周刊，(1)：109-111.

吴德胜，梁樑. 2004. 遗传算法优化神经网络及信用评价研究[J]. 中国管理科学，12(1)：68-74.

吴巍. 2012. 国内结构性理财产品设计与定价研究[D]. 上海：复旦大学.

吴雨，李洁，尹志超. 2018. 房价上涨对P2P网络借贷成本的影响分析：来自"人人贷"的经验证据[J]. 金融研究，(11)：85-97.

谢平，邹传伟. 2012. 互联网金融模式研究[J]. 金融研究，(12)：11-22.

谢平，邹传伟，刘海二. 2015. 互联网金融的基础理论[J]. 金融研究，(8)：1-12.

邢彬. 2010. 银行结构性理财产品的定价和风险管理研究[D]. 上海：复旦大学.

熊正德，刘臻煊，熊一鹏. 2017. 基于有序Logistic模型的互联网金融客户违约风险研究[J]. 系统工程，35(8)：29-38.

许艳秋，潘美芹. 2016. 层次分析法和支持向量机在个人信用评估中的应用[J]. 中国管理科学，24(S1)：106-112.

闫红蕾，张自力. 2018. 利率期限结构预测、国债定价及国债组合管理[J]. 统计研究，35(3)：23-37.

杨立，赵翠翠，陈晓红. 2018. 基于社交网络的P2P借贷信用风险缓释机制研究[J]. 中国管理科学，26(1)：47-56.

杨胜刚，朱琦，成程. 2013. 个人信用评估组合模型的构建：基于决策树—神经网络的研究[J]. 金融论坛，18(2)：57-61.

杨晓兰，王伟超，高媚. 2020. 股市政策对股票市场的影响：基于投资者社会互动的视角[J].

管理科学学报，23(1)：15-32.

杨毅，刘柳. 2014. 余额宝收益率与上海银行间同业拆借利率的关系[J]. 财会月刊（下），(10)：70-72.

杨宇程. 2017. 互联网货币基金类理财产品收益率影响因素研究[J]. 浙江金融，(11)：10-16.

姚潇，余乐安. 2012. 模糊近似支持向量机模型及其在信用风险评估中的应用[J]. 系统工程理论与实践，32(3)：549-554.

张方波. 2019. 资管新规背景下保险资管行业的发展机遇与理性转型[J]. 南方金融，(3)：56-63.

张奇，李彦，王歌，等. 2019. 基于复杂网络的电动汽车充电桩众筹市场信用风险建模与分析[J]. 中国管理科学，27(8)：66-74.

张卫国，黄思颖，王超. 2023. 奖励众筹融资绩效动态预测研究：来自"众筹网"数据的实证[J]. 中国管理科学，31（5）：71-83.

张卫国，库宇，邵贯赏. 2020. 互联网保险活期理财收益率影响因素研究：基于EEMD-QR模型[J]. 华南理工大学学报(社会科学版)，22(3)：1-15.

张卫国，李华，王超. 2021. 互联网融资平台个体借贷关系网络特征与违约研究[J/OL]. http://jmsc.tju.edu.cn/jmsc/article/abstract/202003080368[2021-12-31].

张卫国，卢媛媛，刘勇军. 2018. 基于非均衡模糊近似支持向量机的P2P网贷借款人信用风险评估及应用[J]. 系统工程理论与实践，38(10)：2466-2478.

张震宇. 2017. 互联网金融环境下结构性理财产品的市场风险度量[D]. 广州：华南理工大学.

赵雪瑾，张卫国. 2017. 我国金融市场双向风险的动态测量与实证分析[J]. 系统工程，35(5)：29-36.

郑海超，黄宇梦，王涛，等. 2015. 创新项目股权众筹融资绩效的影响因素研究[J]. 中国软科学，(1)：130-138.

周德群，鞠可一，周鹏，等. 2013. 石油价格波动预警分级机制研究[J]. 系统工程理论与实践，33(3)：585-592.

周开国，季苏楠，杨海生. 2021. 系统性金融风险跨市场传染机制研究：基于金融协调监管视角[J]. 管理科学学报，24(7)：1-20.

周颖刚，程欣，王艺明. 2019. 为什么人民币越来越重要呢？——基于网络分析方法的汇率证据[J]. 管理科学学报，22(9)：12-38.

Abreu J，Fred L，Macêdo D，et al. 2019. Hierarchical attentional hybrid neural networks for document classification[C]//Tetko I，Kůrková V，Karpov P，et al. 28th International Conference on Artificial Neural Networks. Berlin：Springer：396-402.

Agrawal A，Catalini C，Goldfarb A. 2015. Crowdfunding：geography，social networks，and the timing of investment decisions[J]. Journal of Economics & Management Strategy，24(2)：253-274.

Albert R，Barabási A L. 2002. Statistical mechanics of complex networks[J]. Reviews of Modern Physics，74(1)：47-97.

Alyakoob M，Rahman M S，Wei Z. 2017. Where you live matters：the impact of local financial market competition in managing peer-to-peer loans[R]. SSRN Working Paper.

Baesens B，Van Gestel T，Viaene S，et al. 2003. Benchmarking state-of-the-art classification algorithms for credit scoring[J]. Journal of the Operational Research Society，54(6)：627-635.

Bahdanau D, Cho K, Bengio Y. 2014. Neural machine translation by jointly learning to align and translate[EB/OL]. http://arxiv.org/abs/1409.0473[2016-05-19].

Barasinska N, Schäfer D. 2014. Is crowdfunding different? Evidence on the relation between gender and funding success from a German peer-to-peer lending platform[J]. German Economic Review, 15(4): 436-452.

Beaver W H. 1966. Financial ratios as predictors of failure[J]. Journal of Accounting Research, 4: 71-111.

Bekhet H A, Eletter, S F K. 2014. Credit risk assessment model for Jordanian commercial banks: neural scoring approach[J]. Review of Development Finance, 4(1): 20-28.

Belleflamme P, Lambert T, Schwienbacher A. 2014. Crowdfunding: tapping the right crowd[J]. Journal of Business Venturing, 29(5): 585-609.

Bengio Y, Ducharme R, Vincent P, et al. 2003. A neural probabilistic language model[J]. The Journal of Machine Learning Research, 3: 1137-1155.

Bengio Y, Simard P, Frasconi P. 1994. Learning long-term dependencies with gradient descent is difficult[J]. IEEE Transactions on Neural Networks, 5(2): 157-166.

Bi S, Liu Z Y, Usman K. 2017. The influence of online information on investing decisions of reward-based crowdfunding[J]. Journal of Business Research, 71: 10-18.

Blei D M, Ng A Y, Jordan M I. 2003. Latent Dirichlet allocation[J]. The Journal of Machine Learning Research, 3: 993-1022.

Bojanowski P, Grave E, Joulin A, et al. 2017. Enriching word vectors with subword information[J]. Transactions of the Association for Computational Linguistics, 5: 135-146.

Boser B E, Guyon I M, Vapnik V N. 1992. A training algorithm for optimal margin classifiers[C]//Haussler D. Proceedings of the Fifth Annual Workshop on Computational Learning Theory. New York: Association for Computing Machinery: 144-152.

Breiman L. 2001. Random forests[J]. Machine Learning, 45: 5-32.

Brown I, Mues C. 2012. An Experimental comparison of classification algorithms for imbalanced credit scoring data sets[J]. Expert Systems with Applications, 39(3): 3446-3453.

Buehlmaier M M M. 2015. The role of the media in takeovers: theory and evidence[R]. SSRN Working Paper.

Burtch G, Ghose A, Wattal S. 2013. An empirical examination of the antecedents and consequences of contribution patterns in crowd-funded markets[J]. Information Systems Research, 24(3): 499-519.

Burtch G, Ghose A, Wattal S. 2014. Cultural differences and geography as determinants of online pro-social lending[J]. MIS Quarterly, 38（3）: 773-794.

Byanjankar A, Heikkilä M, Mezei J. 2015. Predicting credit risk in peer-to-peer lending: a neural network approach[C]//IEEE. 2015 IEEE Symposium Series on Computational Intelligence. New York: Conference Publishing Services: 719-725.

Chen D Y, Li X L, Lai F J. 2017. Gender discrimination in online peer-to-peer credit lending: evidence from a lending platform in China[J]. Electronic Commerce Research, 17: 553-583.

Chen F, Yuan Z G, Huang Y F. 2020. Multi-source data fusion for aspect-level sentiment classification[J]. Knowledge-Based Systems, 187: 104831.

Chen H L, De P, Hu Y, et al. 2013. Customers as advisors: the role of social media in financial markets[R]. SSRN Working Paper.

Chen L, Li P, Li Q. 2018. The evolving networks of debtor-creditor relationships with addition and deletion of nodes: a case of P2P lending[EB/OL]. http://arxiv.org/abs/1806.07829[2018-06-12].

Cho K, van Merriënboer B, Gulcehre C, et al. 2014. Learning phrase representations using RNN encoder-decoder for statistical machine translation[EB/OL].http://arxiv.org/abs/1406.1078 [2014-09-03].

Clauset A, Shalizi C R, Newman M E J. 2009. Power-law distributions in empirical data[J]. SIAM Review, 51(4): 661-703.

Colombo M G, Franzoni C, Rossi-Lamastra C. 2015. Internal social capital and the attraction of early contributions in crowdfunding[J]. Entrepreneurship Theory and Practice, 39(1): 75-100.

Cordova A, Dolci J, Gianfrate G. 2015. The determinants of crowdfunding success: evidence from technology projects[J]. Procedia-Social and Behavioral Sciences, 181: 115-124.

Dai Z H, Yang Z L, Yang Y M, et al. 2019. Transformer-xl: attentive language models beyond a fixed-length context[EB/OL]. http://arxiv.org/abs/1901.02860[2019-06-02].

Danenas P, Garsva G. 2015. Selection of support vector machines based classifiers for credit risk domain[J]. Expert Systems with Applications, 42(6): 3194-3204.

Davis A K, Piger J M, Sedor L M. 2012. Beyond the numbers: measuring the information content of earnings press release language[J]. Contemporary Accounting Research, 29(3): 845-868.

Devlin J, Chang M W, Lee K, et al. 2018. BERT: pre-training of deep bidirectional transformers for language understanding[EB/OL]. http://arxiv.org/abs/1810.04805[2019-05-24].

Donovan J, Jennings J N, Koharki K, et al. 2018. Determining credit risk using qualitative disclosure[R]. SSRN Working Paper.

Dorfleitner G, Priberny C, Schuster S, et al. 2016. Description-text related soft information in peer-to-peer lending-evidence from two leading European platforms[J]. Journal of Banking & Finance, 64: 169-187.

dos Santos C N, Gatti M. 2014. Deep convolutional neural networks for sentiment analysis of short texts[C]//Tsujii J, Hajic Jan. Proceedings of COLING 2014, the 25th International Conference on Computational Linguistics: Technical Papers. Dublin: Dublin City University and Association for Computational Linguistics: 69-78.

Dravid A R, Richardson M, Sun T S. 1993. Pricing foreign index contingent claims: an application to Nikkei index warrants[J]. The Journal of Derivatives, 1(1): 33-51.

Duan J C, Wei J Z. 1999. Pricing foreign currency and cross-currency options under GARCH[J]. The Journal of Derivatives, 7(1): 51-63.

Duarte J, Siegel S, Young L. 2012. Trust and credit: the role of appearance in peer-to-peer lending[J]. The Review of Financial Studies, 25(8): 2455-2484.

Emekter R, Tu Y B, Jirasakuldech B, et al. 2015. Evaluating credit risk and loan performance in online peer-to-peer(P2P) lending[J]. Applied Economics, 47(1): 54-70.

Everett C R. 2015. Group membership, relationship banking and loan default risk: the case of online social lending[J]. Banking and Finance Review, 7(2): 15-54.

Fisher I E, Garnsey M R, Hughes M E. 2016. Natural language processing in accounting, auditing and finance: a synthesis of the literature with a roadmap for future research[J]. Intelligent Systems in Accounting, Finance and Management, 23(3): 157-214.

Florysiak D, Schandlbauer A. 2019. The information content of ico white papers[R]. SSRN Working Paper.

Freedman S, Jin G Z. 2008. Do social networks solve information problems for peer-to-peer lending? Evidence from Prosper. com[J]. SSRN Working Paper.

Galak J, Small D, Stephen A T. 2011. Microfinance decision making: a field study of prosocial lending[J]. Journal of Marketing Research, 48: S130-S137.

Gao Q, Lin M, Sias R W. 2018. Words matter: the role of texts in online credit markets[J]. SSRN Working Paper.

Ge R Y, Feng J, Gu B, et al. 2017. Predicting and deterring default with social media information in peer-to-peer lending[J]. Journal of Management Information Systems, 34(2): 401-424.

Gerber E M, Hui J S, Kuo P Y. 2012. Crowdfunding: why people are motivated to participate[R]ACM Conference on Computer Supported Cooperative Work, Working Paper, Northwestern University.

Giudici P, Hadji-Misheva B, Spelta A. 2019. Network based scoring models to improve credit risk management in peer to peer lending platforms[J]. Frontiers in Artificial Intelligence, 2: 3.

Gong J, Kim H. 2017. RHSBoost: improving classification performance in imbalance data[J]. Computational Statistics & Data Analysis, 111: 1-13.

Gonzalez L, Loureiro Y K. 2014. When can a photo increase credit? The impact of lender and borrower profiles on online peer-to-peer loans[J]. Journal of Behavioral and Experimental Finance, 2: 44-58.

Grunert J, Norden L, Weber M. 2005. The role of non-financial factors in internal credit ratings[J]. Journal of Banking & Finance, 29(2): 509-531.

Guo K, Sun Y, Qian X. 2017. Can investor sentiment be used to predict the stock price? Dynamic analysis based on China stock market[J]. Physica A: Statistical Mechanics and its Applications, 469: 390-396.

Guo L, Zhang D X, Wang L, et al. 2018. CRAN: a hybrid CNN-RNN attention-based model for text classification[C]//Trujillo J C, Davis K C, Du X Y, et al. 37th International Conference on Conceptual Modeling. Berlin: Springer: 571-585.

Guo Y H, Zhou W J, Luo C Y, et al. 2016. Instance-based credit risk assessment for investment decisions in P2P lending[J]. European Journal of Operational Research, 249(2): 417-426.

Hajek P, Olej V, Myskova R. 2014. Forecasting corporate financial performance using sentiment in annual reports for stakeholders' decision-making[J]. Technological and Economic Development of Economy, 20(4): 721-738.

Hamori S, Kawai M, Kume T, et al. 2018. Ensemble learning or deep learning? Application to default risk analysis[J]. Journal of Risk and Financial Management, 11(1): 12.

Hand D J. 2009. Measuring classifier performance: a coherent alternative to the area under the ROC curve[J]. Machine Learning, 77(1): 103-123.

Hanley K W, Hoberg G. 2010. The information content of IPO prospectuses[J]. The Review of Financial Studies, 23(7): 2821-2864.

Harris T. 2015. Credit scoring using the clustered support vector machine[J]. Expert Systems with Applications, 42(2): 741-750.

He P. 2012. Option portfolio value at risk using Monte Carlo simulation under a risk neutral stochastic implied volatility model[J]. Global Journal of Business Research, 6(5): 65-72

Herzenstein M, Andrews R L, Dholakia U M, et al. 2008. The democratization of personal consumer loans? Determinants of success in online peer-to-peer lending communities[J]. Boston University School of Management Research Paper, 14(6): 1-36.

Herzenstein M, Sonenshein S, Dholakia U M. 2011. Tell me a good story and I may lend you money: the role of narratives in peer-to-peer lending decisions[J]. Journal of Marketing Research, 48: S138-S149.

Hildebrand T, Puri M, Rocholl J. 2016. Adverse incentives in crowdfunding[J]. Management Science, 63(3): 587-608.

Ho S Y, Bodoff D. 2014. The effects of web personalization on user attitude and behavior[J]. MIS Quarterly, 38(2): 497-520, A1-A10.

Hochreiter S, Schmidhuber J. 1997. Long short-term memory[J]. Neural Computation, 9(8): 1735-1780.

Hornuf L, Schwienbacher A. 2018. Market mechanisms and funding dynamics in equity crowdfunding[J]. Journal of Corporate Finance, 50: 556-574.

Hosaka T. 2019. Bankruptcy prediction using imaged financial ratios and convolutional neural networks[J]. Expert Systems with Applications, 117: 287-299.

Huang J H, Chen Y F. 2006. Herding in online product choice[J]. Psychology & Marketing, 23(5): 413-428.

Huang N E, Shen Z, Long S R, et al. 1998. The empirical mode decomposition and the Hilbert dpectrum for nonlinear and non-stationary time series analysis[J]. Proceedings of the Royal Society of London. Series A: Mathematical Physical & Engineering Sciences, 454(1971): 903-995.

Huang S C, Hung M W. 2005. Pricing foreign equity options under Lévy processes[J]. Journal of Futures Markets, 25(10): 917-944.

Iyer R, Khwaja A I, Luttmer E F P, et al. 2015. Screening peers softly: inferring the quality of small borrowers[J]. Management Science, 62(6): 1554-1577.

Jank W, Shmueli G. 2006. Functional data analysis in electronic commerce research[J]. Statistical Science, 21(2): 155-166.

Ji L K, Gong P, Yao Z Y. 2019. A text sentiment analysis model based on self-attention mechanism[C]//Guan S.2019 the 3rd International Conference on High Performance Compilation, Computing and Communications. New York: Association for Computing Machinery: 33-37.

Jiang C Q, Wang Z, Wang R Y, et al. 2018. Loan default prediction by combining soft information extracted from descriptive text in online peer-to-peer lending[J]. Annals of Operations Research, 266(1/2): 511-529.

Jiménez F R, Mendoza N A. 2013. Too popular to ignore: the influence of online reviews on purchase intentions of search and experience products[J]. Journal of Interactive Marketing, 27(3): 226-235.

Jin Y, Zhu Y D. 2015. A data-driven approach to predict default risk of loan for online peer-to-peer(P2P) lending[C]//CSNT. 2015 Fifth International Conference on Communication Systems and Network Technologies. New York: IEEE Press: 609-613.

Ju H, Yu H. 2018. Sentiment classification with convolutional neural network using multiple word representations[C]//Sungkyunkwan University, University Kuala Lumpur. IMCOM'18: Proceedings of the 12th International Conference on Ubiquitous Information Management and Communication. New York: Association for Computing Machinery: 1-7.

Kim A, Cho S B. 2017. Dempster-Shafer fusion of semi-supervised learning methods for predicting defaults in social lending[C]//Zhao D B, El-Alfy E S M, Liu D R, et al. 24th International Conference on Neural Information Processing. Berlin: Springer: 854-862.

Kim H S, Sohn S Y. 2010. Support vector machines for default prediction of SMEs based on technology credit[J]. European Journal of Operational Research, 201(3): 838-846.

Kim J Y, Cho S B. 2018. Deep dense convolutional networks for repayment prediction in peer-to-peer lending[C]//Saez J A, Corchado E, Herrero A, et al. The 13th International Conference on Soft Computing Models in Industrial and Environmental Applications. Berlin: Springer: 134-144.

Kim K H, Lee C S, Jo S M, et al. 2015. Predicting the success of bank telemarketing using deep convolutional neural network[C]//SoCPaR. 2015 7th International Conference of Soft Computing and Pattern Recognition(SoCPaR). New York: IEEE Press: 314-317.

Kim Y. 2014. Convolutional neural networks for sentence classification[EB/OL]. http://arxiv.org/abs/1408.5882[2014-09-03].

Kim Y S, Lee J, Mittnik S, et al. 2015. Quanto option pricing in the presence of fat tails and asymmetric dependence[J]. Journal of Econometrics, 187(2): 512-520.

Klafft M. 2008. Online peer-to-peer lending: a lenders' perspective[C]//Arabnia H R, Bahrami A. Proceedings of the International Conference on E-Learning, E-Business, Enterprise Information Systems, and E-Government. Las Vegas: CSREA Press: 371-375.

Kraus M, Feuerriegel S. 2017. Decision support from financial disclosures with deep neural networks and transfer learning[J]. Decision Support Systems, 104: 38-48.

Kuppuswamy V, Bayus B L. 2017. Does my contribution to your crowdfunding project matter?[J]. Journal of Business Venturing, 32(1): 72-89.

Kuppuswamy V, Bayus B L. 2018. A review of crowdfunding research and findings[C]//Golder P N, Mitra D. Handbook of Research on New Product Development. Cheltenham: Edward Elgar Publishing: 361-373.

Kwok Y K. 2008. Mathematical Models of Financial Derivatives[M]. 2nd. Berlin: Springer.

Larrimore L, Jiang L, Larrimore J, et al. 2011. Peer to peer lending: the relationship between language features, trustworthiness, and persuasion success[J]. Journal of Applied Communication Research, 39(1): 19-37.

Lecun Y, Bottou L, Bengio Y, et al. 1998. Gradient-based learning applied to document recognition[J]. Proceedings of the IEEE, 86(11): 2278-2324.

Lee E, Lee B. 2012. Herding dehavior in online P2P lending: an empirical investigation[J]. Electronic Commerce Research and Applications, 11(5): 495-503.

Lessmann S, Baesens B, Seow H V, et al. 2015. Benchmarking state-of-the-art classification algorithms for credit scoring: an update of research[J]. European Journal of Operational Research, 247(1): 124-136.

Letarte G, Paradis F, Giguère P, et al. 2018. Importance of self-attention for sentiment analysis[C]//Linzen T, Chrupala G, Alishahi A. Proceedings of the 2018 EMNLP Workshop BlackboxNLP: Analyzing and Interpreting Neural Networks for NLP. Brussels: Association for Computational Linguistics: 267-275.

Li C S. 2016. The effects of credit certification: evidence from peer to peer lending markets[J]. International Journal of Intelligent Technologies & Applied Statistics, 4(9): 323-345.

Li F. 2010. The information content of forward-looking statements in corporate filings-a naïve Bayesian machine learning approach[J]. Journal of Accounting Research, 48(5): 1049-1102.

Li S, Lin Z, Qiu J, et al. 2015. How friendship networks work in online P2P lending markets[J]. Nankai Business Review International, 6(1): 42-67.

Li T B, Guo J R, Luo D, et al. 2014. Region load forecasting based on load characteristics analysis and GRNN[C]//Liu X Z, Ye Y Y. Proceedings of the 9th International Symposium on Linear Drives for Industry applications. Berlin: Springer: 493-500.

Li Y L, Hao A T, Zhang X T, et al. 2018a. Network topology and systemic risk in peer-to-peer lending market[J]. Physica A: Statistical Mechanics and its Applications, 508: 118-130.

Li Z, Zhang H, Yu M, et al. 2019. Too long to be true in the description? Evidence from a peer-to-peer platform in China[J]. Research in International Business and Finance, 50: 246-251.

Li Z, Zhang W G, Liu Y J. 2018b. European quanto option pricing in presence of liquidity risk[J]. The North American Journal of Economics and Finance, 45: 230-244.

Liberti J M, Petersen M A. 2019. Information: hard and soft[J]. The Review of Corporate Finance Studies, 8(1): 1-41.

Lin M, Prabhala N R, Viswanathan S. 2013. Judging borrowers by the company they keep: friendship networks and information asymmetry in online peer-to-peer lending[J]. Management Science, 59(1): 17-35.

Lin M, Viswanathan S. 2016. Home bias in online investments: an empirical study of an online crowdfunding market[J]. Management Science, 62(5): 1393-1414.

Lin X, Li X, Zheng Z. 2017. Evaluating borrowe's default risk in peer-to-peer lending: evidence from a lending platform in China[J]. Applied Economics, 49(35): 3538-3545.

Lin Y, Boh W F, Goh K H. 2014. How different are crowdfunders?Examining archetypes of crowdfunders and their choice of projects[J]. Academy of Management Proceedings, (1): 13309.

Liu D, Brass D J, Lu Y, et al. 2015. Friendships in online peer-to-peer lending: pipes, prisms, and relational herding[J]. Mis Quarterly, 39(3): 729-742.

Lopatta K, Gloger M A, Jaeschke R. 2017. Can language predict bankruptcy? The explanatory power of tone in 10-K filings[J]. Accounting Perspectives, 16(4): 315-343.

Loughran T, McDonald B. 2013. IPO first-day returns, offer price revisions, volatility, and form S-1 language[J]. Journal of Financial Economics, 109(2): 307-326.

Lu S, Xu X L, Wang H W, et al. 2018. Detecting systemically important platforms in P2P market of China[C]//ICSSM. 2018 15th International Conference on Service Systems and Service Management(ICSSSM). New York: IEEE Press: 1-7.

Luo C C, Wu D S, Wu D X. 2017. A deep learning approach for credit scoring using credit default swaps[J]. Engineering Applications of Artificial Intelligence, 65: 465-470.

Ma L, Zhao X, Zhou Z, et al. 2018. A new aspect on P2P online lending default prediction using meta-level phone usage data in China[J]. Decision Support Systems, 111: 60-71.

Maas A L, Daly R E, Pham P T, et al. 2011. Learning word vectors for sentiment analysis[C]//Lin D K, Matsumoto Y, Mihalcea R. Proceedings of the 49th Annual Meeting of the Association for Computational Linguistics: Human Language Technologies. Portland: Association for Computational Linguistics: 142-150.

Mai F, Tian S, Lee C, et al. 2019. Deep learning models for bankruptcy prediction using textual disclosures[J]. European Journal of Operational Research, 274(2): 743-758.

Malekipirbazari M, Aksakalli V. 2015. Risk assessment in social lending via random forests[J]. Expert Systems with Applications, 42(10): 4621-4631.

Manning C D, Surdeanu M, Bauer J, et al. 2014. The Stanford CoreNLP natural language processing toolkit[C]//Bontcheva K, Zhu J B. Proceedings of 52nd Annual Meeting of the Association for Computational Linguistics: System Demonstrations. Baltimore: Association for Computational Linguistics: 55-60.

Meko M C S, Lyn C T. 2011. Modelling the profitability of credit cards by Markov decision processes[J]. European Journal of Operational Research, 212(1): 123-130.

Michels J. 2012. Do unverifiable disclosures matter? Evidence from peer-to-peer lending[J]. The Accounting Review, 87(4): 1385-1413.

Mikolov T, Sutskever I, Chen K, et al. 2013. Distributed representations of words and phrases and their compositionality[EB/OL]. http://arxiv.org/abs/1310.4546[2013-10-16].

Mollick E R. 2013. Swept away by the crowd? Crowdfunding, venture capital, and the selection of entrepreneurs[R]. SSRN Working Paper.

Montague R, Thomason R H. 1975. Formal philosophy, selected papers of richard montague[J].

Erkenntnis, 9（2）: 252-286.

Morduch J. 1999. The microfinance promise[J]. Journal of Economic Literature, 37(4): 1569-1614.

Moritz A, Block J H. 2016. Crowdfunding: a literature review and research directions[C]//Brüntje D, Gajda O. Crowdfunding in Europe: State of the Art in Theory and Practice. Berlin: Springer: 25-53.

Namvar A, Siami M, Rabhi F, et al. 2018. Credit risk prediction in an imbalanced social lending environment[EB/OL]. http://arxiv.org/abs/1805.00801[2018-04-28].

Nardo M, Petracco-Giudici M, Naltsidis M. 2016. Walking down Wall Street with a tablet: a survey of stock market predictions using the web[J]. Journal of Economic Surveys, 30(2): 356-369.

Nassirtoussi A K, Aghabozorgi S, Wah T Y, et al. 2014. Text mining for market prediction: a systematic review[J]. Expert Systems with Applications, 41(16): 7653-7670.

Newman M E J. 2003. The structure and function of complex networks[J]. SIAM Review, 45(2): 167-256.

Nier E, Yang J, Yorulmazer T, et al. 2007. Network models and financial stability[J]. Journal of Economic Dynamics & Control, 31(6): 2033-2060.

Niu K, Zhang Z M, Liu Y, et al. 2020. Resampling ensemble model based on data distribution for imbalanced credit risk evaluation in P2P lending[J]. Information Sciences, 536: 120-134.

Park D H, Lee J. 2008. eWOM overload and its effect on consumer behavioral intention depending on consumer involvement[J]. Electronic Commerce Research and Applications, 7(4): 386-398.

Pedregosa F, Varoquaux G, Gramfort A, et al. 2011. Scikit-learn: machine learning in python[J]. The Journal of Machine Learning Research, 12: 2825-2830.

Peng H, Ma Y, Li Y, et al. 2018. Learning multi-grained aspect target sequence for Chinese sentiment analysis[J]. Knowledge-Based Systems, 148: 167-176.

Pennington J, Socher R, Manning C D. 2014. Glove: global vectors for word representation[C]//Moschitti A, Pang B, Daelemans W. Proceedings of the 2014 Conference on Empirical Methods in Natural Language Processing(EMNLP). Doha: Association for Computational Linguistics: 1532-1543.

Peters M E, Neumann M, Iyyer M, et al. 2018. Deep contextualized word representations [EB/OL]. http://arxiv.org/abs/1802.05365[2018-03-22].

Poetz M K, Schreier M. 2012. The value of crowdsourcing: can users really compete with professionals in generating new product ideas?[J]. Journal of Product Innovation Management, 29(2): 245-256.

Pope D G, Sydno J R. 2011. What's in a picture? Evidence of discrimination from prosper. com[J]. Journal of Human Resources, 46(1): 53-92.

Pötzsch S, Böhme R. 2010. The role of soft information in trust building: evidence from online social lending[C]//Acquisti A, Smith S W, Sadeghi A R. Proceedings of the 3rd International Conferenceon Trust and Trustuorthy Computing. Berlin: Springer: 381-395.

Puro L, Teich J E, Wallenius H, et al. 2010. Borrower decision aid for people-to-people lending[J]. Decision Support System, 49(1): 52-60.

Puro L, Teich J E, Wallenius H, et al. 2011. Bidding strategies for real-life small loan auctions[J]. Decision Support Systems, 51(1): 31-41.

Radford A, Narasimhan K, Salimans T, et al. 2018. Improving language understanding by generative pre-training[R/OL]. https://www.mikecaptain.com/resources/pdf/GPT-1.pdf[2023-07-10].

Radford A, Wu J, Child R, et al. 2019. Language models are unsupervised multitask learners[EB/OL]. https://gwern.net/doc/ai/nn/transformer/gpt/2019-radford.pdf[2023-07-10].

Railiene G. 2018. Comparison of borrower default factors in online lending[M]//Bilgin M H, Danis H, Demir E. Consumer Behavior, Organizational Strategy and Financial Economics. Berlin: Springer: 231-240.

Ramsay J O, Silverman B W. 2006. Functional Data Analysis[M]. Berlin: Springer.

Ravina E. 2008. Love & loans the effect of beauty and personal characteristics in credit markets[R]. SSRN Working Paper.

Reiner E. 1992. Quanto mechanics[J]. Risk, 5(3): 59-63.

Renault T. 2017. Intraday online investor sentiment and return patterns in the U.S. stock market[J]. Journal of Banking & Finance, 84: 25-40.

Severyn A, Moschitti A. 2015. Twitter sentiment analysis with deep convolutional neural networks[C]//Baeza-Yates R, Lalmas M, Moffat A, et al. Proceedings of the 38th International ACM SIGIR Conference on Research and Development in Information Retrieval. New York: Association for Computing Machinery: 959-962.

Shih H P, Lai K H, Cheng T C E. 2013. Informational and relational influences on electronic word of mouth: an empirical study of an online consumer discussion forum[J]. International Journal of Electronic Commerce, 17(4): 137-166.

Shin B, Lee T, Choi J D. 2016. Lexicon integrated CNN models with attention for sentiment analysis[EB/OL]. http://arxiv.org/abs/1610.06272[2017-08-22].

Shirata C Y, Takeuchi H, Ogino S, et al. 2011. Extracting key phrases as predictors of corporate bankruptcy: empirical analysis of annual reports by text mining[J]. Journal of Emerging Technologies in Accounting, 8(1): 31-44.

Shuang K, Zhang Z X, Guo H, et al. 2018. A sentiment information collector–extractor architecture based neural network for sentiment analysis[J]. Information Sciences, 467: 549-558.

Sinha N R. 2016. Underreaction to news in the US stock market[J]. Quarterly Journal of Finance, 6(2): 1650005

Specht D F. 1991. A general regression neural network[J]. IEEE Transactions on Neural Networks, 2(6): 568-576.

Stein J C. 2002. Information production and capital allocation: decentralized versus hierarchical firms[J]. The Journal of Finance, 57(5): 1891-1921.

Stiglitz J E, Weiss A. 1981. Credit rationing in markets with imperfect information[J]. The American Economic Review, 71(3): 393-410.

Sun Y C, Fang M T, Wang X Y. 2018. A novel stock recommendation system using Guba sentiment analysis[J]. Personal and Ubiquitous Computing, 22(3): 575-587.

Taboada M, Brooke J, Tofiloski M, et al. 2011. Lexicon-based methods for sentiment analysis[J]. Computational Linguistics, 37(2): 267-307.

Tang D Y, Qin B, Liu T. 2015. Document modeling with gated recurrent neural network for sentiment classification[C]//Màrquez L, Callison-Burch C, Su J. Proceedings of the 2015 Conference on Empirical Methods in Natural Language Processing. Lisbon: Association for Computational Linguistics: 1422-1432.

Tang D Y, Wei F R, Qin B, et al. 2016. Sentiment embeddings with applications to sentiment analysis[J]. IEEE Transactions on Knowledge and Data Engineering, 28(2): 496-509.

Tang D Y, Wei F R, Yang N, et al. 2014. Learning sentiment-specific word embedding for twitter sentiment classification[C]//Toutanova K, Wu H. Proceedings of the 52nd Annual Meeting of the Association for Computational Linguistics(Volume 1: Long Papers). Baltimore: Association for Computational Linguistics: 1555-1565.

Tang L X, Cai F, Ouyang Y. 2019. Applying a nonparametric random forest algorithm to assess the credit risk of the energy industry in China[J]. Technological Forecasting and Social Change, 144: 563-572.

Tao Q Z, Dong Y Z, Lin Z M. 2017. Who can get money? Evidence from the Chinese peer-to-peer lending platform[J]. Information Systems Frontiers, 19(3): 425-441.

Tausczik Y R, Pennebaker J W. 2010. The psychological meaning of words: LIWC and computerized text analysis methods[J]. Journal of Language and Social Psychology, 29(1): 24-54.

Tetlock P C. 2007. Giving content to investor sentiment: the role of media in the stock market[J]. The Journal of Finance, 62(3): 1139-1168.

Tsai M F, Wang C J. 2017. On the risk prediction and analysis of soft information in finance reports[J]. European Journal of Operational Research, 257(1): 243-250.

Vaswani A, Shazeer N, Parmar N, et al. 2017. Attention is all you need[EB/OL]. http://arxiv.org/abs/1706.03762[2017-12-06].

Wang C, Zhang W G, Zhao X J, et al. 2019. Soft information in online peer-to-peer lending: evidence from a leading platform in China[J]. Electronic Commerce Research and Applications, 36: 100873.

Wang C, Zhang Y, Zhang W G, et al. 2021. Textual sentiment of comments and collapse of P2P platforms: evidence from China's P2P market[J]. Research in International Business and Finance, 58: 101448.

Wang M H, Zheng X L, Zhu M Y, et al. 2016b. P2P lending platforms bankruptcy prediction using fuzzy SVM with region information[C]//IEEE. 2016 IEEE 13th International Conference on e-Business Engineering(ICEBE). New York: IEEE Press: 115-122.

Wang N X, Li Q X, Liang H G, et al. 2018. Understanding the importance of interaction between creators and backers in crowdfunding success[J]. Electronic Commerce Research and Applications, 27: 106-117.

Wang S S, Jank W, Shmueli G. 2008. Explaining and forecasting online auction prices and their dynamics using functional data analysis[J]. Journal of Business & Economic Statistics, 26(2): 144-160.

Wang S X, Qi Y W, Fu B, et al. 2016a. Credit risk evaluation based on text analysis[J]. International Journal of Cognitive Informatics and Natural Intelligence, 10(1): 1-11.

Wei L Y. 2016. A hybrid ANFIS model based on empirical mode decomposition for stock time series forecasting[J]. Applied Soft Computing, 42: 368-376

Wei Q, Zhang Q. 2016. P2P lending risk contagion analysis based on a complex network model[J]. Discrete Dynamics in Nature and Society, 2016: 1-8.

Wei X, Croft W B. 2006. LDA-based document models for ad-hoc retrieval[C]//Dumais S, Efthimiadis E N, Hawking D. Proceedings of the 29th Annual International ACM SIGIR Conference on Research and Development in Information Retrieval. New York: Association for Computing Machinery: 178-185.

Wen S, Li J. 2018. Recurrent convolutional neural network with attention for Twitter and Yelp sentiment classification: ARC model for sentiment classification[C]//ACAI 2018 Committee. Proceedings of the 2018 International Conference on Algorithms, Computing and Artificial Intelligence. New York: Association for Computing Machinery: 1-7.

Wiginton J C. 1980. A note on the comparison of logit and discriminant models of consumer credit behavior[J]. Journal of Financial and Quantitative Analysis, 15(3): 757-770.

Wu Z H, Huang N E, Chen X Y. 2009. The multi-dimensional ensemble empirical mode decomposition method[J]. Advances in Adaptive Data Analysis, 1(3): 339-372.

Xia Y F, Liu C Z, Liu N N. 2017. Cost-sensitive boosted tree for loan evaluation in peer-to-peer lending[J]. Electronic Commerce Research and Applications, 24: 30-49.

Xing F Z, Cambria E, Welsch R E. 2018. Natural language based financial forecasting: a survey[J]. Artificial Intelligence Review, 50(1): 49-73.

Xu J, Chen D Y, Chau M. 2016. Identifying features for detecting fraudulent loan requests on P2P platforms[C]//IEEE. 2016 IEEE Conference on Intelligence and Security Informatics(ISI). New York: IEEE Press: 79-84.

Xu R J, Mi C M, Mierzwiak R, et al. 2020. Complex network construction of Internet finance risk[J]. Physica A: Statistical Mechanics and its Applications, 540: 122930.

Yadollahi A, Shahraki A G, Zaiane O R. 2017. Current state of text sentiment analysis from opinion to emotion mining[J]. ACM Computing Surveys, 50(2): 1-33.

Yang Z L, Dai Z H, Yang Y M, et al. 2019. Xlnet: Generalized autoregressive pretraining for language understanding[EB/OL]. http://arxiv.org/abs/1906.08237[2020-01-02].

Yao J R, Chen J R, Wei J, et al. 2018. The relationship between soft information in loan titles and online peer-to-peer lending: evidence from RenRenDai platform[J]. Electronic Commerce Research, 19(1): 111-129.

Yao X, Crook J, Andreeva G. 2015. Support vector regression for loss given default modelling[J]. European Journal of Operational Research, 240(2): 528-538.

Yum H, Lee B, Chae M. 2012. From the wisdom of crowds to my own judgment in microfinance through online peer-to-peer lending platforms[J]. Electronic Commerce Research and Applications, 11(5): 469-483.

Zhang J J, Liu P. 2012. Rational herding in microloan markets[J]. Management Science, 58(5): 892-912.

Zhang L, Wang S, Liu B. 2018. Deep learning for sentiment analysis: a survey[EB/OL]. http://arxiv.org/abs/1801.07883[2018-01-30].

Zhang W G, Wang C, Zhang Y, et al. 2020. Credit risk evaluation model with textual features from loan descriptions for P2P lending[J]. Electronic Commerce Research and Applications, 42: 100989.

Zhang X, Zhao J B, LeCun Y. 2015. Character-level convolutional networks for text classification[EB/OL]. http://arxiv.org/abs/1509.01626[2016-04-04].

Zhang Y, Meng J E, Venkatesan R, et al. 2016. Sentiment classification using comprehensive attention recurrent models[C]//IJCNN Organizing Committee. 2016 International Joint Conference on Neural Networks(IJCNN). IEEE Press: 1562-1569.

Zhang Y S, Wang D, Chen Y H, et al. 2017. Credit risk assessment based on long short-term memory model[C]//Huang D S, Jo K H, Figueroa-García J C. 13th International Conference on Intelligent Computing. Berlin: Springer: 700-712.

Zhao W, Guan Z Y, Chen L, et al. 2018. Weakly-supervised deep embedding for product peview sentiment analysis[J]. IEEE Transactions on Knowledge and Data Engineering, 30(1): 185-197.

Zhu B Z, Wang P, Chevallier J, et al. 2018. Enriching the VaR framework to EEMD with an application to the European carbon market[J]. International Journal of Finance & Economics, 23(3): 315-328.

Zou Y C, Gui T, Zhang Q, et al. 2018. A lexicon-based supervised attention model for neural sentiment analysis[C]//Bender E M, Derczynski L, Isabelle P. Proceedings of the 27th International Conference on Computational Linguistics. Santa Fe: Association for Computational Linguistics: 868-877.

Zvilichovsky D, Inbar Y, Barzilay O. 2015. Playing both sides of the market: success and reciprocity on crowdfunding platforms[R]. SSRN Working Paper.